Das große Buch von Potsdam

Königsresidenz, Filmstadt und Inselparadies

Gertraud Schiller

ISBN 978-3-86037-366-8

1. Auflage

Herausgeber:
©2009 Edition Limosa, Agrimedia GmbH
Lüchower Straße 13a, 29459 Clenze
Telefon (0 58 44) 97 11 63-0, Telefax (0 58 44) 97 11 63-9
mail@limosa.de, www.limosa.de

Redaktion:
Gertraud Schiller

Satz und Layout:
Zdenko Baticeli, Jana Mengel

Korrektorat:
Birgit Schultz

Unter Mitarbeit von:
Dr. Wolfgang Grittner, Dr. Hans-Joachim Kuke, Katja Westphal,
Martina Bergmann, Doreen Rinke, Lena Hermann, Sarah Paschko, Hauke Pengel

Gedruckt in Deutschland.
Der Inhalt dieses Buches ist auf säurefreiem, alterungsbeständigem Papier gedruckt,
hergestellt aus chlorfrei gebleichtem Zellstoff aus FSC-zertifiziertem Holz.

Gertraud Schiller

Das große Buch von

Potsdam

Königsresidenz, Filmstadt und Inselparadies

»Gustav« passiert mit Volldampf die Lange Brücke.

Potsdam zum Gruß

»Daz gantze eyland muß ein paradeys werden...«
Fürst Moritz von Nassau, 1664

»So steht Potsdam auf und rufe aus: Ich weiche auch denen Städten nicht, so man die schönsten grüßt.«
Louis Bellamintes, Potsdamer Dichter, 1727.
Das Naturerleben

»Die Gegend um Potsdam ist so schön, als sie in einem flachen und sandigen Lande seyn kann. Vor den mehrsten Thoren sind Alleen; und weiter hin meistentheils am Wasser sind Wälder, buschichte Hügel und Weinberge. Von einigen benachbarten Bergen hat man schöne und abwechselnde Aussichten nach der Stadt, über die hier sehr breite Havel, nebst einigen Seen, nach verschiedenen Dörfern, und nach den Königl. Gärten, Wäldern, Landschlössern und Häusern, die zum Theil wieder auf kleinen Anhöhen liegen.«

Friedrich Nicolai, 1786

Vom Brauhausberg zieht sich ein Höhenzug entlang bis zum Südufer des Schwielowsees.

Ein Gruß aus den Wäldern, Feldern, Wiesen und Seen

Das Naturerleben gehört zum Glücklichsein des Menschen seit eh und je dazu. Gerade wegen der bezaubernden Natur Potsdams haben die Fürsten unseres Landes vorzugsweise in dieser Stadt verweilt. Sie hatten das Glück, nahezu unberührte Natur vorzufinden. Die Wälder, Felder, Wiesen und Havelseen sind Potsdams wertvollste Schätze.
Es duftet nach Wasser und Schilf. Im engeren Sinn sind die Seen Weitungen der Havel, die Theodor Fontanes »märkischer Streusandbüchse« zu ihrem unverwechselbaren Reiz verhelfen. Die Vögel singen. Es gibt eine herrliche Vogelwelt in dieser von Seen umkränzten Stadt. Vom Brauhausberg zieht sich ein Höhenzug entlang bis zum Südufer des Schwielowsees. Wie schön sind doch die Aussichten Potsdams.
Viele Ausflugsziele sind per Schiff zu erreichen. Es gibt viel zu sehen: Parks, Schlösser, Kirchen, Obstplantagen, Wiesen, Wälder und Seen. Kaum eine andere Großstadt kann mit so abwechslungsreicher Natur aufwarten, wie das Inselparadies Potsdam.
Diese Schönheit hatten schon Preußens Könige erkannt. Sie fanden Potsdams attraktivste Ecken und lauschten dem Vogelgezwitscher. Sie kamen mit der Geliebten, mit der Gemahlin oder mit Freunden und bauten ihre schönsten Schlösser in wenig berührter Natur. Heute lohnt es sich noch immer, Potsdams stille Plätze aufzusuchen, in Potsdams Dörfer, die neuen Stadtteile, hinauszugehen und in die Wälder zu laufen sowie an den Seeufern oder die Feldwege entlang zu wandern.

Zu diesem Buch

Potsdam präsentiert sich jung, weltoffen und kinderfreundlich. Die Landeshauptstadt von Brandenburg ist in Deutschland die Nummer eins und weltweit die Nummer acht unter den »besten historischen Orten«, die das Erbe ihrer Vergangenheit beispielhaft erhalten haben, sagen die 280 Experten einer internationalen Jury. Das Lob galt vor allem dem guten Zustand der barocken Schlösser. 1990 wurden die Parkanlagen Sanssouci, Neuer Garten, Babelsberg und Glienicke mit ihren Schlössern, die Pfaueninsel sowie Schloss und Park Sacrow mit der Heilandskirche von der UNESCO als Welterbe anerkannt. 1999 wurde es erweitert. Zum Welterbe gehörten von nun an auch die Russische Kolonie Alexandrowka, der Pfingstberg mit dem Belvedere, das Schloss Lindstedt, der Kaiserbahnhof am Wildpark und die Sternwarte am Babelsberger Park. Potsdam bietet zudem viele Gründe zum Wohnen, Arbeiten und Leben. Potsdams Stadtteile haben jeweils ihren eigenen Charme und bieten Raum für Freizeitgestaltung sowie Einkaufs-, Kultur- und Naturerleben der besonderen Art.

Die Innenstadt zeigt sich vor allem durch barocke Bauten. Potsdams neues Stadtquartier im Bornstedter Feld ist durch moderne Wohneinheiten geprägt. Die westliche Vorstadt gehört wegen ihrer idyllischen Lage zu den schönsten und beliebtesten Stadtteilen. Sie dehnt sich an einer Seite entlang der Havel aus und auf der anderen befinden sich die wundervollen, weitläufigen Parkanlagen Sanssoucis.

2003/2004 vergrößerte sich in Umsetzung der Gemeindegebietsreform das Territorium des Stadtgebietes Potsdam von 109 auf 187 Quadratkilometer. Durch die neuen Dörfer wurde Potsdam zur Landeshauptstadt mit dem größten Anteil landwirtschaftlicher Nutzfläche und wunderschönem ländlichen Raum. Die Gemeinden haben ihre eigene lange Geschichte, standen aber mit Potsdam schon längst in enger räumlicher, wirtschaftlicher und politischer Beziehung.

Schon früher entstand aus den kleinen Bauerndörfern Neuendorf und Klein Glienicke Nowawes und 1939 Babelsberg, der größte Stadtteil Potsdams. Vereinigt wurden hierbei zwei Gegensätze, die Beamten- und Garnisonsstadt Potsdam und eine Arbeiterstadt, die größte Industriestadt des damaligen Kreises Teltow.

Das vorliegende Buch lädt ein, auch die Menschen in unserer schönen größer gewordenen Stadt ein Stück näher kennenzulernen. Dabei werden Brücken zwischen Gewerbe und Tourismus sowie Wissen und Traditionen geschlagen. Es werden Menschen gezeigt, die sich dem Wandel nicht nur stellen, sondern ihn gestalten und Stadtteile, die davon profitieren. Vielfältige Projekte werden ebenso vorgestellt, wie historische Besonderheiten: Das Buch verknüpft aktuelle Ansichten aus Vereins-, Tourismus- und Kulturleben zu einer abwechslungsreichen Entdeckungstour, bei der Vereine, Unternehmen und andere Protagonisten tatkräftig mitwirkten. So bieten die Beiträge Informationen zu Handel und Handwerk, Wissenschaft, Kunst und Kultur, Sport und Spaß sowie Ferien und Freizeit. Neben Wissenswertem zur Natur und Landschaft gibt es Berichte über das Engagement und die Kreativität der hier Heimischen.

Nach der Wende wuchs bei vielen Potsdamern die Sehnsucht, die im Krieg zerstörte Historische Mitte Potsdams wieder aufzubauen. Das Fortunaportal, der Stadtkanal, der Monopteros des Großen Waisenhauses oder die Grundsteinlegung zum Aufbau der auch zerstörten Garnisonkirche setzen im Stadtbild schon jetzt neue Akzente. Die Ensembles der alten schönen Stadt und die Harmonie der verschiedenen Bauwerke faszinieren und heißen auch die Besucher der Stadt willkommen. Viele Freunde und Förderer Potsdams zur Rückgewinnung der historischen Mitte haben schon ihren Anteil geleistet. In Potsdam ist ein neues Bürgerverständnis entstanden und geht mit einem breiten Bürgerengagement einher. Viele, viele spendeten und spenden immer wieder für das Herz Potsdams, die Historische Mitte. Das Buch zeigt eine Region mit hohem Freizeit- und Erholungswert und Menschen mit dem Herzen auf dem rechten Fleck.

Gertraud Schiller

Herzlichst
Gertraud Schiller

Schöne Grüße aus dem Schlosspark Marquardt

Inhalt

Jagdschloss Stern

Potsdam Süd

Die jüngsten Eingemeindungen

Stadt einer herrlichen Vogelwelt

Die redaktionellen Beiträge wurden von der Autorin des Buches aus vielen Quellen recherchiert oder aus unmittelbarer Information verfasst. Die Fotos stammen von der Autorin selbst, soweit nicht andere Fotografen, wie im Bildquellennachweis aufgeführt, genannt sind.
Weitere redaktionelle Beiträge, die von Protagonisten als Selbstdarstellung in diesem Buch zu verstehen sind, werden durch ein Adresskästchen am Ende der betreffenden Artikel verdeutlicht. Bei den Beiträgen mit gelben Überschriften handelt es sich um Darstellungen der Protagonisten dieses Buches. Die mit roten Überschriften versehenen Beiträge sind redaktionelle Darstellungen zu verschiedenen Themen.In den Protagonistenbeiträgen stammen auch die Fotos, sofern nicht gesondert benannt, von dem Unternehmen selbst.

Viele Brücken führen auf die Insel ...

... die Glienicker Brücke ist die berühmteste

Der große Kurfürst (Regierungszeit von 1640 bis 1688) befreite Potsdam aus seiner Insellage, indem er weitere Zufahrtswege und Brücken bauen ließ. 1662 erneuerte er die Lange Brücke am Stadtschloss, 1674 wurde die Baumgarten- und 1682 die Nedlitzer Brücke gebaut.
Er schuf sich auch eine feste Verbindung, um einen bequemen Zugang zu den Jagdgründen bei Glienicke zu erhalten. Die Brücke erhielt zuerst den Namen Friedrich-Wilhelm-Brücke und wurde später nach dem ehemaligen Gutsbezirk Klein-Glienicke benannt.

Heutzutage gehört sie zu den berühmtesten Brücken und verbindet über die Havel hinweg die Bundeshauptstadt Berlin mit der Landeshauptstadt Potsdam. Weltweit bekannt wurde die Glienicker Brücke durch den spektakulär inszenierten dritten und letzten Agentenaustausch am 11. Februar 1986. Aufgrund von Vereinbarungen zwischen den USA und der Bundesrepublik Deutschland sowie der Sowjetunion, der tschechischen Republik, der Volksrepublik Polen und der Deutschen Demokratischen Republik fand ein Austausch von Personen statt, die durch die jeweiligen Länder inhaftiert worden waren. Dazu gehörten mehrere Spione.
Zum Ende des Zweiten Weltkrieges (1939–1945) wurde auch die Brücke zerstört, unmittelbar nachdem britische Bomber der Royal Air Force Potsdam bombardiert hatten.
»Sofort nach der Entwarnung eilten wir auf die Glienicker Brücke, von wo aus wir die brennende Stadt in ihrem ganzen Umfang überblicken konnten«, erinnerten sich Augenzeugen. Tausende Menschen starben in dieser Nacht. Nach Kriegsende wurde die Brücke zur Brücke des Kalten Krieges. Die Geschichte berichtet zunächst Besseres.

»Der bezaubernde Blick« und Auf dem »Holzweg« zum Grunewald

Es gibt viele Geschichten, nach welchen die Glienicker Brücke den Potsdamer Besucher mit bezauberndem Blick empfängt. Das Bauwerk ist in ein maßgeblich von Peter Joseph Lenné (1789–1866) und Karl Friedrich Schinkel (1781–1841) gestaltetes wunderschönes Landschafts- und Gebäudeensemble eingebettet, welches durch ein komplexes System von »Sichtachsen« miteinander in Beziehung steht.
Alexander von Humboldt (1769–1859) soll einmal gesagt haben: »Der Blick von der Glienicker Brücke wetteifert mit den schönsten Punkten der Welt«.
Zu Ende des 17. Jahrhunderts verband die schmale Holzbrücke die Havelufer der Garnisonstadt Potsdam und der Residenzstadt Berlin. Es war ein Privileg der Kurfürsten und Könige, diesen »Holzweg« zu be(sch)reiten, um die Jagdgründe im Grunewald samt Jagdschloss Glienicke schneller zu erreichen.

Bald ging hier die Post ab

Einige Jahrzehnte nach der Erbauung der Brücke ging hier die Post zwischen den beiden Residenzstädten Berlin und Potsdam ab. 1754 wurde zwischen Potsdam und Berlin die Journalière, eine tägliche Postwagenverbindung, eingerichtet. Es kam immer wieder zu längeren Wartezeiten. Um sich dem lästigen Überprüfen der Begleitscheine durch die stationierten Wachsoldaten zu entziehen und ohne auf das notpeinliche Buchstabieren der Fahrgäste zu warten, preschte so mancher Kutscher einfach in schneller Fahrt über die Brücke. Deshalb wurde recht bald ein Schlagbaum errichtet. Außerdem gab das Königlich-Preußische Generalpostamt eine detaillierte Anweisung heraus, wie die Kontrollen an der Brücke zu vollziehen waren.

Die erste preußische Musterchaussee und das architektonische Meisterwerk

Von 1792 bis 1795 wurde eine gepflasterte Straße an die Glienicker Brücke herangeführt.

Von Berlin führt die Königstraße über die Glienicker Brücke nach Potsdam.

Das Gebäudeensemble der Glienicker Brücke wurde 1990 von der UNESCO zum Weltkulturerbe erklärt.

Bis heute noch ist durch die zwei unterschiedlichen Grünanstriche der Brücke die ehemalige Teilung Deutschlands erkennbar.

Friedrich Wilhelm II. drängte darauf, die Strecke von Berlin über die Brücke hinweg nach Potsdam zur ersten preußischen Musterchaussee auszubauen. Es entstand ein »Chausseegeld-Einnehmerhäuschen« und damit eine erste feste Mautstation. Den steigenden Anforderungen des Verkehrs war die Holzbrücke bald nicht mehr gewachsen.
1834 wurde nach Plänen des preußischen Hofarchitekten Schinkel im Zusammenhang mit dem Bau eines Schlösschens und der Gestaltung des Parks von Glienicke eine schöne Brücke aus Ziegelsteinen errichtet, die mit zehn kleinen Bögen den Fluss überquerte und sich so überaus schlicht und harmonisch in die Landschaft einfügte. Für die Durchfahrt der Schiffe wurde in der Mitte eine Klappe geöffnet. Die Steinbrücke galt als architektonisches Meisterwerk in der Potsdamer Schlösserlandschaft.
1835 wurde das Kassenhäuschen entfernt. Im gleichen Jahr fuhr exotische Fracht unter der Brücke hindurch. Das Dampfschiff »Henriette« brachte von Hamburg für den königlichen Tiergarten auf der Pfaueninsel einen Löwen, zwei Ameisenbären und zwei Affen.
Begleitet wurde die Fracht von Prinz Carl und Prinz Wilhelm, den Söhnen des Königs.
1907 wurde die neue Brücke als Stahlkonstruktion eröffnet. Die äußere Gestalt präsentiert sich als Hängebrücke aus Stahl-Fachwerkträgern. Zur Potsdamer Schwanenallee bot sie sich mit Nischen, Kolonnaden, Obelisk, Gittertor und Schalenbrunnen dar. Als Uferanschlüsse zur Havel hatte die Brücke auf beiden Seiten Treppen und Rampen.

Auch die Brücke zerriss in zwei Teile

Bereits 1944 wurde das Bauwerk dann zur berühmten Kulisse. Helmut Käutner drehte den UFA-Film »Unter den Brücken«. Die Nachtszenen mussten wegen der Gefahr von Bombern entdeckt zu werden, an einem Modell im Filmstudio Babelsberg aufgenommen werden.
Mit dem Kriegsende wurde die Glienicker Brücke durch zwei Sprengschnitte zerstört. Durch die Explosion verschoben sich die Strompfeiler. Die Brücke zerriss genau in der Mitte in zwei Teile.
Am 17. Juli 1945 begann im Schloss Cecilienhof die Berliner Konferenz, die später unter dem Namen Potsdamer Konferenz bekannt wurde. Damit die von Berlin anreisenden alliierten Konferenzteilnehmer über die Havel kommen konnten, wurde eine Pontonbrücke errichtet.
1947 begann dann auf Beschluss der damaligen Brandenburger Landesregierung der eigentliche Wiederaufbau. Die Stahlkonstruktion konnte gehoben werden. Die Brücke wurde um sechs Meter auf 17 Meter Breite verkleinert. Man musste Zugeständnisse machen, da die ausgebesserten Brückenpfeiler nicht mehr die frühere Last hielten. Die außerhalb der Pfeiler verlaufenden Fußwege verlegte man ins Brückeninnere.

Als besonders bemerkenswert gelten die von Architekt Eduard Fürstenau entworfenen neubarocken Brückenköpfe und Sandstein-Kolonnaden der Glienicker Brücke.

»Brücke der Einheit«

Am 19. Dezember 1949 wurde das Bauwerk unter dem neuen Namen »Brücke der Einheit« feierlich eingeweiht und für den Verkehr freigegeben. Doch die Freude über die wiederhergestellte Verbindung zwischen den beiden Teilen Deutschlands blieb nicht lange. In der Zeit des Kalten Krieges wurde die Brücke für West- und Ostdeutsche absolutes Sperrgebiet.
Ab 1952 war die Brücke nur noch für alliierte Militärs und Diplomaten von und nach Potsdam passierbar. Zivilpersonen durften die Brücke nur noch mit Sondergenehmigung begehen. 1953 scheiterte ein Fluchtversuch auf der Brücke. Das Auto blieb beim Durchbruchversuch in den Absperrungen hängen.
Der 3. Juli 1953 war der Tag, an dem die Brücke als einer der letzten Verbindungswege von Berlin ins Umland für den zivilen Personenverkehr gesperrt wurde. Nach dem Mauerbau im August 1961 konnte sie nur noch mit Sondergenehmigung zu beson-

Am 10. November 1999 wurde hier zur Erinnerung an den Fall der Berliner Mauer die Bronzeskulptur »Nike 89« des Bildhauers Wieland Förster feierlich enthüllt.

deren Anlässen überquert werden. Sie wurde Teil der Berliner Mauer und war als Grenzübergang nur den Militärmissionen der vier Besatzungsmächte Berlins vorbehalten. Genau in ihrer Mitte verlief der Grenzstrich zwischen der ehemaligen Deutschen Demokratischen Republik (DDR) und Berlin (West). Die Brücke verband und teilte zugleich zwei Welten. Geografisch lag die westliche Hälfte vierzig Jahre lang im Osten, in Potsdam, in der DDR, und ihre östliche Hälfte im Westen, in »West-Berlin«.

Am 15. November 1984 sperrten DDR-Behörden die Brücke, da keine Einigung über die Finanzierung der Reparaturen erzielt werden konnte. 1977 stand eine dringende Renovierung der Brücke an. »Nur« sieben Jahre stritten sich die DDR und der West-Berliner Senat um die Übernahme der Kosten. Infolgedessen finanzierte West-Berlin erst die Instandsetzung der »westlichen« Hälfte, später die »östliche«. Die »Besuchsbeauftragten« des Berliner Senats und die DDR-Regierung einigten sich am 20. Dezember 1984, dass der Senat die Reparaturkosten von zwei Millionen Deutsche Mark (DM) für die zur DDR gehörende Hälfte der Brücke übernimmt. Bei dieser »Einigung« verlor das Bauwerk den Namen »Brücke der Einheit«.

Agentenbrücke im Kalten Krieg

Die Glienicker Brücke diente im geteilten Deutschland auch dem Austausch von Spionen. 37 Agenten des »Kalten Krieges« vom Geheimdienst der Sowjetunion, dem Komitet Gossudarstwennoy Besopasnosti (KGB, Komitee für Staatssicherheit) und dem Geheimdienst der Vereinigten Staaten von Amerika (USA), der Central Intelligence Agency (CIA) wurden hier von den Siegermächten bis zur Wiedervereinigung Deutschlands ausgetauscht. Die Agenten wechselten hier tatsächlich an nur drei Terminen die Seiten zwischen Ost und West. Eine maßgebliche Vermittlerrolle bei diesen Aktionen hatte der Ostberliner Rechtsanwalt Dr. Wolfgang Vogel.

Am 19. Mai 1926 unterflog auf spektakuläre Weise ein Flugzeug die Brücke.

Die Glienicker Brücke eignete sich besonders gut für den Agentenaustausch. Unerwünschten Publikumsverkehr gab es nicht. Beide Seiten konnten das Geschehen aus geschützten Verstecken gut beobachten. Während die ersten beiden Auslieferungen noch unter Geheimhaltung stattfanden, wurde der Austausch von 1986 in den Westmedien vorher öffentlich angekündigt und im Fernsehen übertragen.

Wiedervereinigung

Noch 1988 durchbrechen drei Männer auf der Flucht nach West-Berlin mit einem LKW die Grenzsperren auf der Brücke.

Am 9. November 1989 konnte die Brücke nach dem Mauerfall von der Bevölkerung gleich wieder passiert werden. Tausende Bürger überquerten sie unkontrolliert in beide Richtungen. Die Glienicker Brücke wurde diesmal erneut zur »Brücke der Einheit«, einem wichtigen Symbol der deutsch-deutschen Wiedervereinigung.

Der Tag der Deutschen Einheit ist in Potsdam auch ein Tag der Erinnerung an Flüchtlingsschicksale.

Die Lange Brücke ist wohl die älteste in der Stadt

Die Brücke besteht aus drei Abschnitten

Zu den Brücken, die die Insel Potsdam mit dem Festland verbinden, gehören die Glienicker Brücke, die Humboldtbrücke und die Eisenbahnbrücke über den Templiner See. Die Eisenbahnbrücke über das Caputher Gemünde bei Caputh, die Eisenbahnbrücke über den Großen Zernsee zwischen Wildpark-West und Werder (Havel), die Wublitzbrücke bei Grube, die Fußgängerbrücke bei Nattwerder, die Baumgartenbrücke zwischen Geltow und Werder (Havel) kommen hinzu. Im Nördlichen Raum sind es die Eisenbahnbrücke bei Marquardt und die Straßenbrücke über den Sacrow-Paretzer Kanal auf der B 273 bei Marquardt. Bei Neu Fahrland gehört die Brücke des Friedens zu den Brücken, die zur alten Inselstadt führen.

Ältester innerstädtischer Havelübergang, der Potsdam mit der Teltower Vorstadt und Babelsberg verbindet, ist die Lange Brücke. Alles begann mit einem Knüppeldamm über die Havel, der bereits 1317 erwähnt wurde. Dieser muss bald verfallen sein, denn schon 1375 wurde urkundlich nur noch eine Fähre genannt, dann kam die Holzbrücke.

Auch der Burggraf von Nürnberg kam mit einer Fähre im Sommer 1416 als neuer Herrscher der Mark nach Potsdam. Er hatte sich inzwischen Friedrich I. genannt. Sein Weg führte von Saarmund durch den landesherrlichen Forst, das Teltow zur Havel. Potsdam präsentierte sich ihm damals jenseits des Ufers auf dem größten Teil der Insel mit einem dunklen Eichenwald. Eine Kirche und das Rathaus waren von Häusern umringt. Die Dächer waren teilweise noch mit Schilf und Stroh gedeckt. Auf der linken Seite trennten sich Wald und Sumpf von den Schilfhütten der slawischen Fischer am Kietz. Rechts waren bebaute Felder und ein kleiner Graben vor der Burg. Nördlich der Stadt lagen das Kirchland und die Äcker der Bürger um den Heiligen See bis zu den Töpfergruben.

1416 bestätigte der Kurfürst Friedrich I. der Stadt ihre Rechte und erlaubte im selben Dokument den neuen Brückenbau über die Havel zum Teltow mit den Wünschen, dass er die Stadt bessern möge. Es wurde Brückenzoll erhoben, einen Pfennig für jegliches Pferd. Ausgenommen waren Hofleute und Priester, die in die Ferne reisen wollten. In der Folgezeit kam es zu nicht wenigen Ersatzbauten bis in unsere heutige Zeit. Die Brücke wurde zu einem Brennpunkt des Potsdamer Verkehrs.

Heute besteht die Lange Brücke aus drei aufeinander folgenden Segmenten, den Verbindungen über die Alte Fahrt, den Schiffskanal sowie die Gleise der Eisenbahn. Im April 2008 begannen die Bauarbeiten an einer weiteren Überführung über die Havel und die Alte Fahrt unter Einbeziehung der Freundschaftsinsel. Sie nimmt die Schienen der Straßenbahn (Tram) auf, die bislang noch in der Mitte der Langen Brücke liegen. Durch die Verlegung der Schienen auf die rechte Seite werden die Gleise weniger von Kraftfahrzeugen gekreuzt. Diese Maßnahmen finden im Zusammenhang mit der Errichtung des Landtags- und Stadtschlossbaues auf dem Alten Markt statt.

Sicherlich kann man heute die Potsdamer Brücken argloser befahren als zu früheren Zeiten. 1856 stürzte die Lokomotive »Jupiter« in die Havel, weil der Brückenwärter die Eisenbahn-Drehbrücke in der Havelbucht für einen passierenden Havelkahn geöffnet hatte. Die beiden Maschinisten konnten vorher abspringen und blieben unverletzt.

Teil der Langen Brücke über den Schiffskanal vor dem Hauptbahnhof

Die Straßenbrücke des Sacrow-Paretzer-Kanal

Die Humboldtbrücke gibt es als zweiten Havelübergang erst seit 1978. Sie verbindet für Fahrrad- und Autofahrer Babelsberg direkt mit der Potsdamer Innenstadt. Fußgänger haben einen schönen Blick über den Tiefen See und die Seeseite der Berliner Vorstadt.

Die Eisenbahnbrücke des Templiner Sees

Potsdams historische und neue Stadtteile

Die territoriale Größe wuchs durch Eingemeindungen märkischer Dörfer

Im westlichen Vorstadtbereich sind Potsdam-West, Wildpark und die Brandenburger Vorstadt zu finden. Im nördlichen Vorstadtbereich liegen die Nauener Vorstadt, die Jägervorstadt und die Berliner Vorstadt.
Es gibt die Stadtgebiete Potsdam-Nord und -Süd, Babelsberg, Drewitz, Stern und Kirchsteigfeld. Zu Potsdam-Nord zählen Bornim, Bornstedt, Eiche, Grube, Nedlitz und Sacrow. Babelsberg setzt sich aus Babelsberg-Nord, Babelsberg-Süd, Klein-Glienicke und dem Villenviertel Neubabelsberg zusammen. Zu Potsdam-Süd gehören Templiner Vorstadt, Teltower Vorstadt, Schlaatz, Waldstadt I und II, Industriegelände und Forst Potsdam-Süd. In den attraktiven Wohngebieten gibt es auch zahlreiche historische und neu geschaffene Parkanlagen. Bis 2004 wurde das Stadtgebiet im Norden um neun Ortsteile erweitert. Die seitdem eingegliederten märkischen Dörfer Eiche, Fahrland, Golm, Groß-Glienicke, Grube, Marquardt, Neu Fahrland, Satzkorn und Uetz-Paaren wurden 2003 zu Ortsteilen mit eigenen, von der Bevölkerung gewählten Ortsbeiräten und einem Ortsbürgermeister (seit 2008 Ortsvorsteher). Die neuen Ortsteile liegen im Wesentlichen im Norden der Stadt. Sie haben die Einwohnerzahl jedoch nur um zwölf Prozent vergrößert.

Häuser des Holländischen Viertels

Ein wichtiger Bestandteil des Potsdamer Uferwegekonzeptes ist die Wegeführung entlang des Templiner Sees. Hier sind bereits die größten Abschnitte realisiert.

Vom kleinen zum großen Stadtgebiet

Das Stadtgebiet Potsdams war bis Ende des 19. Jahrhunderts noch relativ klein. Zur Stadt zählten außer der Innenstadt nur die Teltower, Brandenburger, Berliner, Jäger- und Nauener Vorstadt. Durch das Anwachsen der Bevölkerung und Bebauung musste das Stadtgebiet mehrmals erweitert werden. Dies geschah in mehreren Abschnitten mit der Eingliederung von benachbarten Rittergütern beziehungsweise Teilen davon. Damit wuchs das Stadtgebiet von 893 Hektar im Jahre 1836 auf 1350 Hektar im Jahre 1905. 1928 wurden der Park von Sanssouci mit den Schlössern, ein großer Teil der Insel Tornow (heute Herrmannswerder) sowie sechs Gutsbezirke mit Brauhaus- und Telegrafenberg in das Stadtgebiet eingegliedert. Danach betrug die Stadtfläche 3206 Hektar. Am 1. Juli 1935 wurden die Gemeinden Nedlitz, Bornstedt, Bornim, Eiche und Teile von Geltow eingemeindet. 1939 folgten Babelsberg und weitere Dörfer. Potsdam schaffte es nun, durch die Eingemeindung der Industriestadt Babelsberg, der früheren größten Stadt im Kreis Teltow, Großstadt zu werden.
1952 wurden die meisten dieser Gemeinden im Rahmen der Gebietsreform der Deutschen Demokratischen Republik (DDR) wieder selbstständig.

Auch Dörfer und Städte,
Kirchen und stille Winkel, alte
Eichen und Feldraine sind
Dinge, die irgendwie zu uns
Gehören, und wenn wir Sie
Nicht nur hinnehmen, sondern
Genau wahrnehmen, nicht nur
Wissen wie sie sind, sondern
Auch wie sie wurden, wissen
Wir auch mehr über uns selbst.

Zitat: von Günter de Bruyn,
Schriftsteller

Die Alte Kirche in Golm ist im Kern eine mittelalterliche Anlage am Hang des Reiherberges. Sie ist damit vermutlich die älteste Kirche Potsdams. 1289 wurde das Dorf Golm erstmalig urkundlich erwähnt. Der damalige Ortsgeistliche konnte für den schon längst geforderten Kirchenneubau den Kronprinzen und späteren 100-Tage-Kaiser Friedrich persönlich begeistern. Der Tag der Einweihung war der 24. Juli 1886. Die Einwohner von Golm sprechen noch heute von ihrer »Kaiser-Friedrich-Kirche«. Die alte Kirche musste nicht weichen.

Der Luisenplatz entstand etwa um 1733 mit dem Bau der Stadtmauer an dieser Stelle. Am 21. Dezember 1793 wurde hier die 17-jährge Prinzessin Luise von Mecklenburg-Strelitz (1776-1810), die später berühmt gewordene Königin Luise, empfangen. 1854 wurde der Luisenplatz durch Peter Joseph Lenné gärtnerisch gestaltet. Die Gartenanlage wich in den dreißiger Jahren des 20. Jahrhunderts einem Umbau zum Parkplatz und der damit verbundenen Pflasterung. 1999/2000 wurde der Platz erneut umgestaltet. Dazu gehörten der Bau einer Tiefgarage und die Pflanzung von Lindenreihen einer besonderen, nichttropfenden Züchtung. Die Mitte des Platzes schmückt ein Brunnenbecken, wie es bereits in der Lennéschen Gartenanlage ab 1855 vorhanden war. In der DDR-Zeit hieß der Luisenplatz »Platz der Nationen«.

Im Oktober 2003 erreichte das Stadtgebiet nach zwei neuen Eingemeindungsprozessen im Rahmen der landesweiten Kreisgebietsreform seine heutige Ausdehnung. Die Fläche Potsdams wurde allein durch die Eingemeindungen von 2003 um 60 Prozent vergrößert.

Einwohnerzahl auf historischem Höchststand

Potsdam zählte im Mittelalter und in der frühen Neuzeit zu den kleinen Städten mit geringer Bevölkerung. Aufgrund der Verwüstungen und der Hungersnöte des Dreißigjährigen Krieges fiel die Einwohnerzahl auf einen Tiefpunkt von 700. Erst durch die Entwicklung zur brandenburgischen Residenzstadt stieg die Zahl der Einwohner konstant an. Von 1713 bis 1820 erhöhte sich die Anzahl der Menschen von 1500 auf 20 000. Mit der Industrialisierung im 19. Jahrhundert waren es 60 000. Im Jahre 1935 wurden die Gemeinden Nedlitz, Bornstedt, Bornim, Eiche und Teile von Geltow eingemeindet. Mit dem 1. April 1939 schaffte es Potsdam, durch die Eingemeindung der rund 30 000 Einwohner zählenden Stadt Babelsberg, Großstadt zu werden. Potsdam zählte nun 135 892 Einwohner. Durch das verbrecherische Wirken der Nationalsozialisten und durch den Zweiten Weltkrieg sank die Zahl der Bewohner erheblich. Seit der Wiedervereinigung reduzierte sich die Bevölkerung bis 1999 um 13 000 Personen auf 129 000.

Die Wublitz ist ein Nebenfluss der Havel. An den zu großen Teilen unter Naturschutz stehenden Ufern der Wublitz liegen im Osten die Potsdamer Ortsteile Nattwerder, Grube und Marquardt, im Norden Uetz und im Westen der Werderaner Ortsteil Leest. Die Wublitz trennt die Insel Potsdam von der Insel Töplitz.

Die märkischen Dörfer Potsdams haben ihren besonderen liebenswerten Reiz, wie auch die alte Theodor-Fontane-Straße in Groß Glienicke.

Durch die Eingemeindungen und den Zuzug von cirka 19 000 Personen stieg die Einwohnerzahl bis Dezember 2006 auf den historischen Höchststand von rund 149 000. Zudem überstieg die Anzahl der Zuzüge die der Fortzüge. Die Zahl der Einwohner der Stadt wuchs in den letzten Jahren beständig, weil es mehr Geburten als Sterbefälle gab. Seit 2003 zählt die Stadt durchschnittlich 1500 neue Einwohner pro Jahr. Mit einer relativ hohen Geburtenrate und der niedrigsten Sterberate hatte Potsdam im Jahr 2004 das höchste natürliche Bevölkerungswachstum aller Landeshauptstädte zu verzeichnen. Gegenwärtig ist es der einwohnerreichste Ort des Landes Brandenburg mit rund 150 000 Bürgern.

Uetz wurde durch berühmte Dichter als »schönes Dörfchen Uetz« bekannt.

Potsdam Tourismus Service – Der Partner für Ihr Potsdam Erlebnis

Der Potsdam Tourismus Service ist der erste Ansprechpartner bei der Planung und Gestaltung der Reise nach Potsdam. Man erhält viele Ideen, Anregungen und wichtige Informationen, die den Aufenthalt in der Stadt zu einem gelungenen Erlebnis machen. Hier ist alles über die individuellen Potsdam-Arrangements »Potsdam à la Card« mit vielen Preisvorteilen in Potsdamer Hotels sowie Kultur- und Eventangeboten zu erfahren. Die »Potsdam-Card«, die offizielle Bonus-Card der Stadt, bietet den Fahrschein für beliebig viele Fahrten mit Bus, Tram und Fähre an drei aufeinanderfolgenden Tagen, sowie attraktive Rabatte.

Service

- Reservierung von Hotels, Pensionen und Privatunterkünften
- Potsdam-Information
- Verkauf von Souvenirs
- Potsdam-Literatur
- Stadtrundfahrten und -rundgänge
- Programmgestaltung für Gruppen und Tagungen
- Ticketservice

Service-Hotline: (03 31) 2 75 58-0 oder
Online-Buchung: www.potsdamtourismus.de

Tourist-Information
Brandenburger Straße 3
Am Brandenburger Tor (Keine Postadresse!)

Öffnungszeiten:
April bis Oktober:
- Montag bis Freitag 9.30 bis 18 Uhr
- Samstag, Sonntag 9.30 bis 16 Uhr

November bis März:
- Montag bis Freitag 10 bis 18 Uhr
- Samstag, Sonntag 9.30 bis 14 Uhr

Schriftliche Anfragen:
Am Neuen Markt 1 - Kabinetthaus
14467 Potsdam Buchungs- und Info-Hotline:
Tel. (00 49) 03 31 - 27 55 80
Fax (00 49) 03 31 - 2 75 58 29
tourismus-service@potsdam.de
www.potsdamtourismus.de

Servicezeiten der Buchungs- und Info-Hotline:
Montag bis Freitag 9 bis 19 Uhr, Samstag, Sonntag 9 bis 16 Uhr (November bis März 9 bis 14 Uhr) sowie an ausgewählten Feiertagen

Informationen zu Gruppenreisen:
Tel. (00 49) 03 31 - 2 75 58 50
Fax (00 49) 03 31 - 2 75 58 59
gruppen@potsdamtourismus.de

Vom Urglaube der Erschaffung Potsdams

Alte Gründungssage verliert ihre Bedeutung

Eine sich auf die Slawenzeit des 8. oder 9. Jahrhunderts beziehende Sage verlor mit den jüngsten Ausgrabungen Potsdams als Gründungssage an Bedeutung. Doch ihre Romantik und Traurigkeit blieb (gekürzte Nacherzählung »Die Gründungssage von Potsdam«, Quelle: Reinhard, Sagen):
Nachdem er sein Ruder verloren hatte, trieb Fürst Chocus bei einem Sturm an eine kleine Insel. Als er am Morgen erwachte, sah er eine Fischerin in einem Kahn, welche ein Netz ausgeworfen hatte und sang. Das Mädchen war so schön, dass er gar nicht wieder wegsehen konnte. Als sie jedoch den fremden, reich gekleideten Mann erblickte, stieß sie erschrocken vom Ufer ab. Chocus ging ihr nach und sprach so schöne Worte, dass sie dem Mädchen zu Herzen gingen. Am Abend schifften sie über den Fluss und landeten an jenem Ort, an welchem später die Heilig-Geist-Kirche errichtet wurde. Sie bauten sich eine Hütte und lebten im schönen grünen Eichenwald bis der Schnee fiel. Da sagte Chocus ihr, wer er sei, und dass er sie zur Frau haben wollte.

Bislang galt die Stätte Residenz Heilig Geist Park als die Urzelle Potsdams.

Auf der Freundschaftsinsel befindet sich die Plastik Harmonie, die die Begegnung der beiden Liebenden der Potsdamer Gründungssage darstellt.

Als das Moor zugefroren war, ging er über das Eis nach der Burg zu Geltow und gelobte, sie nach drei Tagen zu holen. Der Fürst hatte jedoch seine Nachfolgeherrschaft verloren und geriet in Gefangenschaft. Er konnte zu dem Wilzan fliehen. Erst am neunten Tag traute er sich von der schönen Fischerin zu sprechen. Als der Wilzan und sein Gefolge ihn durch den tiefen Schnee zu der Hütte unter den Eichen begleiteten, fanden sie die schöne Fischerin erstarrt und tot. Von der Stunde an hatte der junge Fürst nie wieder gelacht, sein Haupt wurde weiß. Der Wilzan schenkte ihm die drei Inseln. Chocus ließ an der Stelle der Hütte eine Burg errichten und nannte sie Poztupimi, das bedeutet »unter den Eichen«. Weil er ein gar guter Herr war, sammelten sich viele Einwohner auf dem Werder. Bald entstand ein kleiner Ort um die Slawenburg vom Stamm der Heveller.

Der Heilige Platz der Urzelle Potsdams

1725 ließ Friedrich Wilhelm I. den Burgwall abtragen und an gleicher Stelle die Heilig-Geist-Kirche erbauen. Gemeinsam mit der alten Nikolaikirche (1724) und der Garnisonkirche (1732) bestimmten sie fortan mit dem »Drei-Kirchen-Blick« die Silhouette der Stadt. Durch den englischen Bombenangriff am 14. April 1945 wurden die Kirchen stark beschädigt. 1997 begann der Wiederaufbau, es entstand die Seniorenresidenz »Heilig-Geist-Park«.
Noch immer umfängt einen der Mythos der Erschaffung Potsdams und man fühlt sich in die Zeit von vor 1200 Jahren in der kleinen Insellandschaft zurückversetzt. Am gegenüberliegenden Ufer, auf der Freundschaftsinsel, betonen sechs Säulen-Pappeln den Liebreiz und die Schönheit der Sage. Sie umgeben eine Rasenfläche, auf der die Plastik »Harmonie«, die Begegnung der Liebenden offenbaren soll. Eine einzelne Hänge-Weide direkt auf der Inselspitze steht und wurzelt für die traurige Stimmung der vermeintlichen Gründungssage Potsdams.

Die seltene Gelegenheit, die Ausgrabungsstätte des Potsdamer Stadtschlosses zu besichtigen, nutzten viele Interessierte.

Archäologen beweisen: Nicht die Burg war zuerst da, sondern die Stadt.

Die Geschichte Potsdams neu ausgegraben

War der Garten Eden in Potsdam?

Das Spannendste an der Baufeldfreimachung für das neue Landtagsschloss waren die Ausgrabungen. Über viele Jahre sind im Vorfeld der Bauarbeiten rund um den Alten Markt, dem damit verbundenen Landtagsneubau mit der Errichtung der alten Stadtschlossfassade und der Wiedergewinnung der Historischen Mitte reichlich Diskussionen und Streitigkeiten vorausgegangen. Mit den Erkenntnissen der Ausgrabungen müssten viele Publikationen über die Geschichte des Stadtschlosses und die Besiedlung der Stadt ab dem 12. Jahrhundert neu geschrieben werden. Durch die Bauarbeiten wurde auch die Geschichte von Potsdam neu ausgegraben. Sie stellt sich nun anders da. In Kurzform dazu: 993 gab es eine Ersterwähnung für Potsdam und Geltow, »Poztupimi« und »Geliti« in der Urkunde der Schenkung zur rechtzeitigen Sicherung von Ansprüchen über das Gebiet östlich der Elbe/Havel von König Otto III. an seine Tante Mathilde, (Reichs-) Äbtissin von Quedlinburg. Poztupimi: »(...) von unserem Eigentum zwei Orte gegeben haben, Poztupimi und Geliti genannt, gelegen in der Hevellon geheißenen Provinz und auf der Insel Chotiemvizles (Insel des Chocus), (...)« (Quelle Schenkungsurkunde, Urkunde Nummer: D O.III.131). Bei den Ausgrabungen auf dem rund 2500 Quadratmeter großen Areal rund um das ehemalige Schlossgelände kamen zehntausende Funde aus 5000 Jahren Siedlungsgeschichte ans Tageslicht, darunter 200 Metallgegenstände. Die Funde lassen darauf schließen, dass das Areal der Ausgrabungsstätte vom 13. bis zum 17. Jahrhundert Potsdams erstes Entwicklungsgebiet sein kann. Auch viele Skulpturenteile des Stadtschlosses wurden wieder entdeckt.

Im Jahr 1317 wurde die Stadt erstmals als Burg und als »Stadt – urkundlich« unter dem Namen Postamp erwähnt.

Die in der Ersterwähnungsurkunde genannte slawische Burg und Siedlung wurde 1911 im Osten der heutigen Altstadt bei extremem Niedrigwasser und der Erneuerung der Uferbefestigung der Heilig-Geist-Kirche gefunden. Im Bereich des heutigen Alten Marktes soll sich im späten Mittelalter eine deutsche Siedlung mit Burg entwickelt haben. Archäologen beweisen nun, nicht die Burg war zuerst da, sondern eine Siedlung.

Hinweise auf eine askanische Turmburg aus dem 13. Jahrhundert sind bei den Ausgrabungen bisher nicht gefunden worden. An der bislang vermuteten Stelle fanden sich einzig die Reste bürgerlichen Lebens sowie ein früherer Graben. Nachweislich gab es einen Burgbau ab dem 16. Jahrhundert. Es war der sogenannte Katharinenbau als Keimzelle des späteren Stadtschlosses am Alten Markt.

Die Renaissance-Burg von Kurfürst Joachim I. aus dem beginnenden 16. Jahrhundert war offenbar nicht die erste Bebauung der späteren Stadtschlossfläche am Alten Markt. Hier sollen schon lange vorher Bürgerhäuser gestanden haben, die der Burg weichen mussten. Es sind Mauer- und Grabensegmente gefunden worden, die noch älter sind, als die Feldsteinfundamente der ersten Burg, deren Grundriss anders war, als bislang vermutet. Zu den Neuentdeckungen kamen auch die Spuren einer germanischen Siedlung aus der früheren römischen Kaiserzeit/Germanen, etwa ein Jahrhundert nach Christus. Selbst Eisen wurde in dieser Siedlung verhüttet. Noch weiter zurück reicht die Datierung eines verzierten, kugelförmigen Tongefäßes. Offenbar ist es in der Jungsteinzeit, also rund 4000 Jahre vor Christus, entstanden. Ein Rätsel gibt ein gravierter Ziegelstein auf, der in eine Feldsteinmauer der westlichen Außenwand der Joachimschen Burg eingefügt war. Die eingekratzte Schrift ist nur zum Teil lesbar: »... Menne Jung. Er ritt Eva ...« Mehr nicht. War Eva der Name eines Pferdes oder fanden Archäologen einen Hinweis auf das Paradies und den Garten Eden in Potsdam?

Bei den Ausgrabungen im Bereich des früheren alten Stadtschlosses wurde auch ein Bombenkrater freigelegt.

Ziegel mit der Beschriftung: »als Menne Jung die Eva ritt«

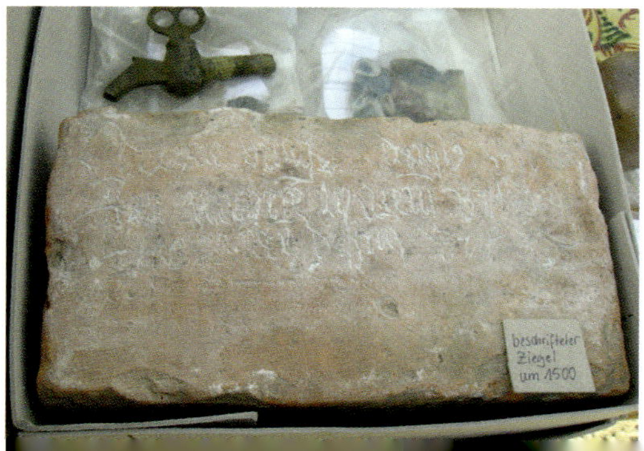

Fundstück Uhr mit figürlichen Aufsatz aus dem Ende des 18. Jahrhunderts

Mitten durch Potsdam fließt die Havel

Das Tor zum Havelland

Die alte Insel Potsdam ist eingebettet in die paradiesische Fluss- und Seenlandschaft der Havel. Der Fluss hat nur ein sehr geringes Gefälle – auf den fast 20 km der Potsdamer Landschaft ist es gerade einmal ein Meter. So schafften es die Naturgegebenheiten, dass sich der Fluss hier zu einer ganze Kette von Seen entlang schlängelt: Jungfernsee, Weißer See, Tiefer See, Templiner See, Schwielowsee...

Die Havel umgibt fast alle Seiten des weiteren Stadtgebietes und fließt zudem noch mitten durch die Innenstadt. Insgesamt zehn Kilometer zieht sie sich durch die Landeshauptstadt. Im nördlichen Verlauf befinden sich die meisten Sehenswürdigkeiten und touristischen Attraktionen. In den südlich gelegenen Uferbereichen entstanden seit 1990 zahlreiche Hotels und andere Beherbergungsanlagen.

Vor den menschlichen Eingriffen in die Flusslandschaft floss die Havel in großen Windungen und überschwemmte mehrmals jährlich die Niederung. Schon im Mittelalter begannen die Menschen mit baulichen Veränderungen.

Seit alters her ist der typische Flachlandfluss mit weiträumigen Feuchtgebieten durch den Zufluss der Spree ein Fluss für die Schifffahrt. Vom Kilometer Null, gegenüber der Spreemündung am Lindenufer in Berlin – Spandau, flussabwärts, vorbei an der Bucht des Großen Wannsee, befindet man sich bald in der schmalen Fahrt mit ihren sagenumwobenen Inseln. Die berühmteste ist die Pfaueninsel, die zur Potsdamer Kultur- und Parklandschaft, aber territorial zu Berlin zählt. Auch mit der Peter-Pauls-Kirche von Nikolskoe und der Moorlake auf der linken waldigen Uferanhöhe verhält es sich ähnlich. Vorbei geht es am Medehorn auf das idyllisch gelegene Sacrow. Anschließend zeichnet die schöne Uferstraße einem weiten Bogen in das Land hinein. Den enger werdenden Fluss nutzte bislang die Sacrower Fähre, um bei der schmalen Durchfahrt am Krughorn die Pendler und Ausflügler an das jenseitige Ufer zu schaffen. Jetzt fahren Wassertaxis. Die weite Wasserfläche, die dann beginnt, ist der Jungfernsee, der von der Glienicker Brücke bis Potsdam-Nedlitz reicht. Er diente in früheren Zeiten als Koppelstelle für die Havelkähne. Schleppzüge, Lastkähne und andere Motorfahrzeuge, die aus Spandau oder Potsdam, vom Teltowkanal oder vom Sacrow-Paretzer Ka-

Die Havel durchfließt den Tiefen See in Potsdam.

Mit der »Belvedere«, einem modernen Ausflugsschiff, auf die Havellandschaft blicken.

Haveldampfer Cecilienhof auf Kreuztour

Grüß Gott dich, Heimat!

... Nach langem Säumen
In deinen Schatten wieder träumen,
Erfüllt in dieser Maienlust
Eine tiefe Sehnsucht mir die Brust.
Ade nun Bilder der letzten Jahre,
Ihr Ufer der Saóne, der Seine, Loire,
Nach Kriegs- und fremder Wässer Lauf
Nimm, heimische Havel,
mich wieder auf.

aus: Theodor Fontane
Wanderungen durch die Mark Brandenburg
Havelland 1872

Segeln auf der Havel

Viele begeisterte Zuschauer finden die Sportler des Kanu-Sportler bei den Wasserwettkämpfen auf dem Templiner See.

nal kamen, wurden hier zu neuen Schleppzügen zusammengestellt. Das Schleppen wurde zum größten Teil von der Schubschifffahrt abgelöst. Die Havel führt von hier aber auch zur Glienicker Brücke. Hier treffen Jungfernsee, Havel und Glienicker Lake aufeinander.
Auch das Schloss Babelsberg lässt sich auf einer Anhöhe erspähen, von der ein grüner Teppich sanft zum Wasser gleitet. Nach einer engen Durchfahrt befindet man sich schließlich im Tiefen See und kann sich am Reiz des Kleinen Schlosses erfreuen. Am Ende des Sees nimmt die Havel das schnelle Wasser der Nuthe auf. Gegenüber stand bis zu ihrer Zerstörung im Krieg die Heiliggeistkirche, welche durch die Seniorenresidenz »Heilig – Geist – Park« ersetzt wurde.
Der Fluss teilt sich nun. Die »Alte Fahrt«, die nicht von den Motor getriebenen Booten durchfahren werden darf, bietet dem Auge eine Reihe schönster Altstadtbilder. Sport- und Berufsschiffe sollen den zweiten Arm, die »Neue Fahrt«, eine Bundeswasserstraße, durchfahren. Die beiden Arme der Alten und Neuen Fahrt umschließen die Freundschaftsinsel und werden hinter der Insel wieder zur Havel.
Die Zeiten, in denen die Schleppkähne noch durch Potsdam fuhren, auf der Langen Brücke den Verkehr zehn bis 15 Minuten zum Stillstand brachten und den Zugang zum Bahnhof sperrten, sind schon längst vorbei.
Kleine Wasserfahrzeuge können nach dem Passieren der Brücke geradeaus, in Richtung der Insel Hermannswerder durch die Vorderkappe, den Judengraben und die Hinterkappe den Templiner See erreichen. Große Boote und Dampfer müssen die Insel westlich umfahren und an den Planitzinseln und dem Kiewitt vorbei. Hier, in der schmalen Fahrt, standen einstmals die großen Fischwehre der Kiezer Fischer, die der Alte Fritz durch seine Soldaten abreißen ließ, weil sie die Schifffahrt behinderten.
Der folgende Templiner See bietet seit vielen Jahrzehnten dem Wassersport ideale Gelegenheit zur Austragung von Wettkämpfen. Direkt neben dem neu gestalteten Lustgarten am Ufer der Havel erstreckt sich der Potsdamer Hafen. Moderne Fahrgastschiffe und historische Dampfer legen von hier zu Ausflugsfahrten, Rundfahrten, Tages- und Abendfahrten ab. Touren ins wunderschöne Havelland erfreuen sich ebenso großer Beliebtheit wie Tagesfahrten durch die Berliner Innenstadt oder nach Brandenburg. Potsdam sollte man unbedingt vom Wasser aus kennen lernen.

Dreizehn tropische Palmen zieren den Hafen und verleihen ihm sein mediterranes Flair.

Fischer fischen frische Havelfische

41 Fischarten waren nach einer Aufstellung des Instituts für Binnenfischerei in Potsdam-Sacrow Anfang des 18. Jahrhunderts in der Havel dokumentiert. Heute sind es 50. Der Stör soll ausgestorben sein. Auch die Zeit der Lachse ist vorbei und das Aal-Vorkommen stark rückläufig. Der Beruf des Fischers hat nur noch Seltenheitswert. In Potsdam gibt es nur noch zwei Fischer.

Fährmann, hol über

Auch Fontane ließ sich über das »Wublitz-Wasser« setzen

Bereits im 14. und 15. Jahrhundert gab es im Potsdamer Territorium wichtige Handelsstrecken, denen immer wieder Wasserhindernisse entgegenstanden. So erwies sich schon im Mittelalter die Fähre als unersetzliches Verkehrsmittel. Deren Anzahl, Ortslage und zeitliche Existenz sind zum Teil ungenügend dokumentiert oder belegt. Nur einige Fähren wurden legendär und berühmt, wie die Nedlitzer Fähre. Sie wurde 1323 über den Weißen See erstmalig erwähnt.

Fähren fuhren an vielen Stellen Potsdams. Fast alle wurden durch Brücken ersetzt. Kaum jemand denkt noch beim Überqueren einer Brücke an Wartezeiten, Kosten und manche Unbequemlichkeit der früheren Zeit, die sich auch als schwere Zeit des Fährmanns überlieferte. Die Arbeit war oft spärlich entlohnt. Aber, der selten gewordene Berufsstand hatte eine Romantik, die bis heute nicht

verloren ging. Viele Legenden und Sagen erzählten sich von Generation zu Generation, nur wenige wurden aufgeschrieben.

Die Uetzer Fähre

Die Uetzer Fähre gab es schon lange bevor Friedrich Wilhelm III. und Königin Luise auf ihren Fahrten nach Paretz die Wublitz überquerten. An dieser Stelle steht heute noch das alte Fährhaus. Erst nach einer Dammaufschüttung im Jahre 1905 wurde der Fährbetrieb eingestellt.

Als sich Theodor Fontane bei seinen Wanderungen durch die Mark im »schönen Dörfchen Uetz« über das »dunkle Wublitz-Wasser« mit der damaligen Fähre übersetzen ließ, war seine Meinung über den Berufsstand: »Die Fährleute sind ein eigen Geschlecht und haben ihren eigenen Arbeitskodex«

Verheerende Folgen des Krieges

Der Zweite Weltkrieg hatte schon 1942 und 1943 beträchtliche Folgen für das Fährwesen in Potsdam. Zuständig für die Havel von Ketzin bis Spandau, hatte Potsdam 16 Fähren in Betrieb. Neun Fähren standen wegen Treibstoffmangels und aus anderen Gründen still. Zwei Fähren fuhren nicht öffentlich, eine Wirtschaftsfähre und die, die von der Luftwaffe genutzt wurde.

Ein Runderlass aus dem Jahre 1944 forderte einen strikten Abbau jeglichen Fährbetriebes. Der Ausbildungsstand der fast ausschließlich mehr als 60 Jahre alten Fährmänner musste gemeldet werden. Es wurde geprüft, wer entbehrlich war. Ehefrauen und Töchter sollten den Fährbetrieb übernehmen. Zum Kriegsende 1945 bestand das Fährwesen in Potsdam, wie auch im gesamten Land Brandenburg, kaum noch. Fähren waren zerstört oder gesunken, so wie in Caputh und Sacrow. Es dauerte Jahre, bis diese Wasserfahrzeuge wieder regelmäßig verkehrten. Etliche Fähren wurden dann letztendlich durch den neu einsetzenden Straßen- und Brückenbau verdrängt. So wurde unter anderem der Fährbetrieb von Potsdam nach Babelsberg eingestellt. Über 400 Jahre fuhr die Sacrower Fähre. Jetzt hat auch diese Tour das Potsdamer Wassertaxi übernommen.

Die einzige in Potsdam übrig gebliebene Fähre verkehrt täglich zwischen Hermannswerder und Auf dem Kiewitt.

Altes Fährhaus in Potsdam, Ortsteil Uetz

Wie auch immer aufs Eiland kommen

Per Hubschrauber, per Schiff, geschwommen oder über eine der Festlandbrücken, wie auch immer man auf die Insel kommt, lohnt es sich, die schönen Stadtteile zu entdecken. Die waldreiche Stadt verfügt durch die Havel über einen Fluss mit einem verlockenden Uferwanderweg. Potsdam befindet sich am Mittellauf dieses Flusses, inmitten einer eiszeitlich geprägten Wald- und Seenlandschaft. Die Bedeutung der Region beruhte auf der Beherrschung des Havelübergangs. Der Stadtbereich besteht zu 75 Prozent aus Gewässer, Grün- und landwirtschaftlichen Flächen. Nur 25 Prozent des Potsdamer Gebietes sind bebaut. Jahrhunderte befand sich die Stadt auf einer Insel. Heute erstreckt sich die Großstadt, nicht zuletzt durch die jüngsten Eingemeindungen, weit darüber hinaus.

Hallo Wassertaxi

Potsdamer Wassertaxis – eine *flüssige* Verbindung

2007 startete das »Potsdamer Wassertaxi« mit zunächst einem Schiff in die erste Saison, ähnlich wie ein Linienbus, jedoch auf dem Wasser im Stadtgebiet von Potsdam. Inzwischen wurde »Potsdamer Wassertaxi« die Bezeichnung für den Linienverkehr mit zwei Schiffen auf der Havel im Potsdamer Stadtgebiet mit festem Fahrplan vom Frühjahr bis zum Herbst. Die Wassertaxis können jeweils 60 Personen und 20 Fahrräder befördern, zeitsparend und als alternative Fortbewegung. Ein Ticket kann ab drei Euro einfach an Bord gelöst werden. Wer mitfahren möchte, sollte sich an einer jeweiligen Haltestelle, die ein Schild kennzeichnet, zur Abfahrtzeit für den Schiffsführer sichtbar auf den Steg stellen.

Martin Senst von der Crew Wassertaxi

Die 13 Anlegepunkte des Liniennetzes, welches die beiden Seiten der Havel miteinander verbindet, ergeben viele Ausflugsmöglichkeiten für Spaziergänger und Radfahrer. Die bekanntesten Ausflugsziele der Station 1, Volkspark Glienicke – Krughorn, sind die Fähre und das Wirtshaus zur Pfaueninsel, die Glienicker Brücke oder zu Blockhaus Nikolskoe und Kirche. Station 2 ist Sacrow Heilandskirche. Die dritte Station ist Cecilienhof – Meierei. Die Fähre hält direkt am Neuen Garten, der Meierei und Gasthofbrauerei an. Das Belvedere Pfingstberg und das Marmorpalais sind hier lohnenswerte Wanderziele. Station 4 ist direkter Haltepunkt Glienicker Brücke. Hier befindet sich das Glienicker Schloss gleich in der Nähe, sowie auch das Casino im Park Glienicke und die Matrosenstation. Station 5 ist der Halt für Schloss und Park Babelsberg. Hier befinden sich auch das Kleine Schloss, der Flatowturm, die Gerichtslaube und das Matrosenhaus. Die nächste Station Nummer 6 ist Schiffbauergasse und Hans Otto Theater oder auch der direkte Halt am Kulturstandort Schiffbauergasse.

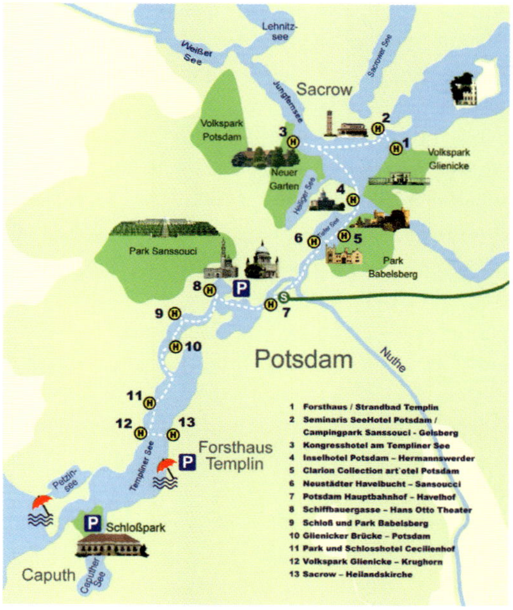

Fahrroute der Potsdamer Wassertaxis

Die Station 7 ist der Hafen in der Nähe des Potsdamer Hauptbahnhofes und der sich dort befindlichen Bahnhofs-Einkaufspassagen. Hier befinden sich gleich in der Nähe die Schifffahrt Potsdam, der Alte Markt, die Nikolaikirche und der Neue Lustgarten. Das Stadtzentrum und das Holländische Viertel schließen sich an.

Neustädter Havelbucht – Sanssouci lautet die Bezeichnung der Station 8. Hier ist die Potsdamer Moschee zu besichtigen. Etwa zehn Minuten zu Fuß braucht, wer von hier aus den Park Sanssouci erreichen möchte. Die Stationen neun bis zwölf sind die Haltestellen großer Potsdamer Hotels. Die Station Nummer 13 ist das Forsthaus und Strandbad Templin. Diese Ausflugsziele befinden sich in unmittelbarer Nähe der Wassertaxi-Haltestelle. Hier lohnt sich der Besuch der Braumanufaktur des Forsthauses.

Auf modernen und historischen Dampfern ist es möglich, die Havel und die Havelseen entlang viele Sehenswürdigkeiten zu befahren und die prachtvolle Natur zu genießen.

Potsdamer Wassertaxi I vor der Berliner Vorstadt auf dem Tiefen See

Nächtliche Schlösserimpressionen

Das romantische Spektakel auf der Havel

Eine besondere Attraktion sind die nächtlichen Schlösserimpressionen. An sechs Wochenenden im Jahr erstrahlen am Havelufer liegende Schlösser, Gebäude und Kirchen im Lichterglanz. Die zum UNESCO Weltkulturerbe gehörende Schlösser- und Parklandschaft diesseits und jenseits der Glienicker Brücke befinden sich an einer der schönsten Flusslandschaften Deutschlands. Die Schlösserimpressionen entführen in die schönsten Träume, die schon längst zur Wirklichkeit geworden sind.
Abends stechen die stolzen Schiffe der Weißen Flotte Potsdam zu ihrer dreistündigen Korsofahrt in See. Entlang der Potsdamer Schlösser- und Parklandschaft gleitet der Schiffskonvoi in den Sonnenuntergang, bevor er sich in Sacrow zum ersten Höhepunkt des Abends einfindet. Ein klassisches Blechbläserkonzert vor der im Schein zahlreicher Fackeln erstrahlenden Heilandskirche stimmt festlich auf die sich anschließende Vorbeifahrt an prachtvoll erleuchteten Hohenzollernschlössern und tanzenden Elfen am Ufer des Jungfernsees ein. Hier werden alte Märchen wahr. Während der herrlichen nächtlichen Fahrt gibt es noch viele weitere Überraschungen, die nicht zu verraten sind. Nur soviel: Man kann ganz nach Herzenslust feiern, wie einst preußische Könige, die mit ihren Schiffen zur Heilandkirche zum Gottesdienst fuhren oder zum Feiern ihre Schlösser besuchten.

Korsofahrt der Schifffahrt am Abend der Schlösserimpressionen

Ein festliches Schlösser-Menü sowie Musik aus der Zeit Friedrichs des Großen komplettieren die Faszination.
Das romantische Spektakel verzaubert Jahr für Jahr mehrere tausend Gäste der Potsdamer Schifffahrtsgesellschaften. Schon immer übten Licht und Wasser sowie festlich erleuchtete Schlösser eine große Begeisterung auf Menschen aus; barocke Feuerwerke waren der Höhepunkt höfischer Feste. Krönender Abschluss der Fahrt ist ein barocker Feuerregen von der mit Bengalischen Lichtern illuminierten Glienicker Brücke.

Informationen zu den nächtlichen Schlösserimpressionen sind unter der Internetadresse www.schiffahrt-in-potsdam.de zu finden.

Schlösserimpression vor der Pfaueninsel

Feuerregen von der Glienicker Brücke

Potsdamer Schlössernacht

Spazieren wie Preußens Könige

Nirgendwo zeigt sich Preußens Barock glanzvoller, üppiger und romantischer als im Park von Sanssouci. Schlösser und Gärten präsentieren sich in einer Landschaft von unvergleichlicher Harmonie. Das einstige Sommerparadies der preußischen Könige gehört zum Weltkulturerbe.
Einmal im Jahr kann man den Park prächtig illuminiert in romantischer Nachtstimmung erleben. Jeweils am dritten Augustwochenende steigt die Potsdamer Schlössernacht mit Konzerten und Tanzvorführungen, mit Theaterspielen und Literaturvorträgen. Ein Barock-Rausch ganz eigener Art. Am Vorabend gibt es stets ein Auftaktkonzert mit namhaftem Orchester und Solisten vor dem Neuen Palais.
Hunderte Akteure gestalten das nächtliche Programm. Masken und Kostüme vergangener Epochen begegnen den Besuchern von der Orangerie bis zum Neuen Palais, vom Chinesischen Haus bis zu den Römischen Bädern sowie von der Bildergalerie bis zur Friedenskirche. Sogar die Bäume beginnen zu sprechen. Sie erzählen, wie sie an diesen Platz gekommen sind, in diese einmalige Parklandschaft, ersonnen von dem großen Landschaftsgestalter Peter Joseph Lenné. Die englische Parkarchitektur mischt sich mit altorientalischen und römisch-lateinischen Einflüssen.
All das bietet dem Besucher eine herrliche Gelegenheit zum Spazierengehen, wie seinerzeit Preußens König Friedrich dem Großen.
Das Programm der Potsdamer Schlössernacht verspricht ein rauschendes Fest. Das Medieninteresse reicht weit über Deutschland hinaus. Um den Park zu schonen, der sonst zur Nacht geschlossen ist, bleibt die Zahl der Eintrittskarten auf 33.000 beschränkt. Ein Teil der Einnahmen kommt der weiteren Rekonstruktion der preußischen Schlösser und Gärten zugute.
Soviel ist sicher: Wer Sanssouci in dieser Nacht besucht, behält unvergessliche Bilder in seinem Kopf. Für das leibliche Wohl sorgt ein reichhaltiges kulinarisches Angebot. Um Mitternacht leuchtet vor dem Neuen Palais ein Feuerwerk auf und lockt mit seinem Barockzauber schon mal zum Wiederkommen.

Peter Jacobs

Weitere Informationen finden Sie unter:
www.potsdamer-schloessernacht.de

Potsdams Schlössernacht im Park Sanssouci, Orangerie mit Terrasse
© Stiftung Preußische Schlösser und Gärten Berlin-Brandenburg

Anfangs war Potsdam für Jahrhunderte ein Dörfchen …

Könige bauten in Potsdam

Für Jahrhunderte war Potsdam nicht mehr als ein Dörfchen an der Havel. Die Bewohner ernährten sich vom Fischfang und vom Ackerbau. Seen und Sümpfe ließen eine Vergrößerung der Anbauflächen nur schwer zu.
Der Landesherr sicherte sich durch zahlreiche Verpfändungen erhebliche Einkünfte. Zu den rechtlichen und finanziellen Belastungen der Bürger kam die Gewalttätigkeit der Amtshauptleute und Amtsschreiber. 1598 wurde sogar der ganze Magistrat gefangen genommen. Das persönliche Regiment der adligen Amtshauptleute hemmte die Entwicklung Potsdams. Große Brände in den Jahren 1536 und 1550 äscherten die Stadt zum größten Teil ein. Der Wiederaufbau war mit einer flächenmäßigen Vergrößerung verbunden. 1598 wurde ein Teil des alten Stadtschlosses ausgebaut und der Lustgarten gestaltet.
Kurfürstin Katharina (1549–1602) bekam das Stadtschloss als Witwensitz zugewiesen. Nach dem Tode der Kurfürstin ging das Schloss Potsdam mit seinen Gütern auf Junker Wolf Dietrich von Hacke über. Die Hofstuben wurden zu Schafställen und die Kirche zur Scheune entweiht. Das Schloss verwahrloste und war dem Verfall preisgegeben. Der Dreißigjährige Krieg vergrößerte die Schäden.

Auch die Hofgesellschaft erhält während des morgendlichen Gottesdienstes unter freiem Himmel im Krongut Bornstedt ihre gewohnte Aufmerksamkeit.

Seine Exzellenz während eines Gottesdienstes im Freien

Zeit des Großen Kurfürsten

Friedrich Wilhelm (1620–1688), der Große Kurfürst und Landesherr von Brandenburg, hatte seine

Im Innern des Kaiserbahnhofes ist einer der zwei Wartesäle der aufwändig gestaltete »Kaisersaal« mit Paneelen und einem Kamin. 1999 wurde der Kaiserbahnhof als UNESCO Weltkulturerbe eingetragen. Ab 2002 wurde das Ensemble durch die Deutsche Bahn zur Führungsakademie umgebaut.

Sympathie für Potsdam entdeckt und schuf mit der Wiedererrichtung des Schlosses einen bedeutungsvollen Anfang. Er entschied sich für Potsdam als zweite Residenzstadt neben Berlin und begründete eine Tradition, der alle seine Nachfolger treu blieben. Potsdam wurde zur Residenz und war bis zur Abdankung der Hohenzollern 1918 durch den Hof und die Verwaltung geprägt.

Der weit gereiste Johann Moritz von Nassau-Siegen (1604-1679) gab dem König 1664 in einem Brief die Empfehlung, das »ganze Eyland« in ein »Paradies« zu verwandeln. Das zur damaligen Zeit in Europa führende Holland wurde zum Vorbild des Großen Kurfürsten. Die Stadt, die Schlösser und die Gärten in einen gemeinsamen Landschaftsraum einzubetten, machte Potsdam für drei Jahrhunderte einzigartig.

Nach mehrfachen Versuchen gelang es, das Gut Potsdam mit dem Schloss aus der Verpfändung seiner Vorgänger zurückzukaufen. Der frühbarocke Neubau des Schlosses durch Baumeister Johann Gregor Memhardt, (1607–1678) erfolgte 1662 bis 1669 nach Vorbildern aus der zeitgenössischen holländischen Schlossarchitektur.

Für die karge, vom Krieg noch immer stark gezeichnete Mark Brandenburg war das Edikt von Potsdam ein wahrer Segen. Es wurde am 29. Oktober 1685 im Schloss unterzeichnet. Es brachte 20 000 französische Glaubensflüchtlinge ins Land und damit erfahrene Damast- und Seidenweber, Töpfer, Blumen- und Gemüsegärtner, Drucker und Verleger und eine ganze Reihe von unterschiedlichen Kunsthandwerkern. In Potsdam wurde eine holländische Seidenfabrik und Fayencenmanufaktur gegründet. Auch etliche Niederländer, die etwas von den technischen Ingenieurskünsten verstanden, wurden gezielt angeworben.

Friedrich I., erster König in Preußen

Das Repräsentationstreben Friedrich III./I. (1657–1713) verhalf Potsdam zu barockem Glanz. Er setzte sich 1701 als erster Hohenzoller die preußische Krone aufs Haupt. Anlässlich seiner Selbstkrönung zum König Friedrich I. ließ er ein prächtiges Portal auf dem Alten Markt errichten. Mit dem Fortunaportal schloss man zu einem europäischen Kulturniveau auf. Es war der Beginn der klassischen Potsdamer Baukunst. Die fast drei Meter hohe goldene Figur der Schicksalsgöttin Fortuna auf der Spitze des Portals sollte den unvermeidlichen Wandel als Chance und nicht als Bedrohung darstellen.

Goldene Karossen kamen über die Lange Brücke gefahren. Könige, Fürsten, sogar Zar Peter I., beehrten den prunkliebenden ersten König in Preußen mit ihrem Besuch. Der König holte auch den Universalgelehrten Gottfried Wilhelm Leibniz (1646–1716) ins Land.

Die Statue Königs Friedrich II. befindet sich in der Hegelallee 8 an einem historischen Gebäude, das von 1952 bis 1990 von der Staatssicherheit der DDR genutzt wurde und später als Potsdamer Amtsgericht diente.

Friedrich Wilhelm I. gründete 1722 das Große Militärwaisenhaus für die Kinder seiner Soldaten. Es beherbergte zeitweise zweitausend Jungen und fünfhundert Mädchen. Sie erhielten Schulunterricht, mussten aber auch bis zu zehn Stunden am Tag in der Gewehrfabrik, auf den Maulbeerplantagen und in anderen Handwerksbetrieben arbeiten.

Neues Palais im Park Sanssouci

Auf Krongut Bornstadt traten die »rothen Grenadiere« ins Gewehr, exerzierten und salutierten.

1709 wurde Potsdam erstmals zum Ort eines internationalen Friedenskongresses: Die Zusammenkunft der Könige von Polen, Dänemark und Preußen wurde im Stadtschloss und in Caputh mit großer Pracht gefeiert. Die Feste und Inszenierungen waren immer öffentlich, kurbelten die Wirtschaft an und hinterließen mit den dafür erforderlichen Bauten die schönsten Kunstwerke.

Friedrich Wilhelm I. schuf eine große Soldatenstadt

Sein Sohn und Nachfolger Friedrich Wilhelm I. (1688 bis 1740) richtete das gesamte Staatswesen auf das Militär aus und vergrößerte das stehende Heer auf 80 000 Mann. Die Einwohnerzahl erhöht sich von 1740 auf 11 708. Potsdam wurde Garnisonstadt.

Eine bauliche Erweiterung der Stadt war dringend notwendig. Bis 1720 dauerte der Neu- und Ausbau der Altstadt. Der Aufbau der »Neustadt« schloss sich an. Schwierigste Bodenverhältnisse blieben unberücksichtigt. Obwohl sich auf dem Territorium des heutigen Platzes der Einheit der einstige Faule See befand, wurde das Gebiet planmäßig bebaut. Die Befestigung des Platzes im sumpfigen Boden verschlang ganze Kiefernwälder als Pfahlroste.

1733 begann der Bau einer neuen Stadtmauer, nachdem eine erneute Stadterweiterung beschlossen war. Das neu umgrenzte Gebiet zwischen der heutigen Charlottenstraße, Schopenhauerstraße, Hegelallee und Hebbelstraße entstand im Zeitraum 1734 bis 1742. Der König ließ einfache barocke Typenbauten errichten, die jeweils zu einem Karree gehörten. Mit den gleichmäßig aufgeteilten Vierteln erfolgte die Erweiterung der Stadt. Sie stehen heute noch entlang der Linden-, der Brandenburger- und der Gutenbergstraße. In 27 Regierungsjahren lässt der König die Stadtmauer dreimal hinausschieben. Diese sollte nicht unbedingt vor Feinden schützen. Vielmehr galt es, die Steuer zu erwirtschaften und einzuziehen, aber auch die Flucht der Soldaten aus der mit eisernem Drill zusammengehaltenen Armee zu verhindern.

Barocke Quartiere

Westlich der heutigen Friedrich-Ebert-Straße wurden Bürgerhäuser errichtet, einheitlich, zwei Stockwerke mit je fünf Fenstern Front und darüber in der Mitte mit einem ausgebauten Giebel. Die einquartierten Soldaten wohnten in der ebenerdigen Etage, um bei Einsätzen schnell zur Verfügung zu stehen. Auch Friedrich Wilhelm I. orientierte sich an Holland, um Anstöße für die Entfaltung Preußens zu erhalten. Er holte sich holländische Handwerker nach Preußen und ließ für sie in Potsdam ein »Holländisches Viertel« bauen.

Gab es in der Stadt 1713 lediglich 220 Gebäude, so waren es am Ende der Regierungszeit Friedrich Wilhelm I. 1154 Häuser. In seiner Zeit entstanden auch Kirchenbauten, wie die Heilig-Geist-Kirche (1726 bis 1734) und die berühmte Garnisonkirche (1730 bis 1735) mit einem über achtzig Meter hohen Turm.

Friedrich II., der Große, und Sanssouci

Die Altstadt war von der Neustadt durch den Kanal abgegrenzt. 1797 gab es in der riesigen Kaserne Potsdam 19 552 Einwohner (nicht gerechnet die etwa 8000 Personen des Hofstaates) und 8192 Militärangehörige. Potsdam war viermal stärker mit Soldaten belegt, als jede andere Stadt in Preußen.

Friedrich der Große ließ die Stadt aber auch als repräsentative Residenzstadt aufbauen und behielt sich selbst die Planung vor. Der König begründete mit seinen Baumeistern eine Kunstform, die als friderizianisches Rokoko in die Kunstgeschichte einging. Zum Teil nach seinen Skizzen wurden den einfachen Bürgern für ihre Häuser repräsentative Fassaden vorgeblendet. Rastlos schmückte er Potsdam architektonisch aus. 1744 ließ der König am sogenannten »Wüsten Berg« vor den Toren der Stadt bei Bornstedt einen Weinberg anlegen, mit dem er auch den Grund für das Schloss Sanssouci legte. Schon im 18. Jahrhundert erlangte das Weinbergschloss Berühmtheit über die Grenzen Preu-

König Friedrich II. erteilte 1769 dem Architekten Georg Christian Unger den Auftrag, in der Prachtstraße Potsdams, der heutigen Breiten Straße 26/27, ein repräsentatives Bürgerhaus mit Palaisfassade zu errichten. Das dreigeschossige Doppelhaus entstand für den Kaufmann Johann Friedrich Hiller und den Schneider Johann Gerhard Brand. In dem niedrigen Verbindungsbau wurden Soldaten einquartiert.

ßens hinaus. Die Wirtschaft und die Bautätigkeit wurden in Kriegszeiten erheblich beeinträchtigt. Die Zahl der Einwohner Potsdams sank um fast 4000. Da viele Menschen litten, wandte sich der Magistrat mit einem Hilfegesuch an den König, der folgende schriftliche Antwort gab: »Sie mögen Sehen, wie Sie die Schulden bezahlen, ich werde das liederliche Gesindel nicht einen Groschen geben.« Die Schlösser waren unbeschädigt geblieben. Ein weiteres kam zur Repräsentation der Stärke Friedrichs nach dem Siebenjährigen Krieg dazu, das Neue Palais. Am Ende der Regierungszeit Friedrich II. war Potsdam eine repräsentative Residenz. Groß war die Zahl der Soldatenwitwen.

Friedrich Wilhelm II.

Friedrich Wilhelm II. (1744 bis 1797), legte damals außerhalb der Stadt, am Ufer des Heiligen Sees und des Jungfernsees, den Neuen Garten an und ließ das Marmorpalais errichten. Auf der Pfaueninsel ließ der König 1794 von Hofzimmermeister Johann Gottlieb Brendel ein kleines ländliches Lustschloss erbauen. Der bis 1786 planmäßig vollzogene Ausbau der Stadt wurde nur noch in geringem Umfang fortgesetzt. Handwerk, Meister und Bauarbeiter verarmten. Der König ließ 1795 das erste Potsdamer Theater von Gottfried Böhm am Stadtkanal errichten. Im Volksmund wurde die schöne Spielstätte Kanaloper genannt.

Friedrich Wilhelm III.

In der Regierungszeit von König Friedrich Wilhelm III. (1770 bis 1840) begann die zweite große Gestaltungsphase der Residenz Potsdam. Er ermöglichte seinen Söhnen die Schaffung eigener Sommerresidenzen in und um Potsdam, wodurch die Schloss- und Parkanlagen Charlottenhof, Glienicke und Babelsberg sowie darüber hinaus weitere die Landschaft prägende Bauten entstanden. Nach der napoleonischen Besetzung Preußens setzten die Franzosen bedeutende Reformen um. Doch auch ungeheure Tributzahlungen wurden gefordert, für deren Tilgung die Stadt Potsdam mehr als sechzig Jahre benötigte.

Friedrich Wilhelm IV.

König Friedrich Wilhelm IV. (1795 bis 1861) wurde von seiner Sehnsucht nach Italien beflügelt und ließ die gesamte Umgebung von Potsdam durch Peter Joseph Lenné (1789 bis 1866) zu einer großen Parklandschaft umgestalten. Zu seiner Stilvielfalt gehörte auch das von 1841 bis 1843 errichtete Dampfmaschinenhaus in der Form einer Moschee. Im 19. Jahrhundert wuchs Potsdam erneut über die alten Stadtgrenzen hinaus. Vororte entstanden, wo sich hohe Beamte, Militärs und Bankiers ihre von Gärten umgebenen Villen errichten ließen. Die Pläne lieferten dieselben Künstler, die bereits Schlösser und Parkanlagen entwarfen. Die höfische Kunst fand man so in den Bauten des wohlhabenden Bürgertums wieder.

1844 begann unter seiner Regie der Bau der Friedenskirche, welcher 1854 fertiggestellt wurde. Auch das gewaltige Belvedere auf dem Pfingstberg (zwei Bauphasen: 1847 bis 1852 und 1860 bis 1863) und das Orangerieschloss (1851 bis 1864) gehörten zu seinen Bauten. 1858 übernahm Wilhelm I. für seinen erkrankten Bruder Friedrich Wilhelm IV. die Regentschaft. Nach langjährigen Planungen Friedrich Wilhelms IV., begann Wilhelm I. 1859 mit dem Bau des Schlosses Lindstedt (bis 1860).

Wilhelm I., König von Preußen und Deutscher Kaiser

Wilhelm I. von Preußen (1797 bis 1888) wurde 1871 erster deutscher Kaiser der Neuzeit. Durch die napoleonische Zeit, aber auch durch die Befreiungskriege, war er mehr Soldat als Herrscher gewesen. In Potsdam bewohnte er bis zu seinem Tod Schloss Babelsberg und ließ in dem Park eine Vielzahl architektonischer Denkmale »vaterländischer« Geschichte einfügen.

Friedrich III.

Sein Nachfolger Sohn Friedrich Wilhelm (1831 bis 1888) nannte sich auf den Thron Friedrich III. Dem Kronprinzen wurde es im Schloss Babelsberg zu eng und er zog deshalb mit seiner englischen Prinzessin Viktoria (1840 bis 1901) in das Neue Palais, welches dem englischen Komfort erst angeglichen werden musste. 1870 stand hier erstmals fließendes Wasser zur Verfügung. Es gab nun Bäder, Toiletten und eine moderne Heizung. Das Kronprinzenpaar wandte sich auch dem schon von Friedrich Wilhelm IV. ausgebauten Gut Bornstedt zu. Das Anwesen wurde zu einem Mustergut, einer landwirtschaftlichen Versuchs- und Forschungsanstalt ausgebaut. Es entstanden dort ein Schulhaus und andere Gebäude mit Fachwerkelementen in der Art englischer Landhäuser.

Kaiser Wilhelm II.

Sohn Kaiser Wilhelm II. (1859 bis 1941) wählte für seinen Aufenthalt in Potsdam auch das Neue Palais zum Wohnschloss und ließ 1906 für seinen Salonzug in dessen Nähe einen eigenen Bahnhof, den Kaiserbahnhof errichten. Er nahm auch eine bauliche Erweiterung von Schlossanlagen vor.

Mit Beginn des Ersten Weltkrieges fing im Neuen Garten für den Kronprinzen Wilhelm (1882 bis 1951) und dessen Frau Cecilie (1886 bis 1954) der Bau des letzten Schlosses der Hohenzollern (Schloss Cecilienhof) an. Paul Schultze-Naumburg (1869 bis 1949) entwarf es in Anlehnung an den Stil englischer Landsitze.

Wachparade der Potsdamer Langen Kerls

Das Schlössererbe erhalten und bewahren

Per königlicher Order promenieren im Park Sanssouci

Zu den jüngsten Restaurierungsbaustellen gehört der Rossbrunnen, der den weiteren Ausblick zum Ruinenberg erlaubt.

Wenn der König nicht in seiner Residenz war, standen die Parkanlagen des Schlosses schon im 18. Jahrhundert für Besucher offen. Auch das Schloss konnte besichtigt werden, wenn der Wunsch vorher beim Kastellan vorgetragen wurde, der auch durch die Räume führte.

Friedrich Wilhelm II. benutzte seinen »Neuen Garten« ausschließlich als Privatgarten, welchen er von einer hohen Mauer umgeben ließ. Per königlicher Order gestattete er aber das Promenieren im Park Sanssouci. An der Öffnung der Gärten wurde auch trotz vieler Verstöße festgehalten.

1918 wurden die Schlösser und Gärten nach Abdankung der Hohenzollern verstaatlicht. Nach jahrelangen Verhandlungen stimmte 1926 der preußische Landtag dem »Gesetz über die Vermögensauseinandersetzungen zwischen dem Preußischen Staate und den Mitgliedern des vormals regierenden Preußischen Königshauses« zu. Mit dem Vertrag wurde der Staat Eigentümer von 75 Schlössern und Gärten der Hohenzollern. In deren Besitz verblieben 39 Schlösser und Grundstücke, darunter Schloss Cecilienhof in Potsdam.

1927 erfolgte für die in Staatsbesitz übergegangenen Anlagen die Gründung der »Verwaltung der Staatlichen Schlösser und Gärten«, zu der auch die Schlösser und Gärten in Potsdam gehören. Deren Aufgabe war die Pflege, Restaurierung, wissenschaftliche Betreuung und Öffnung der Schlösser und Gärten als Museumseinrichtungen. Die Arbeit konzentrierte sich vor allem auf die Wiederherstellung ursprünglicher Zustände der Gebäude und der Parkanlagen. Als Folge der deutschen Teilung entstanden 1945 getrennte Schlösserverwaltungen. Die Potsdamer Verwaltung ermöglichte die Wiederherstellung des Marstalls des Stadtschlosses (heutiges Filmmuseum), der Sanssouci-Weinbergterrassen, der Neuen Kammern und teilweise des Neuen Palais. Ein allgemeiner fortschreitender Verfall konnte aber nur bedingt aufgehalten werden. Nach dem Fall der Berliner Mauer erfolgte die Umwandlung der Potsdamer Schlösserverwaltung in eine Stiftung. 1995 wurden die Schlösser und Gärten in Potsdam und Berlin zur Stiftung Preußische Schlösser und Gärten Berlin-Brandenburg (SPSG) vereinigt.

Das zerstörte Belvedere auf dem Klausberg wurde wiederaufgebaut.

Große Restaurierungsprojekte verwirklicht

In den letzten Jahren konnten große Restaurierungsprojekte verwirklicht werden. Dazu gehören die Außenanlagen des Neuen Palais, der Communs und der Kolonnade. Es erfolgte der Wiederaufbau des zerstörten Belvedere auf dem Klausberg. Auch das Belvedere auf dem Pfingstberg wurde in Zusammenarbeit mit dem Förderverein Pfingstberg e. V. rekonstruiert und die Historische Mühle am Park Sanssouci wieder aufgebaut. Das Chinesische Haus erhielt eine Generalrestaurierung, ebenso die Bildergalerie und das Ensemble der Friedenskirche. Zu den jüngsten großen, umfassenden Restaurierungsbaustellen gehören unter anderem das Marmorpalais im Neuen Garten und das Schloss Babelsberg. Hier waren über 30 Hektar Gartenlandschaft wiederherzustellen, die durch den Bau der Mauer bis zur Unkenntlichkeit zerstört wurden.

Spendenkonto zum Erhalt der Schlösser und historischen Gartenkunstwerke:
Stiftung Preußische Schlösser und Gärten Berlin-Brandenburg
Commerzbank Potsdam
BLZ 160 400 00
Kto.-Nr. 100 177 501

Friedenskirche im Park von Sanssouci

Das Ensemble der Friedenskirche erhielt eine Generalrestaurierung.

Preußische Schlösser und historische Gartenkunstwerke

Eine Zeitreise durch die Kunst-, Kultur- und Architekturgeschichte Brandenburg-Preußens erleben

Über mehr als drei Jahrhunderte wandelte sich die ehemalige Garnisonstadt Potsdam zu einer der prächtigsten Residenzstädte Europas. Im Auftrag der brandenburgisch-preußischen Herrscher schufen die besten Künstler ihrer Zeit hier ein faszinierendes Ensemble von Schloss- und Gartenanlagen – vom Barock bis ins frühe 20. Jahrhundert. Dazu zählen der Park von Sanssouci mit dem weltberühmten Schloss Sanssouci, dem Neuen Palais und dem Chinesischen Haus, der Neue Garten mit dem Marmorpalais und dem Schloss Cecilienhof sowie Schloss und Park Babelsberg. Im 19. Jahrhundert vereinigte der Gartengestalter Peter Joseph Lenné die Potsdamer Parkanlagen zu einer von Sanssouci bis zur Berliner Pfaueninsel reichenden Gartenlandschaft. Dieses einzigartige Gesamtkunstwerk entführt die Besucher von heute auf eine Zeitreise durch die Kunst-, Kultur- und Architekturgeschichte Brandenburg-Preußens. Seit 1990 steht die Potsdam-Berliner Kulturlandschaft auf der

Sanssouci, Ohne Sorge, so nannte König Friedrich II. sein Schloss.

Allein die wunderschönen Gärten sind einen Besuch wert.

Liste der UNESCO-Welterbestätten. Mehr als 30 öffentlich zugängliche Museumsschlösser werden heute von der Stiftung Preußische Schlösser und Gärten Berlin-Brandenburg (SPSG) betreut. Neben den Schlossbauten in Potsdam und Berlin locken im Land Brandenburg die Märkischen Schlösser Rheinsberg, Caputh, Königs Wusterhausen, Oranienburg und Paretz als ideale Ausflugsziele.

Schloss und Park Sanssouci

Die Sommerresidenz Friedrichs des Großen, erbaut 1745 bis 1747 von Georg Wenzeslaus von Knobelsdorff nach Plänen des Monarchen, gilt als ein Hauptwerk deutscher Rokokoarchitektur. Die Lage des Schlosses auf den berühmten Weinbergterrassen und die original erhaltene Innenausstattung aus dem 18. Jahrhundert lassen den Besucher eintauchen in die Welt des »Philosophen von Sanssouci«. Geprägt von Eleganz und stilvoller Prachtentfaltung, zeugen die Räume zugleich von der Liebe des Königs zu der herrlichen Umgebung, dem »preußischen Arkadien«. In den weitläufigen Anlagen des Parks sind zahlreiche weitere architektonische Schätze zu bewundern – darunter die Neuen Kammern, die Bildergalerie oder die italienisch anmutende Orangerie. Weit verzweigte Wege laden zu ausgedehnten Spaziergängen bis zum Neuen Palais im Westen oder Schloss Charlottenhof im Süden des Parks ein.

Neuer Garten

Idyllisch im Neuen Garten gelegen, ist das Marmorpalais einer der schönsten Schlossbauten

König Friedrich Wilhelm II. ließ sein Marmorpalais am Ufer des Heiligen Sees errichten und markierte mit der frühklassizistischen Sommerresidenz die Abkehr von dem unter König Friedrich II. in Preußen dominierenden Barock und Rokoko.

Potsdams. Friedrich Wilhelm II. ließ sein frühklassizistisches Sommerrefugium am Ufer des Heiligen Sees errichten. Unweit davon zieht Schloss Cecilienhof als Ort der Potsdamer Konferenz jedes Jahr tausende Besucher an. 1945 entschieden hier die Siegermächte des Zweiten Weltkrieges über die Zukunft Europas.

Park Babelsberg

Für den späteren Kaiser Wilhelm I. errichtete Karl Friedrich Schinkel das neogotische Schloss Babelsberg in der reizvollen Hügellandschaft an der Havel. Zu den weiteren Höhepunkten des großflächigen Parkareals zählt der mittelalterlich anmutende Flatowturm, von dessen Aussichtsumgang man einen wunderbaren Ausblick auf Potsdam genießen kann.

Im Servicebereich finden Sie alle Informationen, die Sie für die Vorbereitung Ihrer Besuche in den Schlössern und Gärten benötigen. Für weitere Fragen steht Ihnen das Besucherzentrum der SPSG gerne zur Verfügung.

STIFTUNG
PREUSSISCHE SCHLÖSSER UND GÄRTEN
BERLIN-BRANDENBURG

Besucherzentrum an der Historischen Mühle
An der Orangerie 1 · 14469 Potsdam / Postanschrift:
Postfach 601462 · 14414 Potsdam
Information:
Tel. (03 31) 9 69 42 02
Gruppenreservierung:
Tel. (03 31) 9 69 42 00 · Fax (03 31) 9 69 41 07
besucherzentrum@spsg.de
Öffnungszeiten:
1. April – 31. Oktober von 8.30 bis 18 Uhr
1. November – 31. März von 8.30 bis 17 Uhr

Garnisonkirche Potsdam

Baugeschichtliche und städtebauliche Bedeutung

Potsdam war als preußische Königsresidenz und Garnisonstadt ein Gesamtkunstwerk.
Die Garnisonkirche war die bedeutendste Barockkirche von Potsdam und wurde unter dem zweiten preußischen König Friedrich Wilhelm I. von 1733 bis 1735 durch Philipp Gerlach (1679 bis 1748) als ein Hauptwerk des preußischen Barock errichtet. Den königlichen Soldaten diente sie zu Gottesdiensten, dem König Friedrich Wilhelm I. als letzte Ruhestätte. Der Monarch wurde einen Tag nach seinem Tode, am 31. Mai 1740, hier beigesetzt (heute ruht er im Kaiser-Friedrich-Mausoleum neben der Friedenskirche). Auch Friedrich der Große fand 1786 hier seine Ruhestätte. Der 88,40 Meter hohe Glockenturm beherrschte das Stadtbild als Teil des berühmten Potsdamer »Drei-Kirchen-Blicks« mit der Nikolai- und der Heilandskirche.
Zahlreiche Sichtachsen der von Peter Joseph Lenné (1789 bis 1866) gestalteten Potsdamer Kulturlandschaft mit ihren Aussichtspunkten (seit 1990 UNESCO-Welterbe) treffen sich am Standort der Garnisonkirche. In der offenen Turmlaterne befand sich das vierzig Glocken umfassende Glockenspiel des Amsterdamer Gießers Jan Albert de Grave (1666 bis 1734), das seit 1797 im halbstündlichen Wechsel den Choral »Lobe den Herren« und das Lied »Üb immer Treu` und Redlichkeit« erklingen ließ.
Den Kirchenraum legte Gerlach als Quersaal mit umlaufenden Doppelemporen an, in dessen Mitte der bis heute erhaltene Altartisch stand. Oberhalb der Kanzel und der Königsgruft von Friedrich Wilhelm I. und Friedrich dem Großen befand sich die berühmte Orgel »Preußischer Silbermann« von Joachim Wagner (1690 bis 1749).

Die Kriegsruine

Nach dem großen britischen Bombenangriff am 14. April 1945 brannte die Garnisonkirche völlig aus. Das Feuer hatte vom Langen Stall übergegriffen und erfasste auch den Turm. Das berühmte Glockenspiel stürzte in dem Feuersturm ein und zerschellte am Boden. Die Inneneinrichtung fiel einem in den Kirchenraum eingeschlagenen Blindgänger zum Opfer, welcher durch die Brandhitze explodierte. Einige Ausstattungsstücke konnten gerettet werden, darunter der sogenannte Feldaltar, zwei zugehörige Altarbehänge von 1722 und 1732, ein Kruzifix, ein Leuchterpaar (nach Entwürfen Schinkels) sowie wertvolle Altargeräte.
Mit Kriegsende verlor die Militärgemeinde ihre Existenz. 1946 wurde der Zivilgemeinde das bis dahin staatliche Kirchengebäude kostenlos als Eigentum übertragen. Nach Sicherungsarbeiten konnte am 18. Juni 1950 im Turmuntergeschoss eine von Winfried Wendland entworfene Kapelle eingeweiht werden. Deren Grundrissform war Anlass zur Umbenennung in »Heilig-Kreuz-Kapelle« durch die Kirchenleitung. Die Gemeinde hatte sich den Namen »Versöhnungskirche« gewünscht und wollte damit ein klares Zeichen für die Zukunft setzen. Im westlichen Turmfenster sah man fortan zwei neue, 1950 von Schilling in Apolda aus beschädigten Bassglocken des Glockenspiels gegossene Bronzeglocken, die mit heller Stimme zum Gottesdienst riefen.

Andreas Kitschke

Die Garnisonkirche wurde Opfer der Zerstörung. Die Fördergesellschaft für den Wiederaufbau der Garnisonkirche Potsdam e.V. verfolgt das Ziel, der Stadt die »Krone« zurückzugeben. Das bedeutet eine Wiedererrichtung mit weitestgehender Annäherung an die historische Gestalt des Äußeren und des Kirchenraumes in handwerklicher traditioneller Bauweise.

Grundsteinlegung für den Wiederaufbau der Garnisonkirche durch die Schirmherren Bischof Dr. Wolfgang Huber und Ministerpräsident Matthias Platzeck am 14. April 2005

Stiftungsgründung am 23. Juni 2008, dem 40. Jahrestag der Sprengung 1968

Wichtigste Kirche Preußens soll 2017 wieder stehen

Fördergesellschaft Garnisonkirche arbeitet am Wiederaufbau

Während des Zweiten Weltkrieges brannte die Garnisonkirche am 14. April 1945 vollständig aus. Die im Frühjahr 1966 begonnene Turmsicherung brach die Führung der Sozialistischen Einheitspartei Deutschlands (SED) ab. 1968 wurde die Ruine auf Beschluss des SED-Regimes gesprengt und abgetragen. Bis heute sind die tief gegründeten Fundamente erhalten, ebenso eine Anzahl von Elementen des architektonischen Turmschmucks, die aus dem Schutt geborgen werden konnten und die beiden 1950 gegossenen Bronzeglocken. Auch genaue Aufmaßzeichnungen von der großen Instandsetzung 1926/1929, von den Wiederaufbaumaßnahmen 1951/1952 und 1966, umfangreiche Fotodokumentationen sämtlicher architektonischer Details sowie zahlreiche Bauakten existieren noch.

»Ruf aus Potsdam«

Auf Initiative des Industrieclubs Potsdam erging am 15. Januar 2004 der »Ruf aus Potsdam«.
Ministerpräsident Matthias Platzeck, Innenminister Jörg Schönbohm und Bischof Dr. Wolfgang Huber übernahmen gemeinsam die Schirmherrschaft über das Wiederaufbauprojekt.
Anlässlich des 40. Jahrestages der Sprengung wurde am 23. Juni 2008 im Beisein ihrer Schirmherren die kirchliche Stiftung »Garnisonkirche Potsdam« gegründet. Diese Stiftung verfolgt das Ziel und den Zweck, den Wiederaufbau der Garnisonkirche als Kultur- und Baudenkmal zu betreiben und sie als evangelische Kirche sowie als Ort der Friedens- und Versöhnungsarbeit zu nutzen. Darüber hinaus soll den Opfern des von Potsdam ausgegangenen Widerstandes gegen die nationalsozialistische Gewaltherrschaft ein würdiges Gedenken ermöglicht werden. Am 9. Dezember 2008 ist mit der Anerkennung der Stiftung die mit dem »Ruf aus Potsdam« geborene Idee, eines der Wahrzeichen des historischen Potsdams wiederzugewinnen, endgültig institutionalisiert worden.
Mit der Stiftung wurde auch die Fördergesellschaft für den Wiederaufbau der Garnisonkirche Potsdam e. V. geboren. Sie unterstützt die Stiftung bei der Einwerbung von Geldern. Heute hat sie bereits fast 800 Mitglieder in Deutschland und in der ganzen Welt. Die Fördergesellschaft hat es in wenigen Jahren geschafft, ein großes Netzwerk von Unterstützern aufzubauen.
Sie betreibt mit zahlreichen Projektgruppen und Freundeskreisen den Wiederaufbau im engen Zusammenwirken mit der Landeshauptstadt Potsdam und der Evangelischen Kirche.
Der Verein wünscht sich die Begleitung der Fördergesellschaft durch viele Mitglieder oder Spender. Ziel ist es, bis zum Jahr 2017 zumindest den Turm der Garnisonkirche in der Breiten Straße wieder herzustellen. Dafür werden 25 Millionen Euro benötigt, die allein aus Spendenmitteln zusammenkommen müssen. Die Baukosten für die gesamte Kirche betragen 100 Millionen Euro. Für Spenden wurde vom Kirchenexperten Andreas Kitschke der Katalog »Wiederaufbau der Garnisonkirche« erstellt. Er umfasst die Auflistung von Aberhunderten Fassaden-Schmuckelementen. Die Namen eines Sponsors werden auf dem jeweiligen finanzierten Bauteil stehen und in einer Dokumentation sowie im Internet erscheinen.

10,–, 100,– Euro oder mehr spenden und einen Mauerziegel signieren. Die in den Turm der Garnisonkirche zu verlegenden Aufgänge werden mit diesen Mauerziegeln ausgekleidet, in denen die Spendernamen eingeprägt sind.

Fördergesellschaft für den Wiederaufbau
der Garnisonkirche Potsdam e. V.
Breite Straße 7 · 14467 Potsdam
Tel. (03 31) 2 01 18 30 · Fax (03 31) 2 01 18 31
info@garnisonkirche-potsdam.de
www.garnisonkirche-potsdam.de

Spendenkonto:
Deutsche Bank Potsdam
BLZ 120 700 24 · Konto-Nummer: 3 22 49 79
Verwendungszweck: Garnisonkirche
(Bitte unter »Verwendungszweck« Adresse angeben wegen Zustellung der Spendenquittung)

Von der Bezirkshauptstadt Potsdam zur Hauptstadt des Landes Brandenburg

Die Stadt ist empor gewachsen

Nach dem Ende des Zweiten Weltkrieges wurde Potsdam ein Zentrum der Kultur und Wissenschaften der DDR. Die Regierung wollte allen Bürgern Zugang zum kulturellen und gesellschaftlichen Leben ermöglichen. In der Realität wurde die Freiheit Andersdenkender mit Zensur und Gewalt zerstört. Dies spiegelte sich besonders in der Filmproduktion und in den Pressemedien wider. Insgesamt entstanden mehr als 700 Spielfilme und 160 Kinderfilme in der Zeit der DDR. Der Film Jakob der Lügner wurde als einziger Film von »Die Deutsche Film AG« (DEFA) für einen Oscar nominiert. Heute widmen sich die Filmstudios vor allem internationalen Produktionen oder nationalen Fernsehsendungen.
Die sozialistische Regierung der DDR hatte ein gespaltenes Verhältnis zum Erbe Preußens. Einerseits erkannte man die kulturellen und künstlerischen Leistungen an, andererseits wertete man zahlreiche Bauten als Ausdruck des Militarismus. Die historischen Gebäude wurden zu einem großen Teil vernachlässigt.

Potsdam grenzt im Osten unmittelbar an Berlin; von City zu City sind es allerdings rund 30 Kilometer.

Der Neuanfang

Es gab einen Neuanfang. Die Bürger der »Stadt der Industrie« und »sozialistischen Bezirkshauptstadt« Potsdam demonstrierten im November 1989 friedlich für demokratische Ziele. Die neue Führung des Politbüros gab am 9. November 1989 die Öffnung der Grenzen zu West-Berlin und der Bundesrepublik Deutschland bekannt. 1990 wurde Potsdam Hauptstadt des wieder geschaffenen Bundeslandes Brandenburg. Der brandenburgische Landtag und die brandenburgische Landesregierung nahmen hier ihren Sitz. Nach der Wiedervereinigung 1990 entwickelte sich das kulturelle Leben in Potsdam sprunghaft voran. Die direkte Nähe zur Kulturmetropole Berlin wirkte sich belebend aus. Das zunehmende Interesse an der Vergangenheit führte zu zahlreichen Wiederaufbauprogrammen. Die Museenlandschaft und die kulturellen Institutionen in Potsdam entwickeln sich dadurch stets weiter.

Bedeutende wirtschaftliche Entwicklung

Die Arbeitslosenquote ist niedriger als im Durchschnitt der Neuen Bundesländer. Diese günstige Entwicklung kann auf mehrere Faktoren zurückgeführt werden. Vor allem war die Wirtschaft der DDR in Potsdam eher an Verwaltung, Dienstleistung und Entwicklung orientiert und weniger an Produktion. Damit erfolgten Strukturwandel und Strukturbruch nach der Wiedervereinigung wesentlich leichter als in anderen Städten mit hohen Industrieanteilen. Der historische Standort als

Forschungszentrum begünstigte zusätzlich die Anpassung an die Erfordernisse einer modernen Marktwirtschaft mit höheren Ausbildungsniveaus. Zudem ist die geografische Lage im »Speckgürtel« von Berlin attraktiv, der Anschluss an Infrastruktur wie Autobahn und Flughafen ist vergleichsweise gut ausgebaut.

In der Stadt sind rund 6000 Unternehmen, vor allem kleinere und mittelständische, ansässig. Zudem haben sich aufgrund der Vielzahl der Forschungsinstitute auch forschungsnahe Unternehmen angesiedelt. Die Region Potsdam und Umgebung ist laut der Untersuchungen der Boston Consulting Group, A. T. Kearney und BioCom der führende Biotech-Standort in Deutschland. Sie kann auf eine dynamische Entwicklung verweisen und zählt mit insgesamt 160 Unternehmen und 3200 direkt Beschäftigten zu den bedeutendsten Standorten in Europa. Insgesamt beschäftigt die Biotechnologiebranche mit ihren verbundenen Organisationen in der Region rund 12 000 Menschen.

Die Firma Oracle, die 2001 ihre Deutschlandzentrale nach Potsdam verlegte, zählt zu den größeren privaten Einzelinvestoren der letzten Jahre. Direkt daneben entstand eine von weltweit drei VW-Designzentralen. Das Konsortium Toll Collect verlegte seinen Hauptsitz nach Berlin und Potsdam. Die Firma Katjes errichtete 2006 am Produktionsstandort Babelsberg die erste »gläserne Bonbonfabrik« Europas.

Wissenschaft und Forschung der Spitzenklasse

Ein bedeutender Wissenschaftsstandort war Potsdam schon in der DDR. 1951 wurde unter anderem das Zentrale Institut für Landtechnik der DDR, das heutige Institut für Agrartechnik Bornim e.V. und 1953 die Schiffsbau-Versuchsanstalt Potsdam gegründet. 1990 erfolgte nach der deutschen Wiedervereinigung eine Neugestaltung der Forschungslandschaft, in deren Folge sich weitere bedeutende Forschungseinrichtungen, auch aus den Geistes- und Sozialwissenschaften in Potsdam ansiedelten.

Das Hasso Plattner-Institut für Software-Systemtechnik (HPI) an der Universität Potsdam ist das bislang einzige völlig privat finanzierte Universitäts-Institut in Deutschland. Potsdam ist heute eine Universitätsstadt mit drei öffentlichen Hochschulen. Insgesamt sind etwa 24 000 Studenten in den Hochschulen eingetragen, dies entspricht 15 Prozent der Einwohner. In keiner anderen Stadt Deutschlands wohnen so viele Wissenschaftler. Fast ein Drittel der Potsdamer hat einen Hochschul- oder Fachschulabschluss. Der Anteil der Universitätsabsolventen beträgt 17 Prozent, fast doppelt soviel wie im Bundesdurchschnitt.

Seit der Mitte des 19. Jahrhunderts hat sich Potsdam zu einem Forschungsstandort entwickelt. Das wissenschaftliche Potenzial erstreckt sich heute auf mehr als 30 Forschungseinrichtungen in den Bereichen Physik, darunter drei Max-Planck-Institute und zwei Fraunhofer-Institute. Viele dieser Forschungsanstalten sind an die Universität Potsdam angegliedert.

Eigens zur Förderung der Forschung in Brandenburg und als Interessenvertretung der außeruniversitären Einrichtungen hat sich 1999 die Landesvereinigung außeruniversitärer Forschung in Brandenburg (LAUF e.V.) gegründet.

Das Hasso-Plattner-Institut für Softwaresystemtechnik (HPI) an der Universität Potsdam ist das bislang einzige völlig privat finanzierte Universitäts-Institut in Deutschland. Es wurde mit über zweihundert Millionen Euro vom größten privaten Investor, Hasso Plattner, finanziert. An diesem High-Tech-Zentrum kann man auch einen Bachelor- oder Masterabschluss für Softwaresystemtechnik erwerben. Diese Abschlüsse werden ebenfalls von der Universität Potsdam verliehen.

Kleine Vorstadt ganz groß

Einige bezeichnen Potsdam auch als »die kleine Vorstadt von Berlin«. Wer in Berlin erfolgreich ist und sich im Wohnen verbessern will, zieht in die Stadt im Südwesten mit besten Wohnanlagen. Die Anziehungskraft auf die Prominenz ist groß. Potsdam ist wie ein Magnet. Kein Wunder, denn direkt an der Havel gelegen, eingebettet in eine einzigartige Kultur- und Seenlandschaft stellt die brandenburgische Metropole Berlin in Sachen Lebensqualität locker in den Schatten. Nach der Wende noch als »Meckerhauptstadt« in Verruf gebracht, präsentiert sich der »Vorort Berlins« nun als junge, weltoffene und kinderfreundliche Stadt. Die Region gehört laut Forschungsinstitut Prognos zu den drei zukunftsträchtigsten Regionen im Osten. Hier finden sich die höchste Kaufkraft und die niedrigste Arbeitslosenquote in den neuen Bundesländern. Zurzeit hat Potsdam 150 000 Einwohner. Seit dem Jahr 2000 steigt die Zahl kontinuierlich. Für 2020 werden 164 000 Einwohner prognostiziert.

Die Stadt bietet viele Gründe zum Wohnen, Arbeiten und Leben. In Deutschland ist Potsdam die Nummer eins, weltweit die Nummer acht unter den »besten historischen Orten«, die das Erbe ihrer Vergangenheit beispielhaft erhalten haben, sagen die 280 Experten einer internationalen Jury. Das Lob galt vor allem dem guten Zustand der barocken Schlösser. Der Havelstadt sei es gelungen, ihren Glanz der Vorkriegszeit wiederzugewinnen.

Potsdams lebendige kulturelle Szene

Am Anfang schien alles nur morastig – in Potsdam siegte die Kunst über den Sumpf

»Berlin hat, fast vor seinen Toren, das größte und schönste Museum für Kunst und Geschichte: die Residenzstadt Potsdam – wie der alte amtliche Name heute noch lautet. Man hat Berlin nur zur Hälfte gesehen, wenn man nicht gründlich und genau Potsdam gesehen hat. Für das Verständnis des geschichtlich gewordenen und gewesenen Stadtbildes in Berlin gibt Potsdam, wie es heute noch ist, den Schlüssel an die Hand. Potsdam hat, zu seinem und unserem Glück, die Entwicklung Berlins zu einer hässlichen Stadt nicht mitgemacht. ...« schrieb Paul Ortwin Rave 1933 im Buch »Potsdam«.

Diese freundlichen Worte eines berühmten Architekturforschers klingen für die Potsdamer sehr gefällig. Ganz stimmt das aber nicht. Zum einen hat das dreiundzwanzig Mal größere Berlin viel zu viele schöne Ecken, um es als nur hässliche Stadt gelten zu lassen. Zum anderen hat Potsdam eine andere Identität und ist, um selbst ein Museum zu sein, viel zu sehr mit Leben erfüllt. Apropos Museum: Museen locken über die Zeit sehr viel mehr Menschen an als Fußballspiele und Rock-Konzerte. Seit vor über zweieinhalb Tausend Jahren die Idee dazu entstand, sind sie lebendige Orte der Begegnung, des Wissens und des Vergnügens.

Mit dem Filmpark, der Naturerlebniswelt »Biosphäre«, dem Volkspark auf dem ehemaligen BUGA-Gelände, der Ausflugsschifffahrt und dem Krongut Bornstedt hat die Stadt ihren Gästen ganz besondere Attraktionen zu bieten, die einen Potsdam-Besuch zum Erlebnis machen. In der historischen Mitte der Stadt präsentieren der Nikolaisaal, das Haus der Brandenburgisch-Preußischen Geschichte sowie das Filmmuseum klassische und moderne Kulturbegegnungen. Ein neuer Kulturstandort befindet sich in reizvoller Lage am Wasser an der Schiffbauergasse, nahe dem Stadtzentrum direkt gegenüber dem Park Babelsberg, das Hans Otto Theater (HOT). Auch das »Waschhaus«, die »Fabrik«, das »Kinder- und Jugendtheater des HOT« und freie Theatergruppen bieten zahlreiche Veranstaltungen, Festivals mit Tanz, Musik und Film sowie zeitgenössischer bildender und darstellender Kunst. Für Partygänger sind die Events an der Schiffbauergasse ein Muss!

Die Musikfestspiele Potsdam Sanssouci, die Potsdamer Hofkonzerte Sanssouci, die Potsdamer Schlössernacht, die Potsdamer Tanztage, das Theaterfestival UNIDRAM sowie Rock- und Jazz-Konzerte prägen das kulturelle Angebot. Der besondere Reiz dieser Kulturereignisse liegt im Wechselspiel des Inhaltes mit dem historischen Ambiente des Ortes. Stadtfeste wie das Böhmische Weberfest in Nowawes, das Lichterfest im Neuen Lustgarten oder das Tulpenfest im Holländischen Viertel tragen ebenfalls dazu bei. Auch wer die Szene liebt, kommt in Potsdam voll auf seine Kosten. Lesungen, kleine Konzerte und Theateraufführungen sind an den verschiedensten Orten der Stadt zu erleben, auch auf dem Schiff.

Das sechs Meter lange und zwei Tonnen schwere Orginalrequisit aus der Hollywood Produktion »In 80 Tagen um die Welt« vor dem Haupteingang des Filmparks Babelsberg.

Der Filmpark Babelsberg entführt in die Welt von Film und Fernsehen. Es gibt drei verschiedene Live-Shows, faszinierende Ausstellungen zu Filmhandwerk und Filmtrick und Nervenkitzel pur im 4D-Actionkino oder in einer simulierten Tauchfahrt im original U-Boot-Filmset zu erleben. Das »Original GZSZ-Außenset«, das gläserne Sandmann-Studio und das Sendezentrum vom Kinderradio TEDDY geben einen Einblick in aktuelle Produktionen. (Foto: Filmpark Babelsberg)

Am Ufer des Tiefen Sees befindet sich das Hans Otto Theater. Das Brandenburgische Landestheater wurde 1946 gegründet und fand seine Spielstätte zunächst im Schlosstheater im Neuen Palais, dann in der Zimmerstraße und am Alten Markt. Seit dem 22. September 2006 spielt das Ensemble in dem neuen Potsdamer Theaterhaus in der Schiffbauergasse. Das erste Theater Potsdams überhaupt wurde 1795 unter König Friedrich Wilhelm II. am alten Stadtkanal in Potsdam eröffnet.

Der Filmpark Babelsberg immer wieder mit neuen Überraschungen

Mit Musik geht alles besser

Es gibt mehrere Orchester in Potsdam: die Kammerakademie Potsdam, das Collegium musicum Potsdam, das Neue Kammerorchester Potsdam, das Junge Orchester Potsdam, das Jugendsinfonieorchester und den SG Fanfarenzug Potsdam e. V. Das Deutsche Filmorchester Babelsberg ist das einzige professionelle Orchester für Filmmusik in Deutschland.
Bekannte, aktuelle Bands aus Potsdam sind The Ruffians, Subway to Sally und Lex Barker Experience. Jährliche musikalische Veranstaltungen finden unter anderem im Lindenpark als Ska-Festival und als Hochschulsommerfest statt. Es haben sich auch viele Clubs und Tanzbars etabliert.

Führende Zentren der Film- und Fernsehproduktion

In Potsdam wurde Filmgeschichte geschrieben. Das 1911 gegründete Filmstudio Babelsberg ist das älteste Großfilmstudio der Welt und gleichzeitig das flächenmäßig größte Filmstudio in Deutschland. Es ist vor allem für seine legendären Filme der Anfangszeit, wie Metropolis und Der Blaue Engel, bekannt. Das traditionsreiche ehemalige UFA-Filmstudio Babelsberg wurde mit dem heutigen Filmstudio Babelsberg eines der führenden Zentren der Film- und Fernsehproduktion in Europa. Auf dem Gelände befindet sich ebenfalls der Filmpark Babelsberg, ein Themenpark mit Stuntshows und Kulissen aus den Filmen.

Die Big Beat Boys bestehen seit 1965 und sind somit die älteste Band Potsdams und des Landes Brandenburg. Sie garantieren einen mitreißenden Liveauftritt. Oldies vom Feinsten sind ihre Spezialität. Die heiß geliebten Klassiker von Elvis, den Beatles oder Bob Dylan bis hin zu Jimmy Hendrix und Hans Albers werden von den Big Beat Boys wieder auf die Bühne gebracht. Seit April 2008 gehört auch die Sängerin Steffi zur Band.

Michael Hirte – »Das Supertalent« mit der Mundharmonika

Es klingt wie im Märchen: vom Bordstein auf die Showbühne, vom arbeitslosen Straßenmusiker zum gefeierten Musik-Star in nur wenigen Wochen. Die uralte amerikanische Erfolgsstory »Vom Tellerwäscher zum Millionär« wurde getrumpft: »Vom Straßenmusikant zum Plattenstar.« Von dem Moment an, als Michael Hirte aus Potsdam, Ortsteil Kartzow, vor den Bildschirmen bei seinem ersten Auftritt schüchtern die Bühne betrat und das »Ave Maria« anstimmte, hatte er die Herzen der Zuschauer und der Jury gewonnen.

Michael Hirte startet als Straßenmusikant erfolgreich ins Showgeschäft.

Selbst Musikproduzent Dieter Bohlen sagte: »Ich fand´s hammermäßig. Wenn Du weiterkommen würdest und kurz vor Weihnachten ›Stille Nacht‹ spielen würdest, dann fing ich das erste Mal an, im Fernsehen mit den Tränen zu kämpfen.« Michael Hirte kam weiter und gewann sogar am 30. November 2008 die RTL-Supertalent-Show, bei der es immerhin 10 000 Bewerber gegeben hatte.
Die CD »Der Mann mit der Mundharmonika«, welche sofort danach erschien, schoss auf Platz 1 der Verkaufs-Charts und war zeitweise sogar vergriffen.
Beim ARD-Winterfest der Volksmusik« im Februar 2009 in Riesa spielte er auf seiner Mundharmonika »Time to say Goodbye« und erhielt anschließend, völlig ahnungslos, von Showmaster Florian Silbereisen gleich fünf Goldene Schallplatten für insgesamt 500 000 verkaufte CDs.
Eigentlich lief im Leben von Michael Hirte alles gut, bis zu jenem Tag 1991, an dem er als Lastkraftwagenfahrer seinen Brummi gegen einen Baum setzte. Zwei Monate lang lag er im Koma. Noch heute leidet er unter den Spätfolgen. Der Unfall hatte auch zur Folge, dass er von der schmalen Stütze leben musste. Schließlich besserte er sein Geld als Straßenmusiker auf dem Bordstein der Fußgängerzone der Brandenburger Straße auf. Michael Hirte ist noch ein Satz ganz wichtig: »Ich möchte allen, die für mich gestimmt haben, Danke sagen.«

Die Big Beat Boys beim gemeinsamen Auftritt mit Potsdams erfolgreichstem Straßenmusikant Michael Hirte

Nach dem Märchenland kam ein neues Bilder-Leben

Kameramann war Wolfgang Braumann einst, Maler ist er jetzt

Kameramann Wolfgang Braumann

Wolfgang Braumann hatte viele wundervolle Filmmärchen und andere Filme zuerst im Blickfeld. So war es mit »Hans Röckle und der Teufel«, »Froschkönig«, »Der Prinz hinter den sieben Meeren«, »Konzert für Bratpfanne und Orchester«. »Ottokar, der Weltverbesserer«, »Wer reißt denn gleich vom Teufel aus?« und vielen anderen Drehs. Sein Lieblingsfilm war »Das Pferdemädchen«, das er sich zu seinem 65. Geburtstag im Potsdamer Filmmuseum zu sehen wünschte. Mit seinen inzwischen 70 Lenzen kann er sogar auf zwei Karrieren zurückblicken. Aus dem Kameramann des DEFA-Films für Kinder wurde ein Maler.

Im Spätsommer seines Lebens eroberte er sein völlig neues Terrain. Er suchte sich eine neue Herausforderung, um sich ausdrücken zu können, um weiter mit Bildern zu leben. Doch auf der Malfläche gebe es ja keine vorgefertigte Szenerie. Man sitzt allenfalls vor einer realen Landschaft. Strich für Strich erschafft der Maler sein Gemälde. Der Kameramann tritt einem bereits erschaffenen Objekt schöpferisch gegenüber, indem er es für die Zwecke des Films ändert und beleuchtet. Aber er ist nicht alleiniger Schöpfer der Szene.

Zuerst zögerlich, wagt er sich immer öfter an komplizierte Motive und Lichtstimmungen heran. Seit dem Jahre 2000 sind Wolfgang Braumanns Bilder in wiederkehrenden Ausstellungen zu besichtigen.

Regisseur Walter Beck, der viele Filme mit dem heutigen Maler drehte, meinte während einer Ausstellung: «Braumanns Bilder sind leise und bescheiden. Sie übertönen uns nicht und fallen uns nicht ins Wort. Wer mit ihnen sprechen will, muss länger stehenbleiben und sich auf sie einlassen...«

Die Malereien enthalten, was auch die Filmbilder so anziehend machte, was schwer zu beschreiben ist und soviel wie künstlerische einmalige Seele bedeutet. Braumann malte unverdrossen und mit bewunderungswürdiger Zielstrebigkeit. Mit märkischen Landschaften und später Küstenmotiven, entdeckte er die Handschrift, seine Art zu malen. Inzwischen hat er sich in die Geheimnisse der Porzellanmalerei einweihen lassen und fertigt viele Stücke auf diesem Material. Sein Hang zum dokumentarischen Detail, zur fotografischen Genauigkeit, wurde sein unverwechselbares Markenzeichen. Wolfgang Braumann malt seine Heimat leidenschaftlich gern: Architekturensembles der Parkanlagen von Potsdam und Umgebung wie beispielsweise römische Bäder oder das Schloss Charlottenhof. Die Motive platziert er aus nicht alltäglichen Blickwinkeln auf den Malgrund.

Als verantwortlicher Kameramann für Kino und Fernsehfilme hat Wolfgang Braumann neben kürzeren Filmen vierzig Spiel- und Fernsehfilme gedreht. Dazu gehörten auch »Wir kaufen eine Feuerwehr« (1970) und »Zille und ick« (1982). Es entstanden das beliebte Lustspiel »Der Mann, der nach der Oma kam« und der Leinwandknüller »Der Baulöwe«, beide Filme mit Rolf Herricht (1927 bis 1981), sowie der Indianerfilm und Publikumsrenner »Tecumseh«.

Kontakt zum Künstler Wolfgang Braumann: Tel. (03 31) 97 33 24

Der Maler Wolfgang Braumann

Herbst im Park

Zwischen zwei Ufern des Lebens

Seine Filme waren zum großen Teil Kindern und Jugendlichen gewidmet. Bei den Märchenfilmen kam es oft darauf an, Trickteile, Spezialeffekte und Realszenen geschickt zu verbinden. »Kinder wollen unterhalten werden. Doch sie sollen auch etwas mit auf den Weg kriegen. Ich bin für Filme mit Botschaft«, so Wolfgang Braumann, »die aber nicht zu deutlich sein sollte.« Der Kameramann fühlte sich immer als Partner des Regisseurs und der in Szene agierenden Schauspieler. Vor allem den Kinderdarstellern schuf er Spielräume und günstige Bedingungen, so dass sie sich auf den Film konzentrieren und jede ablenkende Technik vergessen konnten. Wolfgang Braumann ist stolz, dass er dazu beitrug, dass der Kinderfilm der DEFA zu etwas Besonderem, auch international zur Größe wurde. Für das Arbeitsgebiet »Filme für Kinder« gab es weder im deutschsprachigen Raum noch anderswo Vergleichbares.

Die Veränderungen der Wende trafen ihn beruflich mit ganzer Härte. »Der Streit um des Esels Schatten« (1989, Regie: Walter Beck) hatte am 22. Juli 1990 Premiere – drei Wochen nach der »Währungsunion«. Zum ersten Male gab es einen kinderleeren Saal, was zuvor undenkbar war. Darüber ärgert sich der Kameramann heute noch und auch über das damalige Verschwinden des Filmes. Schließlich lief dieser Film 2001 erstmalig im ORB-Fernsehen und dann 2002 im MDR. Aber auch die vielen anderen Filme wurden nicht vergessen und laufen immer wieder. »Froschkönig« hält mit über 40 Aufführungen in den deutschen Fernsehstationen den Rekord und überholte damit »Kai aus der Kiste«.

Etwas anderes wiegt auch noch bleischwer, die Entlassung: »Als ich diesen Zettel in die Hand kriegte, wo drauf stand, dass ich entlassen bin, da habe ich über diese Endgültigkeit tatsächlich geheult. Die Tränen des als Kind erlebten großen Potsdamer Bombenangriffes waren auf einmal wieder da, weil er, wie die meisten der 2400 DEFA-Mitarbeiter, entlassen wurde.

Was folgte, waren oft nur sporadische Aufträge bei Fernsehstationen in Babelsberg und im Studio Hamburg. 1991 begann eine siebenjährige freiberufliche Arbeit, vorwiegend für öffentlich-rechtliche und private TV-Anstalten. Er drehte Fernseh-Sendereihen, Dokumentar- und Industriewerbefilme. Es entstanden in der Zeit der freiberuflichen Arbeit unter anderem die Filme »Mädchen aus Tschernobyl« (ZDF), vier Teile von »Doppelter Einsatz« (RTL) und »Sherlock Holmes und die sieben Zwerge« als achtteilige TV-Serie. Später entstand der gleichnamige neunzig-minütige Spielfilm.

Die »Großfamilie Kinderfilmemacher der DDR« gab es nicht mehr und ohne DEFA war es schwer, weitere Aufträge zu bekommen.

Schließlich zog der Kameramann auch für sich den leidvollen Schlussstrich und legte die Filmkamera beiseite. Nach der Zeit der Abwicklung im geliebten Filmatelier widmete sich Wolfgang Braumann der Malerei.

Sowie der Lebensweg des Kameramanns und Malers verlief, war auch einer seiner besten Filme. »Biberspur« schließt mit einer besonderen Totale: Eine Fähre mitten im Strom, darauf ist Jochen, der eine große Krise durchlebte und vor einer für ihn wichtigen Entscheidung steht, gleichsam zwischen zwei Ufern seines Lebens, und der – wie die Fähre – sich nur langsam auf das Neue zu bewegt.

Römische Bäder

Inmitten von Seen – die Innenstadt des Eilands

Potsdams Wasserreichtum hat nicht nur Vorteile

Die Stadt Potsdam liegt auf einer Insel. Einmal um diese herumfahren zu wollen bedeutet, eine Strecke von rund dreißig Kilometern zurückzulegen. Das Wasser umspült nicht nur die Insellandschaft, sondern ist im gesamten Stadtgebiet mit seinen historischen Quartieren reichlich vorhanden. Auf elf Prozent der Fläche Potsdams, das sind 20 Quadratkilometer, befindet sich Wasser. Die Summe der Uferlinien aller im Stadtgebiet Potsdams befindlichen Gewässer beträgt 83 Kilometer.
Die Insellage hat Vor-, aber auch Nachteile. In der Frühphase der Entwicklung Potsdams bot die besondere Lage eher den Nutzen für die militärische Sicherung der Stadt und für die Einnahme von Steuern. Diese wurden damals sowohl von den auf dem Wasserweg als auch von den auf dem Landweg kommenden Reisenden und Händlern kassiert. Ein unbestrittener Vorteil der Wasserlage heute ist die Anziehungskraft für den Tourismus.

Viele Schiffe legen am Hafen der Innenstadt an, auch das über 100jährige Dampfschiff Gustav. Der Schiffsanleger der Fahrgastschifffahrtsgesellschaft »Weiße Flotte« wurde 1969/1970 vom Schifffahrtskanal an den heutigen Standort verlegt.

Potsdam, Brandenburger Straße

Zwei der bedeutendsten deutschen Fernreise- oder Handelswege kreuzen die Insel Potsdam: Die Bundesstraße 1 und die Bundesstraße 2.
Aus dieser Tatsache ergeben sich die größten Nachteile für die Stadt. Die verkehrstechnischen Probleme führen immer wieder zu Bauarbeiten an den Brücken sowie auf der Insel selbst. Der Bau eines erneuten Havelübergangs oder einer innerstädtischen Entlastungsstraße steht in Erwägung. Verkehrstechnische Probleme wurden schon 1959 als Argument mit herangezogen, als es um die Beseitigung der Ruinen des Potsdamer Stadtschlosses ging oder 1968 im Zusammenhang mit der Sprengung der Ruine der Potsdamer Garnisonkirche. Durch den Bombenangriff vom 14. April 1945 verlor Potsdam auch ein weiteres historisch wertvolles Ensemble, denn das Französische Quartier wurde fast vollständig zerstört.
Mit dem »Edikt von Potsdam« aus dem Jahre 1685 konnten verfolgte Hugenotten (französische Anhänger des Reformators Johann Calvin) bereits 1686 auch nach Potsdam kommen. In den Plänen zur ersten Stadterweiterung war bereits der Bau einer Anlage für die Unterbringung der Franzosen eingearbeitet. Das Quartier umfasste das Gelände zwischen der Ostseite des Platzes der Einheit, Charlottenstraße, Französische Straße und der Straße Am Kanal. 1753 schenkte Friedrich II. den Franzosen ihre eigene, die Französische Kirche.
Heutzutage flanieren Besucher aus aller Welt durch die restaurierten Straßen mit den barocken Bürgerhäusern. Sie bummeln den Boulevard (Brandenburger Straße) entlang, der in seiner architektonischen Ausgewogenheit einzigartig ist. Die Straße schließt am westlichen Ende am Brandenburger Tor und östlich mit dem Grün des Bassinplatzes ab, auf dem die Spitze der Katholischen Propsteikirche Peter und Paul emporragt. Die Kirche diente der Potsdamer Pfarrgemeinde. Dahinter erstreckt sich das Holländische Viertel, in dem einst die kunstfertigen Handwerker angesiedelt wurden, die Friedrichs Schlösser und Gärten schmücken sollten.
Bauten aus den vergangenen drei Jahrhunderten prägen das Stadtbild, die des 18. Jahrhunderts haben den größten Anteil. Die in der Regierungszeit König Friedrich Wilhelm I. – genannt der Soldatenkönig – und seines Nachfolgers König Friedrich II. errichteten, meist zweigeschossigen

Den östlichen Abschluss der Sichtachse Brandenburger Straße bildet die katholische Kirche St. Peter und Paul.

Am westlichen Ende befindet sich das Brandenburger Tor, welches auch den Abschluss der Innenstadt symbolisiert.

In Potsdam gab es mehrere Gefängnisse, die vom KGB geführt wurden. Eines befand sich sogar inmitten der Stadt, unmittelbar am Boulevard in der Lindenstraße 54/55 (Ecke Brandenburger Straße). Es war ein sowjetisches Geheimdienst- und Staatssicherheits-Untersuchungsgefängnis. Tausende Potsdamer und Touristen spazierten zu DDR-Zeiten täglich an den roten vergitterten Backsteingebäuden vorbei, ohne zu ahnen, welche grausame Gewalt hinter diesen Mauern herrschte. Für die Opfer politischer Gewalt im 20. Jahrhundert wurde hier eine Gedenkstätte eingerichtet. Öffnungszeiten: Dienstag bis Samstag, 10 bis 18 Uhr.

Gebäude, bilden das urbane Zentrum. Geradlinig verlaufen die Straßen, Typenhäuser sind in Reih und Glied angetreten, zum Teil in holländischem Gewand. Eine Stadtmauer hat sie einst umschlossen. Davon zeugen noch drei Stadttore. Dieses Stadtgebiet ist 1992/93 zum Sanierungsgebiet erklärt worden. Der Erneuerungsprozess hat hier in beachtlichem Maße zur Wiederbelebung des Stadtteils und zur Verschönerung des Stadtbildes beigetragen. Anlässlich der Bundesgartenschau 2001 hat die Innenstadt einen weiteren grünen Bereich teilweise zurück erhalten – den Neuen Lustgarten in der Nähe des früheren alten Stadtschlosses. Die Freundschaftsinsel inmitten der Havel beherbergt den Schau- und Sichtungsgarten des berühmten Staudenzüchters Karl Foerster, der in Potsdam gelebt und sein Lebenswerk geschaffen hat.

Das Filmmuseum befindet sich in dem einzigen Nebengebäude des früheren Stadtschlosses, welches als Orangerie gebaut, ab 1714 zeitweise zur Unterbringung königlicher Pferde genutzt wurde.

Auf asiatisch lecker essen

Ausdrucksvoll platzierte Dekorationen erinnern an das Land von Nguyen Van Cap.

Das Restaurant »Lotus« befindet sich in der Brandenburger Straße nur wenige Schritte vom Brandenburger Tor entfernt.

Mit dem asiatischen Restaurant erfüllte sich Nguyen Van Cap auf dem Potsdamer Broadway einen Wunschtraum. In seiner vietnamesischen Heimatstadt Hanoi hatte er viel über das schöne Potsdam mit seiner interessanten Geschichte gehört. Deshalb wollte er sich in dieser Stadt unbedingt mit einem eigenen Restaurant etablieren.

Nun ist er angekommen. Im dritten Jahr seines Bestehens zählen zu seinen Gästen vor allem Touristen und, worüber sich Nguyen Van Cap besonders freut, viele Potsdamer Stammgäste. Die dargebotene asiatische Küche ist kräuterreich und gesund. Mit drei weiteren Mitarbeitern bietet der junge Unternehmer eine breite Auswahl von Gerichten umfangreicher Variationen. Das »Lotus« ist gemütlich einladend im asiatischen Stil schmuck eingerichtet.

Nguyen Van Cap hat seinem Restaurant eine neue Außenansicht gegeben.

Die Fußballfernsehgäste von Nguyen Van Cap fanden Platz auf der Brandenburger Straße.

Nguyen Van Cap am Tresen

Trotzdem ist es zur Normalität geworden, dass sich die Gäste viele Gerichte gut verpacken und außer Haus schmecken lassen. Nguyen Van Cap und sein Team kochen auch nach speziellen Wünschen.

Lotus · Asia Restaurant
Brandenburger Straße 68 · 14467 Potsdam
Tel. (03 31) 2 01 20 80

Herzlichen Glückwunsch – 100 Jahre Naturkundemuseum Potsdam

Sammeln – Bewahren – Erforschen – Vermitteln

Schönheit und Zauber der Brandenburger Tierwelt zeigt das Naturkundemuseum Potsdam.

Am 20. April 1909, vor 100 Jahren, begann mit der Gründung des Potsdamer Museumsvereins auch die Geschichte des Naturkundemuseums Potsdam. Zur Gründung des Städtischen Museums wurden drei Abteilungen gebildet: Naturwissenschaft, Kulturgeschichte und Vorgeschichte. Im Alten Rathaus präsentierte man bereits 1909 erste naturkundliche Ausstellungen der Öffentlichkeit. Von 1909 bis 1911 wurden durch Major a. D. Koch, den Oberlehrer Baes, den Apotheker Huguenel und einem Charlottenburger Bürger umfangreiche Sammlungen zusammengetragen und dem Museum geschenkt. Darunter waren hervorragende Schmetterlings- und Käfersammlungen, Gesteins- und Mineraliensammlungen, seltene »ausgestopfte Tiere« und eine Ausstellung verschiedenster Holzarten. In den Folgejahren sammelte das Museum weiter und präsentierte seine Schätze auch in der Brauerstraße 8. Im Jahr 1931 konnte in vier Räumen des Stadtschlosses ein Naturkundemuseum eröffnet werden. Durch den Zweiten Weltkrieg gingen die naturkundlichen Sammlungen verloren.

Ab 1956 wurden mit großem Engagement und Aufwand neue naturkundliche Sammlungen zusammengetragen, anfänglich als Naturkundebereich des Bezirksheimatmuseums Potsdam, später des Potsdam-Museums. Die Gebäude Breite Straße 13 und Breite Straße 11 wurden ab 1960 Ausstellungs-, Arbeits- und Magazingebäude des Bezirksmuseums, mit den zwei Museumsbereichen Naturkunde und Umwelt sowie Geschichte und Kunst. Mit der ersten Generalrekonstruktion des Hauses in der Breiten Straße 13, dem ehemaligen »Ständehaus der Zauche«, in den Jahren 1977 bis 1982 wurden nicht nur die Kriegsschäden beseitigt. Beide Museumsbereiche des damaligen Potsdam-Museums konnten nun Teile ihrer umfangreichen Sammlungen in modernen Ausstellungsräumen präsentieren. Ein besonderer Höhepunkt der Museumseröffnung am 18. Mai 1983

In Brandenburg leben heute wieder über 100 Großtrappen.

war die Übergabe des großen Kaltwasseraquariums »Fische der Havelgewässer« an die Öffentlichkeit. Die Dauerausstellung »Natur und Umwelt im Havelland« eröffnete einige Monate später. Bis zum Jahr 1997 sahen über eine Million Besucher die Ausstellungen im Museumshaus Breite Straße 13. Am 30. Juni 1997 wurde das Ausstellungsgebäude aufgrund von Mängeln in der Gebäudestatik geschlossen, alle Ausstellungen abgebaut und die Sammlungen, über 160 000 naturkundliche Exponate, verlagert. Von 1997 bis 1999 gab es innerhalb der Stadtverwaltung und unter den Stadtverordneten der Landeshauptstadt Potsdam stark differierende Ansichten zum damaligen Potsdam-Museum, die auch die Forderung der Schließung

Das Naturkundemuseum bietet vielfältige Möglichkeiten für Kinder, unsere Tierwelt kennen zu lernen.

Der Feldhase wurde in vielen Agrarlandschaften selten. Junghasen werden bereits im Frühjahr geboren.

Heute gibt es in Brandenburg wieder freilebende Elche.

des Bereiches Naturkunde und Umwelt enthielten. Am 5. Mai 1999 kam es zum historisch bedeutenden Beschluss der Stadtverordneten Potsdams zur Struktur des damaligen Potsdam-Museums. Beide Museumsbereiche sollten weiterhin bestehen bleiben und die Breite Straße 13 als Ausstellungs- und Magazingebäude für den Bereich Naturkunde kurzfristig saniert werden. Mit der feierlichen Eröffnung des sanierten und modernisierten »Ständehauses« am 14. November 2001 übergab der damalige Oberbürgermeister Potsdams, Matthias Platzeck, nicht nur mehrere Ausstellungen

Das Naturkundemuseum besitzt ein Kaltwasseraquarium mit einheimischen Fischen. Ein großer Wels ist die Attraktion des Aquariums.

und das Kaltwasseraquarium »Fische Brandenburgs« der Öffentlichkeit, sondern zugleich auch ein neues Naturkundemuseum. Erstmalig in seiner Geschichte verfügt es in Potsdam nun über ein eigenes Ausstellungsgebäude. Einem breiten Publikum wird seitdem ein umfangreicheres Ausstellungs- und Veranstaltungsangebot zu aktuellen Natur- und Umweltthemen Brandenburgs, aber auch zu weltweiten Themen geboten. Als erstes Haus in der Breiten Straße erhielt das Ständehaus im Sommer 2005 seinen historischen barocken Vorgarten wieder.

Die naturkundlichen Museumssammlungen sind bis zum Jahr 2009 auf über 250 000 Exponate angewachsen. Sie sind zugleich Zeugnisse der Naturausstattung des Landes Brandenburg. Als Archive des Lebens geben sie Auskunft über die Veränderungen der Artenvielfalt in den letzten Jahrzehnten, aber auch über wechselnde Umweltbedingungen. Sogar klimatische Veränderungen lassen sich an den Exponaten nachweisen. Aus diesem Grund ist es auch wichtig, die Naturausstattung Brandenburgs möglichst umfassend in den Sammlungen zu dokumentieren. Ihre Aktualisierung und Erweiterung, aber auch die wissenschaftliche Bearbeitung und die Vermittlung dieser Ergebnisse, gehören zu den Hauptaufgaben eines Museums. Die Sammlungen dienen auch als Fundus für die Gestaltung attraktiver Ausstellungen.

Im Jahr 2009 zeigt das Naturkundemuseum folgende Ausstellungen:

»Bedrohte Fauna – Ausgerottete und gefährdete Wildtiere Brandenburgs«
Vermittlung von Einblicken in die historische und aktuelle biologische Vielfalt Brandenburgs.

Aquarium »Fische Brandenburgs«
Eine Reise in die Gewässerwelt Brandenburgs. In 22 Becken mit über 30 000 Litern Wasser können ständig mehr als 40 einheimische Fischarten und Krebse beobachtet werden.

Blick in einen Sammlungsschrank mit Mittelsägern

»In der Spur des Menschen – Biologische Invasionen«
Stellt die brisante Thematik der biologischen Invasionen aus globaler Sicht vor.

»Tiere im Garten«
Eine Begegnung mit der Tierwelt vor der Haustür. Der Besucher kann die Vielfalt der heimischen Vogelwelt ausgiebig studieren und erhält viele Hinweise zur Förderung der heimischen Tierwelt im Garten.

Öffnungszeiten:
Dienstag bis Sonntag 9 bis 17 Uhr
Jeden ersten Montag im Monat 9 bis 17 Uhr ermäßigter Eintritt

Eintrittspreise:
Kinder bis zu 6 Jahren freier Eintritt
Kinder ab 6 bis zu 12 Jahren 1 EURO
Jugendliche ab 12 bis zu 18 Jahren 2 EURO
Erwachsene 3 EURO

Naturkundemuseum Potsdam
Direktor: Dr. Detlef Knuth
Sitz: Breite Straße 13 · 14467 Potsdam
Tel. Besucherservice: (03 31) 2 89 67 07 und 2 89 67 01
naturkundemuseum@rathaus.potsdam.de
www.naturkundemuseum-potsdam.de

üchsen kann man heute selbst in den Städten begegnen.

Der Eisvogel, ein Bewohner an fischreichen Gewässern, benötigt Steilwände zum Brüten.

Die Bestände des Jagdfasans beruhen auf wiederholten Aussetzungen durch Jäger.

NH Voltaire Potsdam mit den Farben der märkischen Landschaft

Geschmackvolles Ambiente im Herzen der Stadt

In den bestens ausgestatteten Tagungsräumen kann man sich auch auf die Lunchpausen freuen.

Das NH Voltaire Potsdam liegt im historischen Stadtzentrum der brandenburgischen Hauptstadt Potsdam und ist nur wenige Schritte vom Holländischen Viertel entfernt. Das 4-Sterne-Hotel, das zur spanischen Hotelgruppe NH Hotels gehört, hat 143 stilvoll eingerichtete Zimmer im Neubau und Palais, die alle über Wireless-LAN verfügen. Mit dem Restaurant »Hofgarten« und der Bar »Karree« sorgt das Team des Hotels für das leibliche Wohl seiner Gäste.

Die acht Veranstaltungsräume mit einer Kapazität von bis zu 250 Personen entsprechen den Anforderungen und Wünschen des modernen Geschäftsreisenden: Hier verbindet sich historisches Ambiente mit modernem Komfort. Die Veranstaltungsräume mit Flächen von 22 bis zu 244 Quadratmetern sind mit modernster Tagungstechnik ausgestattet und eignen sich sowohl für Konferenzen und geschäftliche Besprechungen als auch für eine private Familienfeier. Der hauseigene Garten und die Sonnenterrasse sowie der Wellnessbereich über den Dächern Potsdams mit Sauna, Solarium und Jacuzzi laden zum Entspannen nach einem arbeitsreichen Tag ein.

Moderne Kaffee- und Lunchpausen für Tagungsgäste

Dem Zeitgeist der modernen Ernährung entsprechend, haben sich auch die Anforderungen von Tagungsgästen an die Kaffee- und Lunchpausen in Hotels geändert. Die NH Hotels in Deutschland passen sich dieser Entwicklung mit drei neuartigen »Pausen-Konzepten« an und machen Schluss mit langweiligen Brötchen und trockenem Kuchen. »Eating Meeting« lautet das Motto für kreative Tagungspausen der spanischen Hotelgruppe in Deutschland – abgestimmt auf die Wünsche der Kunden. Während der Kaffeepausen wird im großzügigen Lobbybereich vor den Tagungsräumen serviert. Hinter »@Lunch« verbirgt sich der neue innovative Lunchservice im Tagungssegment. Von Montag bis einschließlich Freitag bietet das große Mittagsbuffet im Restaurant eine außergewöhnliche Vielfalt an frischen und leckeren Speisen, die sich jeder Tagungsteilnehmer nach eigenem Geschmack zusammenstellen kann.

Durch variantenreiche Imbisskreationen statt klassischem Buffet zeichnet sich das gastronomische Angebot für eine ihrer wichtigsten Zielgruppen aus. Unter dem Motto »eat smarter« verwöhnen die deutschen NH Hotels ihre Tagungsgäste ab sofort mit drei verschiedenen Varianten – »eat smarter fast«, »eat smarter energy« und »eat smarter mediterran«.

Über das NH Voltaire Potsdam in Kürze:

- 4-Sterne Hotel im Herzen der Stadt
- 143 individuelle und in den typischen Farben der märkischen Umgebung eingerichtete Zimmer
- sechs lichtdurchflutete Konferenzräume und zwei Gruppenräume
- 150 Quadratmeter Wellness-Bereich mit Sauna, Dampfbad, Solarium, Single-Whirlpool und Dach-Terrasse
- Regionale und mediterrane Küche, Frühstücksbuffet
- Restaurant »Hofgarten« (100 Plätze) und Terrasse mit 50 Plätzen (öffentlich zugänglich)
- Stilvolles Ambiente in der »Bar Karrée«
- Tiefgarage mit 40 Stellplätzen

Den Abend im Flair der historischen Innenstadt genießen

Die Farben der märkischen Landschaft gepaart mit stilvollem Ambiente

Stilvolle Wohnwelten mit schönen Accessoires

Atelier Bertram Interiors mit Faible für den hohen Anspruch

Das Atelier Bertram Interiors in der Charlottenstraße im Zentrum Potsdams

Im Herzen der Potsdamer Innenstadt, in der Charlottenstraße 92–93 hat das Atelier Bertram im August 2007 neue Räume für sich erschlossen. Lichtdurchflutetes Ambiente und dreizehn große Schaufenster sind die ideale Voraussetzung für die Präsentationen ihrer Wohnwelten mit erlesenen Möbeln, Leuchten, Teppichen, Tapeten und Bodenbelägen.

Der Bereich Raumausstattung genießt aufgrund der besonderen Raumsituation volle Präsenz des Angebots an edelsten Stoffen und technisch perfekten Sicht- und Sonnenschutzanlagen.

Namhafte Hersteller wie JAB Anstoetz, Chivasso, Rubelli, Bielefelder Werkstätten, Form exclusiv, Accente werden den hohen Ansprüchen der Kunden gerecht. Die Firmengeschichte des Ateliers Bertram zählt fast 25 Jubiläumsjahre. In dieser Zeit entwickelte es sich zu einem der erfolgreichsten Einrichtungsunternehmen Potsdams.

Den Grundstein dafür legte Lisl Bertram vor 24 Jahren in Caputh mit einer handwerklichen Einzelanfertigung von Lampenschirmen. Aus dem kleinen Unternehmen entwickelte sich nach der Wende das »Atelier Bertram«, welches vor 16 Jahren in Babelsberg sein erstes Stadtgeschäft eröffnete. »Ein gut eingeführtes Fachgeschäft an einen anderen Standort zu verlegen, ist keine leichte Entscheidung«, sagt Lisl Bertram. Aber sie hat es gewagt. Als sich ein Ladenobjekt in der City anbot, griff sie zu. In den Umbau wurde kräftig investiert. »Entweder so oder gar nicht«, meint sie und es zeigte sich, dass ihre Entscheidung goldrichtig war.

Annelie Bertram übernahm das Unternehmen von ihrer Mutter.

Mit viel Wohlbehagen Wohnträume verwirklichen

2000 übernahm Tochter Annelie die Geschäftsführung. Den verhältnismäßig großen Aufwand, den sie für die Ausstattung des neuen Geschäftes betrieben hat, sieht Annelie Bertram als eine Investition in die Zukunft. Beide haben ein »Faible für die schönen Dinge des Lebens«. Lisl und Annelie Bertram haben sich für »moderne, klassische Eleganz« entschieden. Dafür schaffen sie und ihr Team Wohnwelten mit einer professionellen gestalterischen und handwerklichen Betreuung.

Wer Neues plant, kann sich sicher sein: Vom Atelier Bertram wird es handwerklich perfekt vorbereitet und ausgeführt. Vorhandenes wird umgestaltet, ins rechte Licht gerückt und mit unerschöpflicher Liebe zu Details neu inszeniert. Das Konzept ist bestens durchdacht. Bertrams laden zu einem Besuch für neue Einblicke in Wohnen und Leben ein.

Schönes Wohnen mit Atelier Bertram

Atelier Bertram

Atelier Bertram Interiors
Charlottenstraße 92-93 · 14467 Potsdam
Tel. (03 31) 7 48 22 58 · Fax (03 31) 7 48 19 23
info@atelier-bertram.de · www.atelier-bertram.de

Helfen ist unser Handwerk

Lutz Kniesche wurde zweimal Potsdamer

Die Ursprünge des heutigen Unternehmens liegen in einer 1874 von Müller & Co. in Berlin gegründeten Orthopädischen Werkstatt, die im Krieg zerstört und nach 1945 durch Herbert Koser in Potsdam im heutigen Sanitätshaus wieder aufgebaut wurde.
1990 übernahm Lutz Kniesche von Herbert Fischer die Tradition des Hauses mit den orthopädischen Werkstätten. Das Sanitätshaus wurde durch neue Bereiche wie Reha-Technik und Stoma-Versorgung erweitert. Heute steht ein kompetentes Team an ausgebildetem Fachpersonal Lutz Kniesche zur Seite. Wenn er nun aus Altersgründen sein Unternehmen übergibt, ändert sich erstmalig der Name des Hauses nicht. Das Sanitätshaus wird von der Tochter Marit Kniesche weitergeführt. Die Tochter ist Physiotherapeutin und Betriebswirtin. Der Sohn Henry trat in Vaters Fußstapfen und wurde Orthopädietechnikmeister. Er wird die örthopädische Werkstatt im Oberlinhaus übernehmen.
Schon der Großvater war Orthopädieschuhtechniker. Sohn Lutz Kniesche beschritt die neuere Berufsausbildung der Orthopädiemechanik. Gerade 1960 ausgelernt, zog der 17-jährige das erste Mal nach Potsdam. Auserkoren von seiner Berufsschule, erhielt er vom Oberlinhaus Babelsberg den Auftrag, in der Klinikwerkstatt zu arbeiten. Dies war eine große, neue Herausforderung, erinnert sich Lutz Kniesche heute. In Großenhain lernte er überwiegend, Kriegsversehrte zu versorgen. In der Oberlin-Werkstatt gab es zwar auch Kriegsversehrte, aber Schwerpunkt waren hier Kinder mit angeborenen Fehlbildungen und Lähmungserscheinungen. Bei der Versorgung dieser Kinder gelang es ihm, neue Fertigungstechniken zu entwickeln und einzuführen. Seine Entwicklungen in der Orthopädietechnik, wie das Justiersystem für Beinprothesen, machten von sich reden. Nach neun Jahren seiner Tätigkeit im Oberlinhaus, änderte er sein Tätigkeitsfeld und verschwand gänzlich in die Forschung und Entwicklung der OT-Technik nach Berlin. 1990 stand die Geschäftsübernahme an. Der Diplom-Ingenieur Lutz Kniesche entschied sich zum zweiten Mal nach Potsdam überzusiedeln. So wurde er wieder Potsdamer.
Das Angebotssortiment konnte entsprechend dem Bedarf und dem Entwicklungsstand orthopädietechnischer Leistungen angepasst werden. Auch die Betriebsstätte vergrößerte sich durch den Aufbau neuer Filialen in Potsdam und Falkensee. Die Mitarbeiterzahl wuchs von drei auf dreißig. Für die Home-care sind zwei ausgebildete Stoma-Schwestern angestellt. Weitere Krankenschwestern sind für die Betreuung der Patienten im Unternehmen tätig. Andere Mitarbeiter sichern die orthopädische Versorgung der Patienten in Krankenhäusern oder auf Wunsch in den eigenen vier Wänden der Patienten ab.
Neben einer vorbildlichen und umfangreichen Versorgung der Kunden, setzt sich die Geschäftsleitung auch für die Pflege und die Weiterentwicklung des vielseitigen und humanistischen Handwerksberufs »Orthopädie-Techniker« ein. Seit 2001 zählt das Sanitätshaus Kniesche zu den zertifizierten Betrieben. Jährlich werden ein bis zwei Ausbildungsplätze angeboten.

Familie Kniesche. Wenn Lutz Kniesche sein Unternehmen übergibt, ändert sich der Name des Hauses nicht. Die Tochter Marit Kniesche führt das Sanitätshaus weiter.

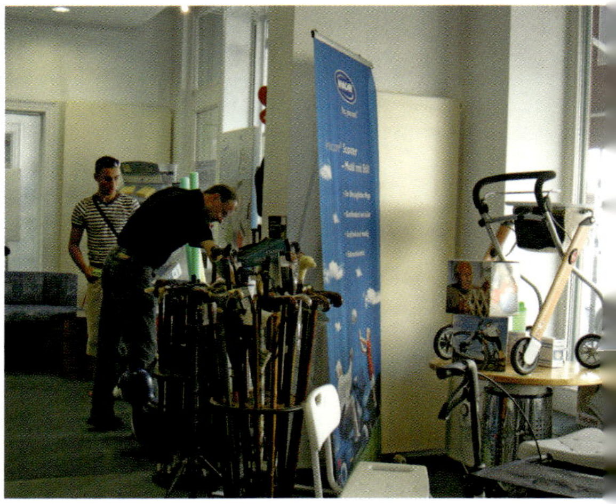

Für ein selbstbestimmtes Leben bietet das Team der Sanitätshaus Kniesche GmbH ein leistungsstarkes Sortiment aus qualitätsgeprüften Hilfsmitteln, Alltags- und Krankenpflegehilfen.

Stammhaus in Potsdam in der Friedrich-Ebert-Straße

SANITÄTSHAUS KNIESCHE GmbH
Friedrich-Ebert-Straße 25/26 · 14467 Potsdam
Tel. (03 31) 28 06 50 · Fax (03 31) 2 80 65 30
sh-kniesche@kniesche.de · www.kniesche.de

Traditionsbetrieb Bäckerei Braune mit ausgezeichneten Backwaren

Werner Gniosdorz besitzt die älteste Bäckerei Potsdams und führt den Betrieb in einer über 150-jährigen Familientradition

Werner Gniosdorz besitzt mit seinem Familienbetrieb die älteste Bäckerei Potsdams.

Die Bäckerei Braune ist wohl der älteste Innungsbetrieb in der Stadt Potsdam. Ihre Zahl in den letzten siebzig Jahren von 127 auf vier gesunken. Die Bäckerei existiert schon seit 1743 und kam 1853 in Besitz der Familie Braune.
Bäckermeister Gustav Braune kaufte den Betrieb damals für 8500 Taler. Er schaffte es, die gänzlich heruntergekommene Bäckerei wieder aufzubauen. In der Nacht vom 7. zum 8. Mai 1854 brach ein Feuer aus. Im Baukonsens vom 10. Juni 1854 hieß es, dass mit dem Aufbau sofort begonnen werden solle, damit die damalige Nauener Straße ihr geregeltes Aussehen wieder gewänne. Der Erker, den alle unter Friedrich Wilhelm I. gebauten Häuser haben mussten und der zur Unterbringung von einquartierten Soldaten diente, wurde auch aus Zeitgründen eingespart.

Die Bäckerei 1930

Das Haus um 1853

Die Bäckerei 1893

Am 1. Mai 1893 übernahm Bäckermeister Wilhelm Braune die Bäckerei von seinem Vater. Nach einigen Renovierungsarbeiten wurde am 13. Juni 1893 eine neue Ladeneinrichtung, mit echter Blattvergoldung, Spiegeln und Marmorplatten aufgestellt. Nach Rückkehr aus der Kriegsgefangenschaft übernahm sein Sohn, wieder ein Wilhelm, den Betrieb.
Am 14. April 1945 konnte das Haus nur mit größtem Einsatz gerettet werden. Dank eines eigenen Brunnens auf dem Grundstück gelang es, dem Flammenmeer nach dem Bombenangriff Einhalt zu gebieten. Nach dem Angriff ruhte der Backbetrieb eine Woche, nach der Besetzung wenige Tage. Am 3. Juli 1945 wurde Wilhelm Braune verhaftet und kam für zwei Jahre in russische Gefangenschaft. In dieser Zeit mussten Frau und Tochter den Betrieb weiterführen.
Die Tochter Käte Braune heiratete 1952 den Bäckermeister Josef Gniosdorz. Es war aber nicht möglich, dass beide den Namen Braune annahmen. Nach der Übergabe 1968 sicherte auch Schwiegersohn und Bäckermeister Josef Gniosdorz den Fortbestand der Bäckerei Braune. In der DDR-Zeit konnte sich der Betrieb durch Eigenwilligkeit gegen die Verstaatlichung wehren. Josef Gniosdorz übergab den Familienbetrieb schließlich an seinen Sohn Werner, den jetzigen Besitzer der Bäckerei. Seinen Meisterbrief hielt Werner Gniosdorz am 10. November 1989, einen Tag nach der Maueröffnung, in den Händen. Den neuen marktwirtschaftlichen Bedingungen ausgesetzt, hatte er nun für die alte Bäckerei den richtigen Weg zu entscheiden. Mit neuen modernen Geräten wurde nach alten traditionellen Rezepten gebacken. Die Innenausstattung stammt größtenteils noch aus den 1930er-Jahren und wurde behutsam aufgearbeitet. Nach der kurzzeitigen Einführung des »Westbrötchens« besannen sich die Kunden wieder auf die vertraute »Ostschrippe«, die es übrigens zum Markenzeichen der Bäckerei Braune geschafft hat. Mit dem Inhaber und seiner Frau sind 20 Mitarbeiter in der Bäckerei beschäftigt. Einige der Backwaren erhielten beste Auszeichnungen.
Es existiert noch eine alte Werbegrafik, in der als Herzstück von Potsdam, im Mittelpunkt der früheren vier Stadttore, die Bäckerei Braune eingezeichnet ist. Hier, in seinem Elternhaus, fühlt Werner Gniosdorz sich als Teil von Potsdams Mitte, die ihm besonders am Herzen liegt.

Bäckerei Braune
Inh. Werner Gniosdorz
Friedrich-Ebert-Straße 101
14467 Potsdam
Tel. (03 31) 29 33 47
www.baeckerei-braune.de

Vieles erinnert heutzutage an die alte Tradition der Bäckerei.

Potsdam baut eine Synagoge

Gebäude der jüdischen Glaubenstradition fest eingebunden im pulsierenden Stadtleben

Gedenktafel am Platz der ehemaligen jüdischen Synagoge neben dem Hauptpostamt.

Die alte Synagoge wurde 1938 in der Reichspogromnacht geschändet. Wegen des benachbarten Postgebäudes wurde die Synagoge nicht Opfer einer Brandstiftung. Beim Luftangriff auf Potsdam am 14. April 1945 wurde sie zerstört. Daraufhin wurde die Ruine abgerissen und neue Wohnungen errichtet. Es existiert eine Gedenktafel, die an das auf dem Synagogengelände befindliche Haus angebracht wurde: »An dieser Stelle stand die Synagoge der jüdischen Gemeinde Potsdams. In der Nacht vom 9. zum 10. November 1938 wurde sie von den Faschisten ausgeplündert und zerstört.«
Heute leben in Potsdam etwa 1200 Bürger jüdischen Glaubens. Zur jüdischen Gemeinde der Stadt Potsdam zählen rund 400 Mitglieder. Dazu kommen viele Familienangehörige. Die jetzigen Mitglieder der Gemeinde sind größtenteils aus der ehemaligen Gemeinschaft Unabhängiger Staaten (GUS-Staaten) zugewanderte jüdische Bürger, die entsprechend ihrem jüdischen Glauben leben möchten. Ziel der Gemeinde ist es, die jüdischen Zuwanderer wieder in ihre jüdische Religion und in die neue Gesellschaft zu integrieren. Darin eingeschlossen ist die Integration der älteren jüdischen Bürger, die besondere Fürsorge und Unterstützung benötigen.
1801 zählte die jüdische Gemeinde Potsdam 32 Familien. 1802 wurde die Synagoge Potsdams aus dem Jahr 1768 am Wilhelmsplatz umgebaut, wobei J.F. Mayer die erste Synagoge in einem Gemälde aus dem Jahr 1773 dargestellt hat. Es hängt in den Neuen Kammern in Sanssouci. Der erste Entwurf für einen Neubau sah einen Sakralbau im romanischen Baustil vor, der jedoch von Kaiser Wilhelm II. abgelehnt worden war. So entstand der Neubau im Stil des Neobarock mit einer Fassade aus rotem Buntsandstein. Nachdem sich in der Stadt im 18. Jahrhundert eine jüdische Gemeinde gegründet hatte und 1767 die erste Synagoge gebaut war, gingen inzwischen mehr als 240 Jahre ins Land.
Nun hat sich der Bauverein »Neue Synagoge Potsdam e.V.« das Ziel gesetzt, den Potsdamer Bürgern jüdischen Glaubens ein Haus für das Leben in unserer Zeit zu bauen: Eine Synagoge, die nach jüdischer Tradition mit Räumen der jüdischen Gemeinschaft verbunden ist. In der Schloßstraße gegenüber dem Standort des Stadtschlosses soll ein Gebäude in der jüdischen Glaubenstradition, mit Festräumen, Küchen, Beratungszimmern, Unterrichtsräumen und einem Laubhüttenhof errichtet werden. Die neue Synagoge soll, wie auch die ehemalige auf dem Platz der Einheit, fest in das pulsierende Stadtleben eingebunden werden.
Das Land Brandenburg stellt der jüdischen Gemeinde das Grundstück dafür kostenlos zur Verfügung. Im Gebäude an der Schloßstraße 1 ist seit einigen Jahren bereits die Jüdische Gemeinde mit ihren Büroräumen und Gebetsräumen untergebracht. Nach dem Abriss des alten Gebäudes soll hier das neue Gemeindezentrum mit Synagoge, einschließlich einer Mikwe (Ritualbad), entstehen. Die Fertigstellung ist bis zum 20. Jahrestag der Brandenburger Verfassung im Jahr 2012 geplant. Um dieses Haus bauen zu können, ist der Verein auf Spenden, auch durch die Mitgliedschaft im Bauverein oder durch den Kauf eines symbolischen Bausteins, angewiesen.

»Eine jüdische Hochzeit in Potsdam« lautet das Motto des ersten Straßenfestes der jüdischen Gemeinde am 12. Oktober 2008.

Der »Bauverein Neue Synagoge Potsdam« warb für Spenden und Mitgliedschaft im Verein. www.synagoge-potsdam.de

Am künftigen Standort der Neuen Synagoge in der Schlossstraße informierte die jüdische Gemeinde Potsdam mit dem Fest alle Potsdamer und deren Gäste über das jüdische Leben, die Tradition, Kultur und Küche sowie über das Projekt »Potsdam baut eine Synagoge«.

Mit der CERAGEM-Massageliege erfolgreich helfen

Sven Otto erhält viele Dankesbriefe für die erfolgreiche Genesung

Seit dem 1. Oktober 2007 ist das CERAGEM Center in Potsdam geöffnet und freut sich auf viele Besucher! Der junge Potsdamer Sven Otto wagte mit »kostenloser Massage« in der Potsdamer Wilhelm-Galerie, Charlottenstraße 42, den Schritt in die Selbstständigkeit. Seitdem konnte er schon vielen Potsdamern und Besuchern zu besserer Gesundheit verhelfen. An einer Wand seiner gemieteten Räumlichkeiten in der WilhelmGalerie hängen viele Dankesschreiben, weitere werden inzwischen auch in einer Mappe gesammelt.

Die Firma Ceragem wurde 1998 in Korea gegründet. Sie hat zuerst mit dem Marketing-Slogan »kostenlose Massage« auf dem Markt für Aufsehen gesorgt. Schnell haben die Ceragem Massagen an Bekanntheit gewonnen. Schon damals wurde die Liege als »Wunderliege« bezeichnet. Aus diesen Gründen expandierte die Firma fleißig und hat heute bereits über 3000 Center in der ganzen Welt (unter anderem in den USA, China, Japan, Taiwan, Singapur, Indonesien, Australien, Türkei, den Arabischen Emiraten, Saudi-Arabien, Spanien, der Schweiz und natürlich in Deutschland). Täglich besuchen weltweit über 100 000 Menschen die Center und alleine in Potsdam sind es schon über 300 Kunden täglich. Viele legen sich jeden Tag auf die Ceragem-Liegen, um ihre Probleme zu beseitigen oder zu lindern.

CERAGEM ist eine automatische Wärme-Liege mit Massageeffekt, die zudem Ferninfrarotstrahlung durch Jade und Epoxidcarbonplatten abgibt. Das Produkt dient der Lösung von Energieblockaden und wirkt positiv auf die Muskeln entlang der Wirbelsäule sowie auf die Blut- und Qi-Zirkulation, indem sich interne Projektoren am Körper entlang bewegen.

Fernöstliche Prinzipien

CERAGEM verbindet moderne Technologie mit traditionellen fernöstlichen Techniken, wie Moxa und akupressurähnlichen Methoden, um Stresssymptome des Körpers abzubauen. Mit CERAGEM wird der Körper durch Moxa erwärmt, wodurch die Blutzirkulation angeregt und zur Entspannung beigetragen wird. Die Epoxidcarbonplatten erzeugen Wärme, die verschiedene Wirkungen für den Körper hat. Das Ergebnis ist eine ansteigende Energie- und Blutzirkulation mit einem wohligen Gefühl von tiefer Entspannung.

Vollautomatischer Betrieb

Alles funktioniert ganz einfach. Mit den beiden mitgebrachten Bettlaken auf die Liege legen und auf die Auto-Taste an der Fernbedienung drücken. 40 Minuten lang verwöhnt dann die vollautomatische, variantenreiche und raffinierte Massagefunktion. Durch die internen und externen Projektoren und die Epoxidcarbonplatten (Bestandteil der Haupt- und Ergänzungsmatte) ist es möglich, einen optimalen Grad an Ferninfrarotwärme zu erreichen. Externe Projektoren geben ebenso Ferninfrarotwärme ab.

Ziel ist die Gesundheit jedes einzelnen Besuchers, die sich Sven Otto in großer Zahl wünscht. Er empfiehlt sogar, jeden Tag zu kommen.

Sven Otto kam mit vielfältig Gesundheit fördernden Massagenliegen nach Potsdam.

Vor Beginn der Massage gibt es Informationen und Gespräche.

Die 40-Minuten Massage mit Wärmetherapie ist sehr gefragt.

Öffnungszeiten:
Montag bis Freitag: 8.30 Uhr bis 18 Uhr
Samstag: 8.30 Uhr bis 14 Uhr
Samstags beginnt die letzte Massage um 13.20 Uhr!

CERAGEM Potsdam
CERAGEM
Inhaber: Sven Otto
WilhelmGalerie – 2. Etage
Charlottenstraße 42 · 14467 Potsdam
Tel. (03 31) 7 30 43 78 · Fax (03 31) 7 30 43 79
info@ceragem-potsdam.de
www.ceragem-potsdam.de

Im 18. Jahr »Ristorante Villa Kellermann« kam »Massimo 18«

Maximilian Dreier engagiert sich weiter für ein kulturvolles Potsdam

Einst war die Villa Kellermann Gästehaus des Hofes für Künstler und Diplomaten. Mozart und Beethoven besuchten den musischen Friedrich Wilhelm II. im Marmorpalais. Der Kronprinz Friedrich Wilhelm ließ die italo-amerikanische Sopranistin Geraldine Farrar hier unterbringen, um sie nachts unerkannt mit dem Boot über den Heiligen See ins Marmorpalais bringen zu lassen.

Zu DDR-Zeiten war die Villa Kellermann Sitz des Kulturbundes. Die Tradition der besonderen Veranstaltungen und Feste führte auch Maximilian Dreier nach der Wende mit stilvoller Gastlichkeit weiter. Es fanden Weinseminare, Ausstellungen, Theateraufführungen und Konzerte statt. Mit Engagement für ein kulturvolles Potsdam begründete er 1990 das erste vom Guide Michelin empfohlene Gourmet Restaurant in Potsdam.

Der in Süddeutschland geborene Wahlpotsdamer hatte ein Germanistik- und Politikstudium an der Freien Universität Berlin absolviert, als er aufgrund von Forschungsarbeiten und Lehrtätigkeiten im Auftrag der Europäischen Union nach Florenz und Rom ging. Er lernte den italienischen Wein kennen und gründete in Deutschland den Weinimport La Cantina. Seine Leidenschaft für die italienische Lebensart und Kunst manifestierte sich 1986 in der Gründung des Vereins »Kultur und Kulinaria« in Berlin. Die Wende führte seinen Weg 1989 in die Villa Kellermann. Sofort erkannte er, dass sich dieser exquisite Standort, am Heiligen See und in magischer Lage gegenüber dem Marmorpalais, bestens für seine kulturellen Ideen eignete.

Das Areal wurde aber an den höchstbietenden Spekulanten verkauft. Mit drastischen Methoden versuchte dieser, die Villa am Heiligen See »leer zu fegen«. Es entbrannten über 30 Prozesse und unendliche Bauschikanen. Maximilian Dreier verstand es aber, Wurzeln zu schlagen. In der Folgezeit war er in allen wichtigen Gourmetführern vertreten. Im internationalen Ranking belegt er einen oberen Platz, was eine exzellente Küche, besten Service und Kontinuität bedeutet.

Ende 2002 wurde die Villa unter Zwangsverwaltung gestellt und 2005 erneut veräußert. Für 2009 blieb die sonst einkehrende jährliche erlösende Botschaft aus. Das »Ristorante Villa Kellermann« musste im

Maximilian Dreier öffnete bei seinen Events zwischen Potsdams Vergangenheit und Zukunft neue Türen.

achtzehnten Jahr seines Bestehens schließen. Die Brücke, die Maximilian Dreier bei seinen Events zwischen Potsdams Vergangenheit und Zukunft schlug, hat aber neue Türen geöffnet.

»Massimo« – italienisches Restaurant und Feinkostgeschäft

Der Name »Massimo« steht für italienische Küche in stilvollem Ambiente und erinnert nicht zufällig an die deutsche Kultureinrichtung in Rom – die »Villa Massimo«. Jeder Raum des 1740 im Holländischen Stil erbauten Hauses hat seinen eigenen Charakter. Das kontrastreiche Blau der Wassergläser erfreut das Auge des Feingeistes ebenso, wie die modernen Gemälde verschiedener Künstler, darunter Stipendiaten der »Villa Massimo« in Rom.

Auch im »Massimo«, lädt der Weinkenner zu Weinverkostungen und kulinarischen Events wie dem »Diven-Dinner« ein. Neben der regionalen italienischen Küche mit wechselnden Schwerpunkten stehen im »Massimo« immer acht bis zehn Weiß- und Rotweine aus dem gehobenen Segment glasweise im Ausschank. Die Degustationsweine wechseln entsprechend des regionalen Schwerpunktes der Küche jeden Monat.

Das Massimo 18 in der Mittelstraße des Holländer Viertels markiert die Mitte der denkmalgeschützten Häuser zwischen Benkertstraße und Hebbelstraße.

Weinbar im Massimo

Massimo Ristorante & Feinkostgeschäft
Mittelstr. 18 (Holländer Viertel) · 14467 Potsdam
Tel. (03 31) 81 71 89 83
Tel. Büro, Catering, Großhandel (03 31) 81 71 89 81
Fax (03 31) 81 71 89 89
info@massimo18.de · www massimo18.de

Colorness steht für Vitalität durch Farben

Color-Produkte, -Styling, -Coaching und -Therapie

Herzlich willkommen bei colorness oder bei den Farben, die gut tun. Die Inhaber des Potsdamer Unternehmens wissen, wie wichtig die Farben auch im Lebensalltag sind und bieten eine umfassende Produktpalette für Vitalität und Lebensfreude. Produkte, die mit entsprechenden Colorierungen die Umwelt verschönern, farbtypgerechte Professional Cosmetics (KRYOLAN), Designer-Mode-Schmuck (Coeur-de-Lion), Kunst-Keramik (Gartenstecker, Fackeln, Brunnen), duftende handgesiedete vielfarbige Seifen, wie auch die Potsdamseife, und Accessoires zählen dazu. Im Angebot ist auch Strick-Design-Mode, zeitlos schön, unifarben, praktisch waschbar, größenfrei – einfach chic! Kennt man nicht seine Farben, so kann man eine Farbtypberatung buchen oder Trend-Make-up-Seminare besuchen. Das colorness-Team verkauft dabei immer mit Herz in der Wellnessoase der Farben. Es werden sogar Farbtherapie und Massage gekoppelt. Auch Gäste Potsdams, egal wie fernab sie wohnen, kommen immer wieder. Kunden, die einfach pflastermüde sind oder bei schlechtestem Novemberwetter das Ladengeschäft betreten, freuen sich über die Oase der Farben und Erholung. Nicht selten verlassen sie das Geschäft mit einem schönen Schirm in Regenbogenfarben.

colorness – vitalität durch farben
im Holländischen Viertel
Tel. (03 31) 2 00 99 37
info@colorness.de · www. colorness.de

Produkt/Dienstleistung:
- Fotografie/Kunst
- Kosmetik
- Textil/Kleidung
- Uhren/Schmuck
- Original-Acrylbilder von Katrin Seifert
- Garten-Kunstkeramik

kimages Training+Beratung/LMI-Team Katrin Seifert

Einfach erfolgreich sein – Image kann man lernen!

Die Diplom-Soziologin Katrin Seifert ist eine Powerfrau – mit einer Vision und ganz vielen Ideen. Sie möchte die Welt farbenfreudiger gestalten. Denn sich farblich wohl zu fühlen bedeutet Stressabbau, Lebensfreude und ein Stück mehr Lebensqualität. Dies ist nur ein Gesichtspunkt aus der 6-Aspekte-Beratung, die sie mit ihrem Team Menschen im öffentlichen und geschäftlichen Leben, aber auch privat anbietet. Letztendlich geht es darum, sich zufriedener und ausgeglichener zu fühlen.
Deshalb ist ihr Angebot für Firmen und Existenzgründer besonders interessant: Coaching und Trainings mittels der weltweit bewährten Methode von Leadership Management International®. Eine Methode, durch die die Teinehmer nachhaltig Ziele und bessere Lebensqualität beruflich wie privat erreichen können.
Katrin Seifert weist neben einer soliden Trainerausbildung viele weitere Kompetenzen vor: Kommunikationsberaterin, Coach, NLP-Master, Farb- und Stilberaterin, Knigge-Trainerin, Visagistin und Verkaufstrainerin. Sie bietet die über Deutschland hinaus gefragte Ausbildung zum ImageConsultant an, coacht Existenzgründer oder stärkt Menschen in Umbruchsituationen.

»In jedem steckt mehr, als er ahnt«, verrät die Business-Beraterin. »Die Arbeit am eigenen Image basiert auf der Arbeit am eigenen Ich. Wo liegen meine Stärken? Was will ich in meinem Leben erreichen? Wo soll die Firma stehen?« kimages und Team bieten Coachings, Trainings, Workshops oder Vorträge zu den 6 Image-Aspekten an. kimages – Image kann man lernen!

kimages
Training+Beratung

Buchungen unter:
kimages Training+Beratung, Katrin Seifert
Fichtestraße 3 · 14471 Potsdam
Tel. (03 31) 9 51 31 95 · Fax (03 31) 9 51 31 96
info@kimages.de · www.kimages.de

Geschäftsstelle im Holländischen Viertel:
kimages Training+Beratung, Katrin Seifert
Benkertstraße 4 · 14467 Potsdam
Tel. (03 31) 2 01 59 67

Katrin Seifert

Das Herz von Potsdam beginnt zu schlagen

Das Stadtschloss und die Historische Mitte entstehen wieder

Das Areal des Potsdamer Stadtschlosses war Kern und Ausgangspunkt der Potsdamer Kulturlandschaft, wo sich die Sichtachsen eines ganzen Landschaftsraumes bündelten. Hier war die Mitte Potsdams – und die des ganzen Landes.

Dieses Areal erstreckte sich auf einer Fläche zwischen dem Alten Markt mit der Nikolaikirche und dem heutigen Hotel Mercure am Lustgarten. Wenige Tage vor dem Ende des Zweiten Weltkrieges, im April 1945 stand die Potsdamer Innenstadt nach einem englischen Bomberangriff in Flammen. Das Schloss, die Kirchen und viele andere Denkmäler der Baukunst brannten aus. Die Ruine des Stadtschlosses stand aufrecht, war statisch sicher und wurde in allen frühen Planungen für die Potsdamer Mitte selbstverständlich als wiederaufbaufähig aufgenommen. In den Jahren 1959 und 1960 wurden die Ruinen bis auf den Marstall aus ideologischen Gründen gesprengt und zerschlagen.

Heute gibt es eine Chance, die große Beachtung und Begeisterung erzeugt. Nach jahrelangen Diskussionen zur Neugestaltung der Potsdamer Mitte wurde entschieden, dass nur der Wiederaufbau des Potsdamer Stadtschlosses in Betracht kommt, um die große Lücke zu schließen. Der Bau eines Landtags für ein zukünftiges gemeinsames Bundesland Berlin-Brandenburg auf dem ehemaligen Schlossgelände wurde 2005 beschlossen. Ein Bürgerverein und eine Bürgerinitiative kämpften erfolgreich für die Herstellung der Schlossfassaden.

Ihnen gelang es, das Interesse des Mitbegründers der Supplier Relationship Management, Prof. Hasso Plattner zu wecken. Mit seiner Spende von zwanzig Millionen Euro, eine der größten Privatspenden zugunsten eines öffentlichen Gebäudes in der deutschen Geschichte, sind die Zusatzkosten, die die handwerklich wiederherzustellenden historischen Fassaden verursachen, gedeckt. Von den ehemaligen Fassaden sind Tausende von Originalteilen erhalten. Sie wurden nach der Bombardierung und vor der Sprengung geborgen, mehr oder minder heimlich versteckt. Fast die Hälfte der hochkarätigen Skulpturen, die das Dach des Potsdamer Stadtschlosses umkränzten, ist erhalten. Es sind Spitzenwerke europäischer Bildhauerkunst. An einigen Stellen sind bis zu 90 Prozent der Originalfassaden erhalten.

Der Alte Markt wurde mit seinem »Dreikuppelblick« (Fortunaportal, Rathauskuppel und Kuppel der Nicolaikirche) als einer der schönsten Plätze in Deutschland gerühmt.

Mitte des 18. Jahrhunderts wurde er unter Friedrich dem Großen mit italienischen Architekturzitaten geschmückt: dem römischen »Palazzo Barberini« nach Gianlorenzo Bernini, Francesco Borromini und Carlo Maderna und dem Rathaus, das Bauten und Entwürfe Andrea Palladio zum Vorbild hatte. Beides wurde auf eine charmante Weise in die Maße der kleinen märkischen Residenz eingepasst. Eine antik-römisch-ägyptische Note setzte schließlich der 1753 errichtete Marmorobelisk. Er durfte 1979 nur wieder aufgebaut werden, weil die ursprünglichen Medaillons der preußischen Könige durch die Profile von berühmten Architekten des 18. und 19. Jahrhunderts ersetzt wurden.

Potsdam vor 1945 (Foto: Bildarchiv Preußischer Kulturbesitz, Berlin)

Im Südwesten des Platzes steht der ehemalige Kutschstall. Der Große Kurfürst Friedrich Wilhelm ließ hier, gleich in der Nähe des Stadtschlosses, seinen ersten Pferdestall errichten. Bis 1790 wurde dieser zu einem Kutschstall umgebaut, in dem einhundert Pferde Platz hatten und in dem alle Pfleger, Stallburschen und Vorreiter wohnten. Heute befindet sich hier das Haus der Brandenburgisch-Preußischen Geschichte.

Der Neue Markt aus dem 17. und 18. Jahrhundert ist einer der besterhaltenen Barockplätze Europas. In seiner Mitte errichtete Jan Boumann die Ratswaage. Im Mittelalter verlief die westliche Stadtgrenze quer über den Platz. Heute befinden sich in den Gebäuden am Neuen Markt eine Reihe kultureller und wissenschaftlicher Einrichtungen.

Eines der übelsten Geschehnisse in Potsdam

Der Lustgarten ist die älteste Gartenanlage Potsdams, die unter dem Großen Kurfürsten Friedrich Wilhelm I. unter Federführung des Stadthalters Johann Moritz von Nassau Siegen um 1660 entstand. Ein Teil des Ensembles aus Stadtschloss, Altem Markt und Havelufer erstreckte sich auf einer Fläche vor der Südseite des Schlosses, der so genannten Gartenseite, bis zur Havel, gegliedert durch Baumalleen und ein Bassin, das Neptunbecken genannt wird.

Eines der übelsten, aber auch geschichtlich entscheidenden Geschehnisse hatte Potsdams Historische Mitte am 21. März 1933 zu verzeichnen. Weil das Reichtagsgebäude in Berlin abgebrannt war, fand in der Garnisonkirche ein Staatsakt statt, dessen Bilder in jedem Geschichtsbuch verzeichnet sind: Nach den von brutalem Nazi-Terror gekennzeichneten Wahlen versammeln sich die deutschen Abgeordneten zu einer »Komödie«, wie der französische Botschafter schrieb. Dabei reicht Reichspräsident Paul von Hindenburg, im damaligen Deutschland ungeheuer populär und frei gewähltes Staatsoberhaupt, Adolf Hitler vor der Tür der Garnisonkirche die Hand. Viele Sozialdemokraten und erst recht die Abgeordneten der Kommunistischen Partei saßen da bereits im Gefängnis.

Am Abend des 14. April 1945 flogen Bomber vom Typ Lancaster und Moskito der Royal Air Force nach Potsdam mit dem Ziel, die militärischen Anlagen und die Verbindungswege nach Berlin zu zerstören. Zur Markierung wurden Leuchtbomben über der Stadt abgesetzt. Um 22 Uhr begann die Bombardierung und dauerte etwa 20 Minuten. 1751 Tonnen Luftminen, Brand- und Phosphorbomben wurden abgeworfen. Tausende Menschen starben. Das Historische Zentrum lag in Trümmern. Es war ausgebrannt. Durch weitere tagelange heftige Kampfhandlungen wurden viele historische Bauten stark zerstört. Wohnungen, Schulen, das Krankenhaus, auch Gebäudeteile des Stadtschlosses, sanken in Schutt und Asche.

Seit Januar 1945 bereitete sich die Rote Armee auf die entscheidende Schlacht um Berlin vor. Die Gruppierungen der Wehrmacht in Raum Brandenburg/Berlin sollten angegriffen und zerschlagen werden. Potsdam war für den Verteidigungsbereich Berlin von großer Bedeutung, weil durch die Stadt wichtige Eisenbahn- und Straßenverbindungen von Berlin in Richtung Süden verliefen. Deutsche Truppen in und um Potsdam waren im April bereits stark dezimiert. Für die Verteidigung der Stadt galt der militärische Auftrag, um Potsdam bis um letzten Mann und bis zur letzten Patrone zu kämpfen. Durch den deutschen und den russischen Artilleriebeschuss, der bis zum 30. April 1945 andauerte, wurde Potsdam bis zum Monatsende schwer getroffen.

Anlässlich der Bundesgartenschau 2001 wurde der Lustgarten in Anlehnung an die historische Formgebung neu gestaltet. Es entstanden ein Stadtplatz und Gartenanlagen für Sportveranstaltungen und Erholung.

Viele Ruinen wurden gesprengt

1958 war das Abrissjahr. Viele Baudenkmäler, deren Ruinen in ausbaufähigem Zustand erhalten blieben, wurden vernichtet.

Die Sprengung des Stadtschlosses wurde vom Ersten Sekretär des Zentralkomitees (ZK) der Sozialistischen Einheitspartei Deutschlands (SED) und Vorsitzenden des Staatsrats der Deutschen Demokratischen Republik (DDR), Walter Ulbricht (1893 bis 1973) persönlich befohlen. »Es muss demokratisch aussehen ...«. Auch andere Bauten mussten gänzlich aus Potsdams Stadtbild weichen. Zuvor waren schon die Reste der Gloriette auf dem Bassinplatz, der Palast Barberini, das Hotel »Zum Einsiedler« und die Synagoge der Spitzhacke zum Opfer gefallen. Dann wurde der Denkmalschutz für zahlreiche barocke Gebäude aufgehoben und diese zum Abriss freigegeben. Betroffen waren davon weitere berühmte Bauwerke wie das Säulenhaus, die Alte Post, die Gotischen Häuser, das Schinkelsche Torhaus des Teltower Tores und das Belvedere auf dem Brauhausberg.

Am 15. Dezember 2008 war es soweit, der Atlas konnte nach seiner Restaurierung endlich wieder die Spitze des Alten Rathauses einnehmen.

Die Mitte verlor auch den Palast Barberini

Viele historische Gebäude mussten fallen, wie auch der Plögersche Gasthof an der Ecke Schlossstraße und der damaligen Hohewegstraße (der heutigen Friedrich-Ebert-Straße) und der Palast Barberini. Der Palast Barberini gehörte neben dem Alten Rathaus, dem Palast-Hotel, der Nikolaikirche und dem Stadtschloss zu den schönsten Gebäuden um den Neuen Markt. Er befand sich an der Südseite des Platzes in der Humboldtstraße 5 bis 6. Er wurde 1771 von Carl von Gontard errichtet. Vorbild war der gleichnamige Palazzo Barberini in Rom. Die Legende schreibt, dass Friedrich II. das Gebäude nach der Tänzerin Baberina benannte, Vorbild war jedoch der gleichnamige Palasto Baberini in Rom. Es diente seit der Zeit Friedrich Wilhelm IV. als Heim für die Vereine der Kunst und Wissenschaft. Der Reiseführer Grieben von 1939 vermerkt im Gebäude städtische Amtsräume, eine Jugendherberge, die Volksbücherei, im Seitenflügel das Städtische Verkehrsamt sowie im Mittelbau das Potsdamer Heimatmuseum. Auch der Palast Barberini brannte 1945 aus und wurde in den späten 1950er Jahren abgerissen.

Auch die schwere Last der Weltkugel kam wieder auf die Schultern des Atlas.

Nikolaikirche

Die vom Bombenangriff ziemlich verschont gebliebene Nikolaikirche geriet unter Artilleriebeschuss und wurde stark beschädigt. »Auf der Kuppel der Nikolaikirche«, so erinnerte sich ein Augenzeuge, »standen die Russen und schossen herunter auf die Soldaten der Deutschen Wehrmacht, die zur Seite des zertrümmerten Stadtschlosses zurückschossen.« Alte Fotos bestätigen auch zahlreiche Einschusslöcher auf dieser Seite. Der Wiederaufbau erfolgte in mehreren Etappen. Erst 1981 kann die Kirche wieder eingeweiht werden. Vieles in der Umgebung ist neueren Datums, auch das Gebäude der gelb-weißen »Weisheitstruhe«, in der die Schätze der Wissenschaftlichen Allgemeinbibliothek gespeichert sind und emsig genutzt werden.

Altes Rathaus

Der große Luftangriff beschädigte auch das Alte Rathaus schwer. Durch das Feuer und die abgeworfenen Sprengbomben mit einer starken Splitterwirkung, wurde es, trotz der Sicherung mit Bretterverschlägen, schwer getroffen. Die große vergoldete Atlasfigur auf der Dachspitze war 1777 abgestürzt und wurde wieder aufgestellt. Der Bombenlast hielt sie stand. Durch den Artilleriebeschuss brannte das Alte Rathaus vollständig aus.
Erst 1960 begannen die Arbeiten. Lediglich die Fassaden und das Treppenhaus mit der Kuppel befanden sich in wiederaufbaufähigem Zustand.

Der neu vergoldete Atlas krönt wieder das Alte Rathaus in Potsdam.

Auf dem wiedererstandenen Gebäude beugt sich auch der goldene Atlas wieder unter der Erde Last. 1966 wurde das Rathaus unter ihm zum Kulturhaus »Hans Marchwitza«.
Ein Wiederaufbau des zerstörten Windelbandschen Hauses war damals nicht gewollt. Zur Darstellung der ursprünglichen Ensemblewirkung wurde jedoch ein Glasdurchgang zum vollständig restaurierten Knobelsdorffhaus mit Fenstern in einer Rastereinteilung erschaffen, die eine Höhe des ehemaligen Gebäudes darstellten. Die damaligen Gesamtkosten des Wiederaufbaues betrugen insgesamt 4,8 Millionen DDR-Mark. Die Arbeiten wurden durch den damaligen VEB Hochbauprojektierung Potsdam und die Architekten Horst Görl und Ernst Pfrogner ausgeführt.

Das Alte Rathaus (aus der Sicht des Potsdamer Hafens) befindet sich am Alten Markt von Potsdam in unmittelbarer Nachbarschaft zur St. Nikolaikirche. Es entstand in den Jahren 1753 bis 1755 nach Plänen der Baumeister Johann Boumann und Christian Ludwig Hildebrandt im Auftrag und nach Ideen Friedrichs des Großen.

Das ehemalige Stadtschlosses soll bis zum Jahre 2012 wieder auf seinem Platz stehen.

Auf alt gemacht, verschnörkelt und verschlungen, so sehen die »Aktien« aus, die der Förderverein Potsdamer Stadtschloss e. V. und die Bürgerinitiative »Mitteschön« anbieten. Spender, Sponsoren und Wohltäter können sie im Wert von 10, 20, 50 und 100 Euro erwerben, um das Geld für das Historische Potsdamer Stadtschloss zu sammeln. Als einer der Ersten war der Potsdamer TV-Moderator Günther Jauch mit dabei. Durch seine Geldspende wurde es möglich, das schöne Fortunaportal wieder zu errichten.

Auch nach der politischen Wende und Wiedervereinigung ist das Alte Rathaus ein wichtiger Kulturstandort in der Stadt Potsdam geblieben. Neben einer ständigen Ausstellung zur Geschichte im Erdgeschoss des Hauses gibt es weitere Räume, wo Ausstellungen ständig wechseln. Im großen Saal des Anbaus finden regelmäßig Vorträge und Diskussionsforen über die städtischen, kulturellen aber auch wissenschaftlichen Themen der Stadt sowie Empfänge und Tagungen statt. Die Räume werden auch für Lesungen und Musikauftritte genutzt.

Der Marstall blieb

Die Gründung des Filmmuseums geht auf einen 1977 verabschiedeten Beschluss der Potsdamer Stadtverordnetenversammlung zurück. Es wurde im April 1981 als »Filmmuseum der DDR« mit einer Ausstellung über Filmtechnik eröffnet. 1983 folgte eine Ausstellung zur Geschichte der Ufa und der DEFA. Jede Herrschaft nutzte den Marstall nach ihrem Geschmack, der ursprünglich als Orangerie des kurfürstlichen Lustgartens gebaut wurde. Ganz früher wurde er zum Tanzsaal, später zum Marstall. Der Kaiser und die Weimarer Republik errichteten ein Garnison-Museum mit Wachsfiguren und Kolossalgemälden von Schlachten, auf denen selbstverständlich gesiegt wurde. Die Sammlung des Film-Museums fand nach der Wiedervereinigung eine erhebliche Erweiterung. Ein Archiv kam hinzu und 1994 wurde die ständige Ausstellung »Filmstadt Babelsberg« eröffnet.

Das Herz von Potsdam, die Historische Mitte

Durch das bevorstehende umfangreiche Baugeschehen in der Historischen Mitte beginnt das Herz der Stadt wieder zu schlagen. Schon gleich nach der Wende beschloss die Stadtverordnetenversammlung die Wiederannäherung an das historisch gewachsene Stadtbild. Zu den bereits durchgeführten Baumaßnahmen gehören die Neugestaltung des Lustgartens als öffentlicher Veranstaltungsplatz, die innerstädtische Parkanlage sowie die Wiederherstellung des Stadtkanals in der Yorckstraße und das nur mit privaten Spenden wieder aufgebaute Fortunaportal. Um das ehemalige Schlossgrundstück und das Havelufer an der Alten Fahrt wieder entsprechend seiner historischen Bedeutung bebauen zu können, wurde die Neuordnung der Verkehrsflächen der Friedrich-Ebert-Straße, der Breiten Straße sowie der Straßenbahn erforderlich. Der Alte Markt ist mit seiner neuen historischen Form Bindeglied zwischen Nikolaikirche, Altem Rathaus und der Haveluferbebauung. Dazu erfolgte die Absenkung des Platzes mit umfangreichen Pflasterarbeiten auf geschichtlich überliefertes Niveau. Auch die weitere städtebauliche Struktur orientiert sich am historischen Stadtgrundriss. So soll westlich der Friedrich-Ebert-Straße auf einem Teil der Fläche des heutigen Bürohauses in der Schlossstraße 1 die neue Synagoge entstehen.

Das Stadtschloss kommt zurück

Der junge Friedrich II. ließ 1752 die Fassade des Schlosses komplett umbauen.
Hans Georg Wenzeslaus von Knobelsdorff sorgte auch für eine prachtvolle Rokoko-Ausstattung der Räumlichkeiten, die schließlich zu den besten Raumkunstwerken Europas zählten.

Die Fortunaskulptur auf der Kuppel des Portals wurde aus dünnem Kupferblech gefertigt und vergoldet. Die 2,15 Meter hohe und rund 5 Zentner schwere Figur dreht sich im Wind. Die beiden oberen Schlusssteinköpfe, welche einen bildhauerischen Schmuck über den beiden Seiten des Torbogens bilden, stellen die Minerva und Herkules dar. Die Kuppeln der St. Nikolaikirche am Alten Markt, des Fortunaportals und des wieder entstehenden Stadtschlosses befinden sich in einer Sichtachse.

Der Kampf um das historische Erbe

2006 ergab eine Bürgerbefragung, dass das Schloss auf seinem historischen Platz für den Einzug des Landtages wieder aufgebaut werden sollte. Das ehrgeizige Projekt bekam einen großen Rückschlag, als sich erhebliche Differenzen bei der Aufstellung des Bebauungsplanes offenbarten. Erst nach einem dritten Anlauf konnte eine Mehrheit gewonnen

Um die Restaurierung der Minerva-Figur vom Stadtschloss zu finanzieren, spendeten Potsdamer Künstler ihre Werke. Mitteschön und Stadtschlossverein organisierten eine Kunstauktion und einen Kunstkalender. Eine der bedeutendsten Skulpturen des Potsdamer Rokoko konnte so auf Anhieb gerettet werden.

werden. Die nächste Hürde folgte bei dem Verfahren des Landes. Das Finanzministerium hatte ein Verfahren ohne Transparenz gewählt.

Der Kampf um die Verwirklichung der historischen Schlossfassade wurde vom Förderverein Potsdamer Stadtschloss e.V. nun fortgesetzt. Dieser Verein ging 2002 aus dem 1998 gegründeten Förderverein zum Wiederaufbau des Fortunaportals hervor. Es war entscheidend, dass die Bürgerinitiative »Mitteschön« Potsdamer auf die Wichtigkeit und die Probleme mit dem Landtag im Schloss aufmerksam machte. Ein kleiner Bürgerkreis, der sich wegen der Querelen um den Bebauungsplan um den Landtag und um die Stadtmitte sorgte, entwickelte sich zur größten Bürgerbewegung Potsdams seit der Wende. Demonstrationen, Aktionen, wie die Rettung der Fundamentziegel, die Präsentation alter Handwerkstechniken, Konzerte, Vorträge, Musikdarbietungen, Sommerfeste, wie zwei »Dinner-Demos« bei Kerzenschein, lockten tausende Menschen auf den Alten Markt. So eine Menschenmenge mit bürgerschaftlich friedlicher Stimmung gab es auf dem Alten Markt seit 1945 nicht mehr. Mitteschön ist seitdem nicht mehr aus Potsdam wegzudenken. Sie ist offen für alle, die für die schöne Mitte Potsdams sind.

Für die Tiefgarage des Landtags wurden die noch tragfähigen Fundamente des Schlosses teilweise beseitigt. Mitteschön und Stadtschlossverein organisierten zweimal eine Bergungsaktion, bei der Potsdamer Bürger die historischen Fundamentsteine freilegten, säuberten und sicherten.

Eine Spende über 20 Millionen Euro von Professor Hasso Plattner, Software-Milliardär und Mitgründer der SAP, sicherte schließlich die historische Außenansicht des Schlosses. Zudem entsteht der historische Innenhof. Um Büroräume für den Landtag zu schaffen, müssen die Fassaden um bis zu 15 Meter in den Hof hineinwachsen. Dadurch könnten die genau ausgeklügelten Proportionen, das System der Fassaden, an ihrer einstigen Schönheit verlieren. Die Freunde von Mitteschön und des Stadtschlossvereins warnen vor einer zu starken Verkleinerung des Innenhofes. Schließlich soll der Festplatz des Hofes, zusammen mit dem Alten Markt, wieder zu einem der schönsten Plätze Europas werden!

Mitteschön – eine Erfolgsgeschichte

Selten hat sich eine Bürgerinitiative so spontan gebildet und in der Folge so viele Anhänger gefunden! Ausgangspunkt war die zweite Abstimmungsniederlage in der Potsdamer Stadtverordnetenversammlung 2006 zum »Landtagsschloss« auf dem Alten Markt. Um eine kleine, sehr aktive Gruppe scharten sich bald viele Potsdamer Bürger. Den Wunsch nach der verlorenen historischen Mitte der Stadt dokumentierten sie in regelmäßigen Demos und anderen Aktivitäten mit dem Ruf nach einer äußeren Rekonstruktion ihres alten Stadtschlosses.

Der junge Potsdamer Architekt Christopher Kühn machte von sich reden, als er mit einem Gegenentwurf zum modernen Hof des neuen Landtages auch einen historischen Innenhof präsentierte.

Bald wurde Mitteschön zu einer ernstzunehmenden Kraft in Potsdam und letztendlich durch die 20 Millionen Spende Hasso Plattners belohnt.

Der Landtag in exakt historischer Außenfassade wurde erzwungen durch die Bürger zur präzisierten Vorgabe für die Ausschreibung des Landtagsbaus. Hier zeigte sich Bürgerwille in demokratischer Reinkultur, Bürger die sich für ihre Stadt

»Wir haben ein Auge drauf!« – Losung, mit der die Bürgerplattform Mitteschön einem eventuellen modernen Landtagsbau auf dem Alten Markt entgegnete.

Die Demonstrationen der Bürgerinitiative Mitteschön und des Vereins Stadtschloss wurden immer mit einem Konzert in der Nikolaikirche eröffnet und dem Kantor der Kirche, Björn Wiede, an der Orgel gestaltet.

engagieren und ihren Lebensraum aktiv mitbestimmen.

Aber auch in Zukunft wird ihr Logo in die Tat umgesetzt: »Wir haben ein Auge drauf!«

Barbara Kuster

Büro Bürgerinitiative Mitteschön
Am Alten Markt 9 · 14467 Potsdam
info@mitteschoen.de
Die Kontonummer für Spenden »Mitteschön«:
Bankverbindung: MBS (Mittelbrandenburgische Sparkasse)
Kto.-Nr. 32 66 048 821 · BLZ 160 500 00
Kontoinhaber : Verein Potsdamer Stadtschloss e.V.

Altes Stadtschloss mit Karpfenteich

Für das von 1746 bis 1748 von Knobelsdorff gestaltete Meisterwerk, das kuppelüberwölbte Treppenhaus, erfolgt die Rekonstruktion als Eingang zum Foyer und zum Plenarsaal.

Das Stadtschloss war Potsdams eigentlicher Anfang

Das war für Potsdam der eigentliche Anfang. Ohne dieses Gebäude, seine Bewohner und ohne das, was damit verbunden war, wäre das Dörfchen an der Havel niemals für irgendjemanden bemerkenswert geworden.

Es war Ausgangspunkt, Herz und Mitte nicht nur der Stadt, auch des ganzen »Gesamtkunstwerks« Potsdam.

In kaum einem anderen Bauwerk in Brandenburg ist so viel Geschichte geschrieben worden, kaum ein anderes Gebäude hatte derartig viele prominente Besucher.

Dieses Gebäude ist in allen Standardwerken zur Architektur des 18. Jahrhunderts verzeichnet. Es war ein Spitzenwerk des europäischen Rokoko. Der Bau war ein bis in die kleinste Profilleiste genau durchkomponiertes harmonisches Denkmal der europäischen Hochkultur. Seine Fassaden und der reiche Skulpturenschmuck waren nicht nur zeitlos schön, sie waren ein Appell für die Bildung aus dem Wissen um die Natur des Menschen und eine Mahnung an die Herrschenden: Maßhalten.

Kurz vor der Sprengung 1959 fasste die international hochgeehrte damalige Schlösserdirektorin Professor Dr. Margarethe Kühn die massiven Proteste so zusammen: »Wenn es wirklich geschieht, dass das Potsdamer Stadtschloss dem Erdboden gleichgemacht wird, so ist eine der schönsten Städte Deutschlands auf immer heillos verarmt, weil ihr geschichtliches und künstlerisches Dasein im Innersten getroffen ist«.

Genau das geschah. Seitdem herrscht in Potsdams Mitte trostlose Leere.

Der Verein Potsdamer Stadtschloss wirbt seit über zehn Jahren dafür, diesen Phantomschmerz zu heilen.

Mit dem Wiederaufbau des Fortunaportals 2000 bis 2002 gelang ein erster entscheidender Schritt. Seine originalgetreue Rekonstruktion setzte nachprüfbar hohe Qualitätsmaßstäbe. Die Finanzierung erfolgte ausschließlich über private Spenden, namentlich besonders durch Günther Jauch.

Der Verein Potsdamer Stadtschloss e. V. wirbt in enger Zusammenarbeit mit der Bürgerinitiative »Mitteschön« für eine qualitativ hochstehende Rekonstruktion aller historischen Fassaden, wie sie Georg Wenzeslaus von Knobelsdorff 1745 bis 1754 errichtete. Dazu gehört auch die originalgetreue Wiedergewinnung des historischen Schlosshofs, der integraler Bestandteil des Baukunstwerks war, immer öffentlich blieb und mit dem darauf bezogenen Alten Markt die »gute Stube« der Stadt bildete. Er kann innerhalb eines Landtagskomplexes der festliche zentrale Platz der Demokratie werden.

Der Verein Potsdamer Stadtschloss ist gemeinnützig; er will die öffentliche Hand mit seinen Aktivitäten und Spendensammlungen unterstützen, damit an diesem zentralen Ort nur die beste Qualität entstehen kann.

Diese Qualität ist nur durch die historische Lösung erwiesenermaßen garantiert.

Dr. Joachim Kuke

Das ehemalige Stadtschloss entsteht wieder an derselben Stelle. Nur der Innenhof soll etwas kleiner werden, denn die neue Nutzung der Seitenflügel und der Kopfbau am Südende fordern einen höheren Raumbedarf.

Verein Potsdamer Stadtschloss e. V.
Alter Markt 9 · 14467 Potsdam
Tel. (01 73) 6 28 63 91 · Fax (0 30) 31 01 98 12
www. stadtschloss-potsdam.org

Konto-Nummer für Spenden:
MBS Mittelbrandenburgische Sparkasse
Kto.-Nr. 35 06 006 060 · BLZ 160 500 00
Empfänger: Verein Potsdamer Stadtschloss e. V.
Spende für den Wiederaufbau des Potsdamer Stadtschlosses

Das Filmcafé ist auch Kulturstätte

Dr. hc. Fouad Abdallah – Kulturmensch und Ideenstifter der Integration

Potsdam ähnle durch das viele Wasser und die Parkanlagen sehr dem Libanon, erklärt Dr. hc. Fouad Abdallah. Es heißt ja auch »der grüne Libanon«. Weil ihm Potsdam so gut gefällt, wollte er hier etwas Besonderes machen und in einer orientalischen Stätte ein Stück Kultur seines Landes einbringen. Dafür habe er im Jahre 2003 nicht irgendein Gebäude gewählt, sondern den Marstall, um in erster Reihe auch die Wiedererrichtung des verlorenen Stadtschlosses verfolgen zu können. Sein Café befindet sich in dem einen einzigen Gebäudeteil des früheren Schlosses, welches die Kriegs- und Nachkriegszeit überstand. Hier wollte der junge Hausherr nicht nur Essen und Getränke verkaufen, sondern auch einen Platz für den Kulturaustausch und für Veranstaltungen schaffen.

Dr. hc. Fouad Abdallah bemüht sich zudem mit vielfältigen Aktivitäten, den Potsdamern sein Land näher zu bringen. Er möchte mehr vermitteln, als es die Kriegsnachrichten vermögen.

Er wurde zum Ideenstifter der »Libanesischen Filmtage«, die mit seiner großen Unterstützung 2006 im Filmmuseum erstmalig stattfanden. Hierfür bekam der Gastronom auch von der Botschaft der Libanesischen Republik große Anerkennung. Ihm kam es nicht auf die Darstellung seines zerstörten Landes an, sondern auf das Feiern seiner Schönheit und vor allem auf die Vorstellung einer ungebrochenen fröhlichen Generation. So entstand auch die Fotoausstellung »Zum Wiederaufbau von Beirut und Potsdam« im Potsdam Museum 2006. Er verlange von Potsdam nicht nur Toleranz, er gebe sie auch. Potsdam müsse multikultureller werden. Es sollten nicht nur geografische, sondern auch die menschlichen Grenzen verschwinden. Der Potsdamer aus dem Libanon selbst fühlt sich heute nicht mehr als Ausländer. Er ist Mitbegründer des Vereins, »Freunde der deutsch-arabischen Kultur«, dessen Vorsitz er übernommen hat.

Vielfalt der »Küchen der Welt« genießen

In seinem Café im Filmmuseum bietet Abdallah viele libanesische Köstlichkeiten und hat dafür beste arabische Gerichte ausgesucht. Sonderwünsche sind kein Problem, denn die Vielfalt der »Küchen der Welt« hat der Gastronom in den verschiedensten Ländern kennengelernt. Nach einer Kochausbildung im Libanon und einer Tätigkeit als Food & Beverage Manager, hat er in bekannten Hotelketten in Beirut (Libanon) und Gabon, Benin (Afrika) gearbeitet. Als Geschäftsführer eines brasilianischen Restaurants wurde sein Wunsch nach einem eigenen Geschäft immer größer. Wegen seiner deutschen Frau kam er nach Potsdam und erfüllte im April 2003 seinen Traum. In besonders angenehmer Gemütlichkeit können seine Gäste schön auf den ältesten früheren herrschaftlichen Garten Potsdams, den Lustgarten, blicken.

Das Café und Restaurant ist geeignet für Hochzeiten, Geburtstage und Feste. An orientalischen Abenden, die zu angekündigten Terminen stattfinden (Bekanntgabe auf der Homepage) erleben die Gäste Bauchtanz, Livegesang und vieles mehr.

Café im Filmmuseum
Libanesische und internationale Küche
Marstall am Lustgarten
Breite Straße 1a · 14467 Potsdam
Tel. (03 31) 2 01 99 96
restaurant@filmcafe-potsdam.de
www. filmcafe-potsdam.de

Öffnungszeiten
Dienstag bis Sonntag 12 bis 24 Uhr geöffnet
Montag Ruhetag
Reservierung und Vermietung (85 Plätze) werden gerne ab 12 Uhr entgegengenommen.

Dr. hc. Abdallah (in der Mitte stehend) begrüßte in seinem Filmcafé auch Hassan Abdallah, Präsident der libanesischen internationalen Kulturunion und Frau Prof. Dr. Johanna Wanka, Ministerin für Wissenschaft, Forschung und Kultur des Landes Brandenburg.

Trend-Moden mit erstklassiger Damenmode

Thea Schönsee liegt schon seit über 50 Jahren die Beratung der Kundschaft besonders am Herzen

Am 27. Mai 2008 war es 50 Jahre her, dass Thea Schönsee, die Inhaberin der Boutique Trend-Moden in die Gewerberolle der Stadt Potsdam eingetragen wurde. Am 2. April 1939 in Potsdam geboren, musste sie sich zusammen mit ihrer Schwester frühzeitig um vieles kümmern. Ihre alleinstehende Mutter Hedwig war Inhaberin eines Obst- und Gemüsegeschäftes und sorgte aufopferungsvoll für ihre Töchter. Zeit für Gemeinsames blieb nur an den Wochenenden. Meist waren es Spaziergänge durch den Park oder ein Stadtbummel. Nach Beendigung ihrer Schulzeit wollte sich Thea Schönsee ihr Geld selbst verdienen.

Ich war überglücklich, es war mein Dienstleistungsgeschäft

»Ich war gerade 18 Jahre alt«, erinnert sie sich, »als ich meinen Gewerbeantrag stellte und überglücklich, als ich mein Dienstleistungsgeschäft in der Geschwister-Scholl-Straße eröffnen durfte. Dreißig Jahre war Thea Schönsee dann mit ihrem Geschäft in der Otto-Nuschke-Straße (heute Lindenstraße) ansässig. Dort, ideal im Zentrum Potsdams gelegen, konnte sie sich über neue Kunden nicht beklagen. Ihre Dienstleistungen erfreuten sich beständig wachsender Nachfrage.

Mit dem Übergang zur Marktwirtschaft orientierte sich auch Thea Schönsee neu. Mit ihrem Motto: »Immer nach vorn schauen und im aktuellen Trend bleiben« ist sie immer gut gefahren. In Potsdams Lindenstraße eröffnete die resolute Geschäftsfrau 1990 auch ihre Boutique. »Es folgten Jahre harter Arbeit, aber jeder Erfolg war ein Ansporn und brachte neue Erfahrungen für mich«, resümiert sie.

»Immer nach vorn schauen und aktuell bleiben, im Trend«

Seit September 1995 ist Thea Schönsee mit ihrer Boutique Trend-Moden in der Friedrich-Ebert-Straße 93 zu finden. Dort bietet sie ihren Kundinnen hochwertige, aktuelle Damenmode für alle Gelegenheiten. Die Kundschaft ist ihr auch nach dem Umzug in das neue Domizil treu geblieben. Dies liegt sicherlich zum einen an der freundlichen und kompetenten Beratung der Potsdamerin und zum anderen an der Möglichkeit, die in der Boutique erworbene Kleidung auf Kundenwunsch passgenau ändern zu lassen.

Cordula ist als ausgebildete Wirtschaftskauffrau eine große Hilfe. Mutter und Tochter sind ein eingespieltes Team, dem der persönliche Kontakt und die individuelle Beratung der Kundschaft besonders am Herzen liegt.

Ein prima Team, Mutter und Tochter

Mit ihren Kleidungsstücken bietet Thea Schönsee trendige Konfektionen für alle Gelegenheiten an.

Thea Schönsee feiert ihr 50-jähriges Geschäftsjubiläum.

Trend-Moden · Das Modegeschäft Ihres Vertrauens
Friedrich-Ebert-Straße 93 · 14467 Potsdam
Tel. (03 31) 29 17 47

Herzlich willkommen im ersten Potsdamer à la Baby

Natürliches für Mutter und Kind, Krabbelgruppen und Kurse

À la Baby hatte sich schon von der Potsdamer Mittelstraße 22 herumgesprochen. Für das Jahr 2009 gab es aber einen Umzug in neue Räumlichkeiten, in die Jägerstraße 37.

Vor der Geburt ihrer Tochter Emma im Jahre 2005 machte sich Inhaberin Sara Kaminski auf die Suche nach Kleidung, Spielzeug und Möbeln in Bio-Qualität zu bezahlbaren Preisen. »Gibt es noch nicht? – Das muss ich selber machen!«, erinnert sie sich lachend an ihre Gedanken von damals. Nun ist das Töchterchen über zwei Jahre alt und am 12. November feierte das »à la Baby » bereits seinen ersten Geburtstag.

Auf über 100 Quadratmetern werden Kleidung, Spielwaren, Ausstattung fürs Baby und Möbel ausgestellt – alles ökologisch produziert und fair gehandelt. Ein besonderer Aufgabenbereich bei à la Baby ist die Neurodermitisberatung. »Die Hauterkrankung kann durch Schadstoffe in der Kleidung ausgelöst werden«, erklärt Sara Kaminski. Aus eigener Erfahrung empfiehlt sie, den Aspekten Ernährung und Kleidung besondere Aufmerksamkeit zukommen zu lassen, auch zur Prophylaxe von Neurodermitis und anderen Allergien. Viele Informationen auch zu anderen Hautproblemen, sowie die speziellen Pflegeprodukte der Linie von Siriderma® erhält man in Verbindung mit einer individuellen Beratung im Geschäft. Das Besondere dabei, im angrenzenden Spielbereich haben Kinder die Möglichkeit, sich zu beschäftigen, während Mama in Ruhe durch das Geschäft stöbern kann. Mit einer Tasse Tee oder Kaffee, sowie frischem, hausgebackenem Kuchen im Eltern-Kind-Café ist es möglich, den Besuch im Laden entspannt ausklingen lassen.

Stärken im Bio-Eltern-Kind-Café

Bio-Eltern-Kind-Café

Doch nicht nur Kunden nutzen die Möglichkeit, gerade an verregneten oder kühlen Tagen mit ihren Kindern im Café in einer für die Kinder anregenden und abwechslungsreichen Atmosphäre zu entspannen. Das Café zählt inzwischen viele Stammgäste und wiederkehrende Spielgruppen, die sich regelmäßig dort treffen. Seit einem Jahr besteht inzwischen auch eine wöchentliche Frühstücksrunde am Mittwoch. Wer im à la Baby an anderen Tagen frühstücken möchte, kann sich telefonisch anmelden. Die kleine Küche ermöglicht zurzeit leider noch kein à la carte Frühstück. Reservierungen ab zwei Personen werden jedoch jederzeit gern nach rechtzeitiger Absprache (mindestens zwei Werktage vorher) entgegen genommen. Regelmäßige Veranstaltungen wie Spiel- und Krabbelgruppen oder Vorträge über Naturheilkunde und

Natürlich spielen bei à la Baby

Homöopathie für Kinder runden das Angebot interessant ab. Schauen Sie doch einfach mal vorbei! Sara Kaminski und das Team à la Baby freuen sich über Ihren Besuch!

à la Baby- Natürliches für Mutter & Kind

Jägerstraße 37 · 14467 Potsdam
Tel. (03 31) 23 78 99 99 · Fax (03 31) 9 67 82 65
info@a-la-baby.de · www.a-la-baby.de

Öffnungszeiten:
Montag bis Samstag: 10 bis 18 Uhr
Sonntag: 10 bis 18 Uhr (Café)

Holtzendorffstraße 10 · 14057 Berlin
Tel. (0 30) 51 73 65 75

Öffnungszeiten:
Montag bis Samstag: 10 bis 18 Uhr
Sonntag: 10 bis 14 Uhr

Onlineshop
www.a-la-baby.de/onlineshop/privacy.php

Einkaufen und vieles mehr bei à la Baby

Springlebendig

Praxis für biologische Medizin & Prävention

Mit seinen Vorträgen über den Einsatz naturheilkundlicher Therapien vor, während und nach der vorgeschlagenen schulmedizinischen Krebs- und Tumortherapie zur Verminderung der Nebenwirkungen ist Frank Haseloff oft unterwegs. Fundiert und vertrauensvoll gibt der erfahrene Heilpraktiker Krebspatienten wie auch ihren Angehörigen umfassend Antwort. Es sind zwei Dinge, die ihm bei seiner Praxistätigkeit am Herzen liegen: Zum einen erarbeitet er sich gemeinsam mit seinen Patienten ein individuelles naturheilkundliches Therapiekonzept, welches mit den regulativ wirkenden Mitteln und Verfahren den ganzheitlichen Krankheitshintergrund erfasst und den Patienten aktiv einbezieht. In diesem Sinne ist auch die enge Zusammenarbeit mit den Partnern der alternativen Psychotherapie wichtig. Zum anderen ist es sein Anliegen, Krankheiten vorzubeugen. Auf diesem Wege, der Vorsorge und naturheilkundlichen Therapie, begleitet er seine Patienten umfassend und gewissenhaft. Mit seiner engagierten Arbeit scheut er sich nicht, schwierigste Aufgaben zu übernehmen. In seiner Praxis für biologische Medizin und Prävention »Springlebendig« hat er sich neben Krebs- und Tumorerkrankungen weitere Behandlungsschwerpunkte gesetzt: Schmerzzustände, Allergien, Mykosen, Hauterkrankungen, Tinnitus, Schlafstörungen, Verdauungsbeschwerden, Darmerkrankungen, Migräne, Rheuma und Erkrankungen des Bewegungsapparates. Umfangreiche Maßnahmen zur Erhaltung und Förderung der Gesundheit, Bestimmung der Körperzusammensetzung durch Messung der Körperwiderstände, Labormedizin, sowie Massagen, Energiearbeit und Revitalisierungskuren vervollständigen ein weiteres umfangreiches Behandlungsprogramm.

Auszug aus dem Behandlungsangebot

- Biologische Krebs- und Tumortherapie (adjuvant)
- Makuladegeneration/Sehstörungen
- Kinderlosigkeit/Potenzstörungen
- Raucherentwöhnung/Gewichtsregulation
- Durchblutungs-, Wundheilungsstörung
- Allergien, Hauterkrankungen
- Schmerzen, Kopfschmerzen

Heilverfahren (Auszug)

- Klassische Naturheilverfahren, Hypnose,
- Blutegel, Schröpfen, Aderlass
- Akupunktur, Augenakupunktur
- Eigenblutinjektionen, Infusionen
- Sauerstoff-Ozontherapie, intravenös
- Labormedizin, Gesundheits-Check up
- Mikrobiologische Therapie
- Manuelle Therapie

Massagen/Energiearbeit
- Reflexzonenmassagen
- Aroma- und Farböl-Massagen
- Manuelle Lymphdrainagen
- Reiki (Wohlbehagen, Ruhe und Entspannung, Kraft für den Alltag finden)

Beratung und Anleitung
- zu ganzheitlicher Pflege zu Hause
- Klärung von Fragen der Pflegeversicherung (auch im Hausbesuch)
- Empfehlung und Vermittlung von:
  - qualifizierten Pflegediensten
  - Hospizbetreuung
  - Körperorientierter Psychotherapie

Seminare auf Anfrage

Frank Haseloff, staatlich anerkannter Heilpraktiker, Reiki-Meister, examierter Krankenpfleger und Rettungs-Assistent, Pflegedozent und -berater, 2. Vorsitzender Union Deutscher Heilpraktiker Berlin Brandenburg e. V., Vorstandsmitglied der Brandenburgischen Krebsgesellschaft e. V.

Haus der Naturheilpraxis, Friedrich-Ebert-Straße 57

Hp. Frank Haseloff
Friedrich-Ebert-Straße 57
14469 Potsdam
Tel. (03 31) 61 39 26
Fax (0 32 12) 6 13 92 60
www.springlebendig.de
www.krebs-potsdam.de
gesundheit@web.de

Info-Ruf Heilpraktikerverband UDH
Berlin-Brandenburg e. V.
Tel. (03 31) 2 01 09 58
udh-berlin-brandenburg@wichtig.ms
www.udh-bb.de

Sprechzeiten: Montag bis Freitag und
am Wochenende nach telefonischer Vereinbarung

Hausbesuche nach Absprache

In Potsdam gibt es ein »Schickes Altern«

Schick Altern, über den Dingen stehen und den Überblick haben

Die Gerontologin Gisela Gehrmann hat in der historischen Altstadt in bester Lage das Unternehmen »Schickes Altern« gegründet. Ziel der Einrichtung ist, das Alter aus seiner schönen Sicht zu betrachten sowie die Attraktivität, Kompetenz und Lebensfreude der zweiten Lebenshälfte sichtbar zu machen. Ihr Fachwissen aus Medizin und Altersforschung aus der Theorie in die Praxis zu bringen – das setzt Gisela Gehrmann mit vielen eigenen Angeboten und in Zusammenarbeit mit verschiedenen Partnern nun seit dem Jahr 2005 konsequent um. Das Programm ist anspruchsvoll, vielfältig und so abwechslungsreich, dass man an das Altern schon gleich nicht mehr denkt.

Schickes Altern befindet sich im Zentrum von Potsdam, in der Lindenstraße22/Ecke Charlottenstraße, in unmittelbarer Nähe der Bus- und Straßenbahnhaltestelle Dortustraße.

Das »Maskottchen« vom »Schicken Altern«, ein großes Tier mit langem Hals, steht zur Begrüßung im Empfangsraum.

Wie wäre es, gemeinsam Englisch aufzufrischen? Es macht nicht nur viel Spaß, sondern hält auch die grauen Zellen fit.

»Schickes Altern – das will ich auch!«, heißt ein interessantes 12-Stunden-Kursprogramm. Es beginnt mit einer ausführlichen, wissenschaftlich fundierten biologischen Altersbestimmung, dem Age scan, und beinhaltet einen Workshop Make-up-50 plus. Dieses Programm bietet aufgrund der ermittelten Messergebnisse des Age scan eine individuelle, sehr aufschlussreiche Gesundheitsberatung und beinhaltet auch Vorträge zu Themen des Älterwerdens. Viele Programme sind bei »Schickes Altern« auf Gesundheitsfragen und Verbesserungen des Wohlbefindens ausgerichtet. Andere Themen laden in verschiedenen Projekten zum Mitmachen ein. So unter anderem auch: »Mini-Selbstständigkeit im Rentenalter – Erwerbseinkommen ohne Altersgrenze«, »Starke Großeltern – Starke Enkel: Die Großelternschule« oder »Prävention 50 Plus – ein Mieter-Selbsthilfe Netzwerk«.

Im Sportraum spielen Männer und Frauen bis ins 9. Lebensjahrzehnt Tischtennis. Die Potsdamer Ballettmeisterin Inka Unverzagt (Jahrgang 1924!) bietet Ballettkurse speziell für Menschen von 50 bis 80 Jahren an. Es gibt einen Damenskatclub. Auch Philosophie-Club, Börsen-Club, Vorträge und Einzelberatungen gehören ins Programm. Eine Anti-Falten-Fete nimmt die Falten und macht gute Laune. Natürlich, keck und fröhlich – Altwerden macht Spaß mit »Schickes Altern.« Überzeugen Sie sich selbst.

Eigentlich ist man hier sehr sportlich. Schade, dass heute nur leere Matten zu betrachten sind.

Gisela Gehrmann hat »Schickes Altern« ins Leben gerufen. Die Diplom-Gerontologin, Diplom-Medizin-Pädagogin, ist auch Gründungsmitglied der Deutschen Gesellschaft für Gerontologie und Geriatrie. Sie ist Mitbegründerin der Brandenburgischen Seniorenwoche.

Das Maskottchen, eine Giraffe, ist zum Logo geworden: »Weil wir schick altern, wie Giraffen über den Dingen stehen und den Überblick haben«, erklärt Gisela Gehrmann sehr überzeugend. Für Menschen, die beruflich mit älteren Menschen arbeiten, gibt es spezielle Fortbildungsangebote. Die Einrichtung liegt nur zwei Minuten zu Fuß von der Straßenbahn- und Bushaltestelle Dortustraße entfernt.

»Schickes Altern«
Inh.: Gisela Gehrmann
Diplom-Medizin-Pädagogin
Diplom-Gerontologin
Lindenstraße 22 /
Ecke Charlottenstraße
14467 Potsdam
Tel. (03 31) 6 20 79 73
info@schickes-altern.de
www.schickes-altern.de

SCHICKES ALTERN

Wo man singt, da lass Dich nieder

Rudolf Bräuer und über 100 Jahre Volksmusikvereinigung Potsdam

»Wo man singt, da lass Dich nieder ...«. Rudolf Bräuer hat für diesen alten Sinnspruch noch eine weitere wichtige Ergänzung: »Es gibt keine unmusikalischen Menschen.« Er selbst tut alles dafür. Rudolf Bräuer ist der Leiter und Dirigent der Volksmusikvereinigung Potsdam. Sein ganzes Leben war und ist der Musik verschrieben. Er begleitet den Männerchor »Concordia« Geltow, den Frauenchor Potsdam/Zentrum Ost, die Volksmusikvereinigung Potsdam und viele weitere Solisten in ihrer musikalischen Laufbahn. Über 50 Jahre gibt es schon den Frauenchor. Mehr als 100 Jahre zählt der Männerchor. Die Volksmusikvereinigung, 1907 gegründet, konnte 2007 ihr 100-jähriges Bestehen begehen. Vor wie viel Publikum sie aber vor 100 Jahren auftrat, ist nicht bekannt. In der heutigen Zeit ist es so, dass die Konzerte, die gemeinsam mit dem Frauen- und Männerchor veranstaltet werden, zumeist schon Wochen vorher ausverkauft sind. Es dirigiert Rudolf Bräuer. Regelmäßig treten sie auf der Freundschaftsinsel auf. Mit ihren Konzerten erfreuen sie die Volkssolidarität im Nikolaisaal. Auch zu vielen anderen Veranstaltungen sind sie mit dabei. Das alljährliche große Weihnachtskonzert ist besonders eindrucksvoll.

Aus Schlesien kommend wurde Rudolf Bräuer 1932 Potsdamer und wohnte in der Charlottenstraße. Die Liebe zur Musik brachte er mit. Im Elternhaus gab es Hausmusik. Der Vater spielte Klavier und Klarinette. Die Mutter sang. Der Musikliebhaber selbst spielt fünf Musikinstrumente, Klavier, Keyboard, Gitarre, Mandoline und Blockflöte. Diese Musikinstrumente unterrichtet er auch immer noch, weil für ihn der Spaß kein Ende nimmt.

Nach dem Studium an der Hochschule für Musik (Universität der Künste) in Berlin-Charlottenburg unterrichtete Rudolf Bräuer an privaten und staatlichen Musikschulen Berlins und Potsdams. Gleichzeitig übernahm er die künstlerische Leitung von Frauen-, gemischten und Männerchören und ging mit ihnen auch regelmäßig auf Konzertreisen. Seit vielen Jahren führt Rudolf Bräuer eine eigene Musikschule. Er weiß es mit großer Bestimmtheit: »Singen macht Freude, stärkt das Immunsystem, fördert die Gemeinschaft und sorgt für fröhliche Aufbruchstimmung! Unmusikalische Menschen gibt es nicht.«

Rudolf Bräuer

Rudolf Bräuer · Musikpädagoge, Chordirigent
Reiherbergstraße 63 · 14467 Potsdam
Tel. (03 31) 29 13 05

Klavierspiel im Duett

Die Potsdamer Volksmusikvereingung anlässlich ihres 100. Geburtstags

Berühmte Schlösser und Gärten

Das Weinbergschloss erhielt den Namen Sanssouci

Nordwestlich der Brandenburger Vorstadt liegt auf dem Plateau der Weinbergterrassen der berühmte Park Sanssouci mit dem gleichnamigen Schloss. Nach Westen entwickelte sich ein immer größer werdendes Gartenrevier. Zum Neuen Palais führte eine schnurgerade etwa zweieinhalb Kilometer lange Hauptallee. Der rund 290 Hektar große Park gehört mit seiner einzigartigen Ansammlung von Schlössern, Pavillons, Gärten, Skulpturen und Wasserspielen zu den schönsten von Menschenhand geschaffenen Landschaften Deutschlands. Auch der Botanische Garten sowie die historische Mühle, über die es eine berühmte Legende gibt, befinden sich auf diesem Areal, welches denkmalgeschützt ist und von der Stiftung Preußische Schlösser und Gärten Berlin-Brandenburg verwaltet wird.

Anfangs war hier lediglich ein Küchengarten des Soldatenkönigs. Mit dem Bau eines Schlosses, eines Lustgartens und der Anlage eines terrassierten Weinberges begann dort die Entwicklung des Gesamtkunstwerks Sanssouci. Friedrich der Große beauftragte 1744 Georg Wenzeslaus von Knobelsdorff (1699 bis 1753) zunächst mit den Planungen, nicht ohne selbst wesentlichen Einfluss auf die Gestaltung zu nehmen. Sanssouci war seit dieser Zeit die Sommerresidenz der preußischen Könige und deutschen Kaiser. Ohne eine ausgesprochen politische Repräsentationsfunktion war der Park von Beginn an ein Volkspark und für jedermann zugänglich.

Das Grüne Gitter ist hier in der Westlichen Vorstadt das Tor zu den schönen Gartenanlagen und Schlössern des Parks Sanssouci.

Der dem »Weinbergschloss« südlich vorgelagerte Lustgarten wurde ab 1745 in mehreren Etappen mit Abfolge von Rondellen, Fontänen, Skulpturen und Bassins gestaltet. 1763 entstand im westlichen Bereich das Neue Palais. Die Trennung zwischen dem östlichen Lustgarten und dem westlichen »Rehgarten« wurde durch eine neue Hauptallee überwunden.

Ab 1816 erfolgte durch Peter Joseph Lenné (1789 bis 1866) die Umgestaltung zum Landschaftsgarten. Das bauliche Ensemble wurde stetig ergänzt und erweitert, so 1825 mit Schloss und Park Charlottenhof, danach mit den Römischen Bädern. 1826 kamen die »Neuen Anlagen« zwischen Neuem Pa-

Blick vom rechten Stichgraben auf das Schloss Sanssouci

Das Neue Palais ist gegenwärtig das größte Schloss in Potsdam.

Der Wildpark Potsdam ist eines der ältesten und hervorragenden Beispiele für die Verknüpfung von höfischer Tradition und Landschaftsgärtnerei. Die über 875 Hektar große Waldfläche und befindet sich westlich unmittelbar neben dem Neuen Palais, das im Park Sanssouci gelegen ist und der ältesten Gartenbaudirektion in Deutschland, nunmehr der Stiftung Preußische Schlösser und Gärten, untersteht.

lais und Belvedere hinzu, sowie 1841 die Fasanerie. Die Friedenskirche wurde 1844 errichtet. Um 1857 entstanden der Nordische und der Sizilianische Garten. 1859 folgte die Neue Orangerie.

Der Botanische Garten mit dem Paradiesgarten

Der Botanische Garten entstand 1950 auf dem Gelände des ehemaligen Terrassenreviers am Nordrand der Parkanlage Sanssouci auf einer Fläche von etwa fünf Hektar. In den für die Öffentlichkeit zugänglichen Gewächshäusern, die sich über eine Fläche von circa 3000 Quadratmetern erstrecken, werden rund 4600 tropische und subtropische Pflanzenarten kultiviert. Der Eingang zu den durch einen Verbindungsgang miteinander verbundenen Häusern liegt auf der Ostseite des noch aus der Kaiserzeit stammenden Palmenhauses, in dem neben verschiedenen Palmenarten unter anderem auch Ficusarten (Feigen), Bananenstauden und Riesenbambus untergebracht sind. Zwei Zwergpalmen in Kübeln gehörten zum ehemaligen Terrassenquartier von Sanssouci und werden auf über 100 Jahre geschätzt. Auf den Freilandflächen beidseitig der Maulbeeralle werden circa 4000 Pflanzenarten in Kultur erhalten, von denen etwa 50 Arten im Land Brandenburg vom Aussterben bedroht sind.

Die Universität Potsdam nutzt den Botanischen Garten als Bildungs- und Forschungseinrichtung. Als Teil der Mathematisch-Naturwissenschaftlichen Fakultät in Potsdam-Golm sind auf dem Gelände an der Maulbeerallee das Institut für Biochemie und Molekulare Physiologie, das Institut für Ökologie und Naturschutz sowie das Institut für Systematik und Didaktik der Biologie untergebracht.

Gleich neben dem Schloss Sanssouci befindet sich die sehenswerte Bildergalerie.

In der ehemaligen Hofgärtnerei von Sanssouci

Das Gelände wurde zu allen Zeiten gärtnerisch genutzt. Es diente der Kultivierung von heimischen aber auch südländischen Früchten und Gemüsesorten für die königliche Tafel. Blumen zur Ausschmückung der Schlossanlage sowie zum Verkauf durch die Hofgärtner wurden ebenfalls gezogen. Die von West nach Ost verlaufende Maulbeerallee teilt die Anlage in zwei Areale. Auf der Südseite, dem Gelände der ehemaligen Hofgärtnerei von Sanssouci, stehen die Institutsgebäude und Gewächshäuser mit Freilandflächen. Auf der Nordseite liegt der als »Italienische Fruchtgarten« angelegte sogenannte Paradiesgarten, der heute der Potsdamer Universität als Lehr- und Schaugarten dient. Friedrich Wilhelm IV. ließ ihn 1841/1842 vom Hofgärtner Ludwig Heinrich Sello (1803 bis 1845) für seine bayrische Gattin Elisabeth als »Paradeisgärtl« angelegen.

Im Paradiesgarten nördlich der Maulbeerallee erstreckt sich im Südteil die systematisch angelegte Abteilung, die sich in zwei Systeme von ein- und zweikeimblättrigen Pflanzen (Monokotyle und Dikotyle) gliedert.

Zu dem Marlygarten kamen königliche Milchkühe

Friedrich Wilhelm I. hatte sich 1714 einen Küchengarten anlegen lassen. Darin befand sich ein Lusthäuschen zum Scheibenschießen, genannt »mein Marly« in Anspielung auf das Lustschlößchen Marly-le-Roi (1679 bis 1684) des französischen Königs Ludwig XVI. Neben dem Obst- und Gemüsegarten kam 1725 auch eine private Meierei mit acht ostfriesischen Milchkühen für den Bedarf der Hofhaltung im Bereich des Marlygarten dazu.

Auch die spätere Entwicklung der Brandenburger Vorstadt hatte auf die Hofhaltung Einfluss. Die Meiereien sind durch die Parzellierung des Landes, den Verkauf der Ländereien und vor allem durch die Bebauung mit großen Mietshäusern und Siedlungen nach und nach verschwunden. Heute erinnert nur noch das Kuhtor an die einstige Viehhaltung.

Schloss Charlottenhof im Park von Sanssouci, Gemälde von Wolfgang Braumann

Westliche Vorstadt

Die Brandenburger Vorstadt mit weltberühmten Bauten

Vor dem Brandenburger Tor mit dem Luisenplatz beginnt die Brandenburger Vorstadt.

In der Westlichen Vorstadt sind heutzutage die Stadtviertel Brandenburger Vorstadt, Potsdam-West, Friedrichstadt, Kiewitt und Wildpark zu finden. Wegen der idyllischen Lage zählt die Vorstadt zu den schönsten und beliebtesten Stadtteilen Potsdams. Sie dehnt sich an einer Seite entlang der Havel aus. Auf der anderen Seite liegen die wundervollen, weitläufigen Parkanlagen von Sanssouci.

Das Nashorn auf dem Luisenplatz ist eigentlich ein lebensgroßes, hängendes Rhinozeros. Diese Kunstinstallation stammt vom italienischen Künstler Stefano Bombardieri. Mit ihr gewann der Künstler den mit 2500 Euro dotierten zweiten Platz des 1.Potsdamer Kunstpreises 2005. Im Zusammenspiel mit dem Brandenburger Tor soll dieses Kunstwerk besonders gut zur Geltung kommen.

Die Zimmerstraße, die zu einem dreistrahligen Alleensystem gehört, geht in Richtung Westen in die Lennéstraße über.

Die Vorstadt beginnt vor dem Brandenburger Tor. Sie erstreckt sich entlang der Schopenhauerstraße, sowie dem Havelufer und im Norden bis zum Park Sanssouci, mit dem gleichnamigen berühmten Schloss, dem Neuen Palais, dem Schloss Charlottenhof, der Friedenskirche und weiteren Baudenkmälern von Weltrang.

Westlich vor dem Brandenburger Tor entstand der Luisenplatz. Um 1687 erschien hier das erste Gebäude, der Gasthof »Zum weißen Ross«. Schon im 18. Jahrhundert hatte sich der rechteckige Platz herausgebildet, von dem drei Straßen in Form eines dreistrahligen Alleensystems ausgehen und in Richtung Westen laufen: Die nördliche Allee führt nach Sanssouci. Auch die Zimmerstraße, die in die Lennéstraße übergeht und die Zeppelinstraße gehören zu diesen dreistrahligen Alleensystem.

Die erste Siedlung der Vorstadt entwickelte sich in der Nähe des königlichen Garten Marly am nördlichen Teil der Lennéstraße mit dem heutigen unbenannten Zimmerplatz und dem südlichen Teil der jetzigen Geschwister-Scholl-Straße, die früher »Weg nach dem Entenfang« und ab 1860 »Viktoria-Straße« hieß. Die charakteristische und hauptsächliche Entwicklungsachse stellt aber die heutige Zeppelinstraße, die B 1, (früher Reichsstraße 1) in Richtung Brandenburg dar. Im 18. Jahrhundert befanden sich in diesem Gebiet, insbesondere auch im Territorium der Lenné- und Feuerbachstraße. zahlreiche Gärten und private Meiereien. Von ihnen wurde die Stadt mit Gemüse und vor allem mit Milchprodukten versorgt. (Die Lennéstraße hieß früher »Gärtner- und Viehmästerstraße«.) Der größte Betrieb dieser Art war das Bürnische Vorwerk, welches heute zum Park Charlottenhof gehört.

In der Allee nach Sanssouci entstand 1842/1843 das große Kabinettshaus von Ludwig Persius (1803 bis 1845) in Nähe des Grünen Gitters, dem Haupteingang zum Park Sanssouci. Die Bebauung der Brandenburger Vorstadt erfolgte überwiegend in der zweiten Hälfte des 19. Jahrhunderts und vor dem Ersten Weltkrieg.

Da sich Potsdam zu einer Militär- und Verwaltungsstadt entwickelte und man dringend Wohnungen für die Erweiterung der Garnisons- und Residenzstadt benötigte, entstanden etliche Villen für hohe Offiziere und Beamte. Das Areal wurde 1850 bis zur ehemaligen Victoriastraße (heute Potsdamer

Von dem unbenannten Zimmerplatz in der Nähe des königlichen Garten Marly ging die Entwicklung der Westlichen Vorstadt aus.

Für höhere Offiziere und deren Familien, aber auch für Staatsbeamte, entstanden in der Brandenburger Vorstadt großzügig dimensionierte Wohnstätten.

Straße), mit mehrgeschossigen Mietshäusern geschlossen.

Bislang lebten hauptsächlich Handwerker, Kleinbürger und Rentiers in dem Gebiet. Als sich ab 1888 Kaiser Wilhelm II. das Neue Palais als Wohnschloss aussuchte, gab das einen erneuten Entwicklungsschub für die Brandenburger Vorstadt. Es wurden weitere Straßen angelegt und mit bürgerlichen, hohen Mietshäusern für Beamte und Angehörige aus dem Bürgertum in geschlossener Reihe bebaut. Zahlreiche Häuser entsprachen dem Jugendstil. In der Nähe des Sanssouciparks sind dagegen noch immer die älteren, kleineren Häuser zu finden.

Auch heute stellt sich noch ein weitgehend original erhaltenes, abgeschlossenes Altbauensemble mit typischen großzügig dimensionierten Wohnungen und Vorgärten dar. Nach wie vor ist dieses Wohnviertel sehr beliebt durch seine Nähe zum Park Sanssouci.

Erlöserkirche – größte Kirche Potsdams

An der Kreuzung Meistersingerstraße zur Ecke Nansenstraße entstanden unter dem Einfluss der kaiserlichen Familie 1895 bis 1898 durch den Architekten Gotthilf Ludwig Möckel (1838 bis 1915) die Erlöserkirche und die dazugehörigen Bauten – ein Pfarrhaus, ein Gemeindehaus und ein Stifthaus – alle in märkischer Neugotik. Die eintausend Sitzplätze zählende größte Kirche Potsdams bildete nun das Zentrum der neuen Brandenburger Vorstadt. Mit ihrer ungewöhnlichen Nord-Süd-Ausrichtung orientiert sich die Kirche zugleich nach Sanssouci.

Wohnen auf dem Kiewitt

»Auf dem Kiewitt« ist eine in die Havel vorspringende sandige Landzunge südlich der Zeppelinstraße nach Brandenburg an der Potsdamer Havelbucht gelegen. Zu früheren Zeiten befand sich dort eine spärliche, ländliche Bebauung, zwischenzeitlich auch die Potsdamer Scharfrichterei. Pläne, das Gebiet mit geschlossenen Wohnblöcken zu überbauen, gab es bereits in den 1920er Jahren. 1936 bis 1938 entstanden mit dem Bau einer Siedlung 500 Wohnungen. 1966 bis 1972 wurde ein neuer Wohnkomplex mit 980 Wohnungseinheiten als Plattenbauensemble geschaffen. Drei fünfzehngeschossige Hochhäuser verliehen dem Wohngebiet einen neuen Akzent. Das Wohngebiet wurde später zum Luisenplatz ausgeweitet: Es entstanden weitere freistehende »Punkt«-Hochhäuser und elfgeschossige »Wohnscheiben«. Heute leben hier knapp 4000 Menschen. Gleich in der Nachbarschaft befindet sich die ehemalige Friedrichsstadt.

Die Erlöserkirche wurde 1898 als Mittelpunkt des sich entwickelnden Stadtteils Brandenburger Vorstadt errichtet.

Zeppelinstraße mit vielen Namen

Die Zeppelinstraße folgt einem schon für das 17. Jahrhundert nachgewiesenen – aber weitaus älterem – Weg über die Baumgartenbrücke nach Brandenburg (Havel). Im 18. Jahrhundert hieß sie »Poststraße nach Brandenburg« und war ein Landweg. 1799 erfolgte der Ausbau zur sogenannten Kunststraße und wurde um 1800 zur Brandenburger Chaussee. Wenige Jahre später erhielt die Chaussee, die vom Luisenplatz bis zum Schafgraben reicht, den Namen Luisenstraße – benannt nach der späteren Königin Luise (1776 bis 1810).

Nach 1877 wurde die Chaussee vom Schafgraben aus westwärts in »Neue Luisenstraße« umbenannt, während der östliche Teil den Namen »Alte Luisenstraße« bekam. 1924 erfolgte die Umbenennung der »Neuen Luisenstraße« in Zeppelinstraße, um Graf Zeppelin zu ehren, der am südlichen Ende der Straße einen Luftschiffhafen betrieb. Die »Alte Luisenstraße« wurde wieder zur Luisenstraße.

1945 fasste man beide Straßenteile unter dem Namen Zeppelinstraße zusammen. Fünf Jahre später erhielt die Straße den Namen Leninallee, nach Wladimir Iljitsch Uljanow, genannt Lenin (1870 bis 1924). Nach Brandenburg geht es heute wieder auf der Zeppelinstraße.

Nach der politischen Wende sollte aus der Vielzahl früherer Namen, die diese Straße trug, die Straße erneut umbenannt werden. Die Bedeutung der Monarchie wurde, was die ehemaligen Straßennamen angeht, deutlich herabgestuft und auf wenige geschichtsträchtige Plätze und Orte hin akzentuiert. So wurde aus dem Platz der Nationen wieder der Luisenplatz. Aus Bahnhof Potsdam-West wurde Potsdam-Charlottenhof.

Das schmucke Wohngebiet Stadtheide befindet sich an der Zeppelinstraße.

Friedrichsstadt, die heutige Wohnanlage »Am Schillerplatz«

Nicht auf Friedrich II., sondern auf den ehemaligen Potsdamer Oberbürgermeister General Hans Friedrichs (1875 bis 1962) geht die Bezeichnung Friedrichsstadt zurück. Sie befindet sich zwischen Havel und Bahnhof Potsdam-Charlottenhof.

Friedrichs verfügte 1935 die Gründung einer Genossenschaft (WBG) für Kleinwohnungen. Während anderswo der Wohnungsbau gedrosselt wurde, ließ der Potsdamer Bauverein die nationalsozialistische Mustersiedlung »Am Schillerplatz« in der Nähe von Bahnhof Charlottenhof bauen. Es entstanden 400 kleine Wohnstätten und sogar Garagen, die von innen zugänglich waren. General Friedrichs setzte das Monumentale der angebrochenen Nazi-Zeit bei der Planung der Friedrichsstadt für den Potsdamer Bauverein durch. Torhäuser und Torbögen der Siedlung sollten dominierende, emporstrebende Anlagen werden.

Architekt Georg Fritsch schuf nach den Vorgaben des neuen Bürgermeisters größere und höhere Blockbebauungen in Rohrziegelbauweise. Aber mit den größeren und weiträumigen Plätzen und Innenhöfen wirkt die monumentale Eingangssituation dennoch nicht gewaltig. Vom breiten Vorplatz, der mit über drei Geschosse reichenden Bogenstellungen eingefasst ist, verläuft repräsentativ und prestigeträchtig eine Achse zum See. Durch die Aufnahme von Fassadendetails aus dem Holländischen Viertel verlieh Fritsch geschickt dem Ensemble wieder ein für Potsdam typisches, traditionelles Flair.

Der großzügig gestaltete Eingangsbereich der Mustersiedlung

Wohnungen am »Am Schillerplatz« sind gefragt.

Die sogenannten Kraftwagenhallen wurden später als Luftschutzräume genutzt. Sieben Aufgänge wurden bei Bombenangriffen zerstört und 1959 bis 1961 wieder im alten Stil aufgebaut. Durch schlangenförmig entlang der Neustädter Havelbucht erbaute acht- bis elfgeschossige Wohnblocks und vier Hochhäuser wurde das Wohngebiet in den 1980er Jahren erweitert. Die Friedrichsstadt stand bereits in der DDR-Zeit unter Denkmalschutz, nach der Wende wurde dies durch Aufnahme in die Denkmalliste bestätigt.

Zwischen Havel und Friedrichsstadt liegt ein kleiner Stadtteilpark, eine sogenannte Bastion mit einer Aussichtsplattform. In der Sichtachse zwischen Erlöserkirche und der Halbinsel Hermannswerder liegend, wurde die Bastion auch als Pumpstation genutzt. Die frühere beliebte Aussichtsplattform befindet sich heute im Wiederaufbau.

Die Sichtachse des alten Wohngebietes ermöglicht auch den Blick zur Erlöserkirche.

Jagd in der Pirschheide und »Lennés vergessener Garten«

Hinter der Eisenbahnbrücke beginnt die Pirschheide, ein Waldgebiet, das schon den brandenburgischen Kurfürsten als Jagdgebiet diente.

König Friedrich Wilhelm IV. hatte hier einen Teil als umzäunten Wildgarten mit einem sternförmigen Wegesystem anlegen lassen und somit die Namensgebung »Wildpark« veranlasst.

»Blick aus dem Fenster« im Wohngebiet, Bild von Wolfgang Braumann

1823 gründete Peter Joseph Lenné hier seine Königliche Gärtner-Lehranstalt. Der Wildpark gehört zum »Lenné'schen Verschönerungsplan der Umgebung von Potsdam« von 1833. Ab 1840 legte er im Auftrag Friedrich Wilhelm IV. neue Wege und Eichen- und Buchenalleen mit reizvollen Ausblicken an. Dieses Terrain erstreckt sich bis zu dem heute teilweise zugewachsenen Großen Entenfängerberg (82 Meter), dem Schäferberg (86 Meter) und dem Kellerberg (63 Meter).

König Friedrich Wilhelm IV. hatte seine Gunst besonders dem Wildpark zugewandt. Weil seine Gemahlin, eine bayerische Prinzessin, an Heimweh litt, ließ er 1847 in der Mitte des Parks auf dem Schäferberg das »Bayrische Häuschen« im alpenländischen Landhausstil als Geburtstagsgeschenk errichten. Aus diesem »Häuschen« wurde in der heutigen Zeit eine Hotelanlage. Es gibt dort das Ensemble »Bayrisches Haus«, »Jagdhaus«, »Gartenhaus« und »Waldhaus«.

Zusammen mit der Wohnsiedlung Friedrichsstadt wurde in den Jahren 1936-1938 die Bastion errichtet, ein Rundbau, dessen Freitreppen auf eine Aussichtsplattform führen.

Ein anderer Großteil der parkartigen Strukturen wurde um 1865 durch Emil Sello geschaffen. 1847 zerstörte der Bau der Eisenbahn die geplante Verbindung der Parkanlage mit Sanssouci. Nach 1945 verschwanden durch den beschädigten Wildzaun auch die hier gehegten Tierarten. Die zweite Trasse des Berliner Außenrings, die 1957 bis 1959 errichtet wurde, zerschnitt den Wildpark in zwei Teile. In der Nachkriegszeit diente der Waldbestand dazu, den Bau- und Heizungsbedarf des zerstörten Potsdams zu decken. Nur wenige der über 200 Jahre alten Baumriesen haben diese Zeit überstanden. Seit 1966 ist der Wildpark Bestandteil des Landschaftsschutzgebietes »Potsdamer Wald- und Havelseengebiet« und Einzeldenkmal der Stadt Potsdam. Er ist Teil der Berlin-Brandenburger Kulturlandschaft. Im Kerngebiet der Potsdamer Kulturlandschaft stellt der Wildpark mit 875 Hektar, nahezu ein Drittel der Insel Potsdam, die zentrale Fläche dar. Der Park ist an den drei Haupteingängen Forsthäuser, Am Grünen Gitter, Süd- und Nordtor (Kuhfort-Haus) zugänglich. Das etwa 875 Hektar große Waldgebiet des Wildparks grenzt unmittelbar an den Park Sanssouci und zieht sich durch die Pirschheide bis an den Templiner See. Der bis 1990 in Betrieb gewesene damalige Potsdamer Hauptbahnhof befindet sich bereits in der Pirschheide. Nach der Wende verlor er seinen Status und heißt seitdem wieder Bahnhof Potsdam-Pirschheide. Auf der gegenüberliegenden Seite der Bundesstraße 1 befindet sich der Wildpark Potsdam, auch als »Lennés vergessener Garten« bezeichnet, welcher sich bis zu den Ortsteilen Potsdam-Eiche und Golm, sowie dem Park Sanssouci erstreckt. 1868 erfolgte der Bau des

Die Wohnanlage »Am Schillerplatz« liegt gegenüber der Halbinsel Herrmannswerder, mit der sie durch eine Seilfähre verbunden ist.

Bahnhofs Wildpark, des heutigen »Bürgerbahnhofs« und ältesten Bahnhofs Potsdams. Die Station verlor jedoch an Bedeutung durch den Kaiserbahnhof in unmittelbarer Nachbarschaft, dessen Bau Kaiser Wilhelm II. Anfang des 20. Jahrhunderts in Auftrag gab. Seit 1999 gehört der Bahnhof zum UNESCO-Weltkulturerbe und wurde 2002 durch die Deutsche Bahn zur Führungsakademie umgebaut, erweitert und restauriert.

Die Plastiken »Ruhende Hirsche« (Modell: C. D. Rauch, Guss und Ziselierung: C. H. Fischer) erhielten schon 1845 am Wildpark, Forsthaus Nordtor, ihren Platz. 1945 erfolgte die Beschlagnahmung durch die Rote Armee.

Das Bayrische Häuschen

Restaurant Friedrich Wilhelm

Zu Gast im wunderschönen Bayrischen Haus

»Wildpark-Residenz« bewahrt königliche Tradition

Das Hotel »Bayrisches Haus« befindet sich mitten im Wildpark Potsdam, circa fünf Minuten von Potsdam und dreißig Autominuten vom Berliner Kurfürstendamm entfernt.

Peter Joseph Lenné gestaltete als preußischer Generalgartendirektor und Gartenarchitekt im Auftrag von König Friedrich Wilhelm IV. von 1840 bis 1842 den großen, damals umzäunten Wildpark im Westen der Stadt, der heute zu den artenreichsten Waldgebieten Deutschlands gehört. Der »Lieblingsarchitekt« des Königs, Ferdinand Ludwig Persius plante und verwirklichte drei Forsthäuser an den Wildparkeingängen, die er im italienischen Villenstil malerisch in die Waldlandschaft einfügte. Das »Forsthaus Südtor« befindet sich an der Auffahrt zum Hotel Bayrisches Haus und wurde Anfang April 2006 nach denkmalgerechter und liebevoller Sanierung durch die Besitzer des Hotels als Ausflugslokal »Alte Försterei« eröffnet.

Alte Försterei

Ein Ausflug lohnt sich

Markierte Fahrrad- und Wanderwege laden zu erholsamen Spaziergängen und zur Erkundung des Wildparks ein und führen den Radfahrer bis nach Schloss Sanssouci. Ebenfalls zu Fuß oder per Fahrrad zu erreichen ist die Pirschheide und der nahe gelegene Schwielowsee, Teil einer Kette großer Seen im Flusslauf der mittleren Havel. Neben Potsdam mit seiner von der UNESCO als Weltkulturerbe bewerteten Park- und Schlösserlandschaft und Berlin mit vielen Sehenswürdigkeiten und erstklassigen Kultureinrichtungen, sind auch das Brandenburger Land mit den malerischen Kleinstädten Werder und Caputh, sowie die reizvolle brandenburgische Seenlandschaft auf kurzen Wegen zu erreichen.

Die lange Tradition des »Bayrischen Hauses« spiegelt sich auch in der Architektur der Hotelanlage wider. Das historische Bayrische Häuschen (bewusst ohne »e«) wurde durch den Architekt Ludwig Hesse im bayerischen Gebirgshausstil gestaltet. Die königlichen Räume und Salons im Obergeschoss sind noch heute mit Original-Täfelungen aus Eichenholz versehen und der Jagdsaal besticht durch seine ausgewählte bayerische Ausstattung.

Heutzutage gibt es mit Gertrud Schmack seit dem Jahr 2001 wieder eine Hausherrin für das Bayrische Häuschen. Als Geschäftsführerin der Hotelanlage gehört ihr Engagement nicht nur ihren »eigenen vier Wänden«, sondern auch anderen historischen Stätten der Stadt. So hat sie sich auch den Vereinen »Mitteschön« und »Stadtschloss« verschrieben.

Essen vom Sternekoch im »Friedrich Wilhelm«

Die Interieurs wurden mit Liebe zum Detail restauriert und beherbergen heute das Gourmetrestaurant »Friedrich Wilhelm«, in dem die Kreationen

von Sternekoch Alexander Dressel serviert werden.

Trotz mehrmaliger Umbauten und unterschiedlicher Nutzung blieb das historische Gebäude in seiner Ursprünglichkeit erhalten. Die Zimmer und Suiten des Hotels befinden sich in der »Wildpark-Residenz« und drei freistehenden Nebenhäusern, die in zurückhaltender Weise gestaltet wurden, damit das »Bayrische Haus« seinen ganzen Charme entfalten kann.

Im Inneren präsentiert sich das Hotel in behaglichem Komfort. Sei es in der Lounge, in den Restaurants oder in den Wohlfühl-Zimmern – überall zeugt das Haus von seiner königlichen Tradition in Kombination mit behutsam ergänzten modernen Standards.

Relais & Châteaux Hotel »Bayrisches Haus«
Im Wildpark 1
14471 Potsdam
Tel. (03 31) 5 50 50
Fax (03 31) 5 50 55 60
info@bayrisches-haus.de
www.bayrisches-haus.de

HOTEL BAYRISCHES HAUS

Die Sonnenlandstraße präsentiert ihre Wohnhäuser.

Die schmucken Torhäuser des alten Wohngebietes befinden sich an der Zeppelinstraße.

Stadtheide im ansehnlichen Gewand

Im Zuge der Erschließung der Stadtheide entstanden erst Anfang des 20. Jahrhunderts zahlreiche Siedlungen wie »Im Bogen«, »Stadtheide, »Sonnenland«, »Friedrichsstadt« und »Am Schillerplatz«. Diese Wohngebiete waren noch bewusst der alten Potsdamer Bautradition des 18. Jahrhunderts verpflichtet und nehmen mit ihren architektonischen Details das schöne Flair alter Potsdamer Wohnhäuser auf. Auch die Siedlungshäuser an der Gontardstraße weisen auf diesen Ursprung des Wohnungsbaus hin.

Im Zentrum des Wohngebietes Stadtheide befindet sich ein größerer Platz mit einem Ladengeschäftshaus, der an einen Marktplatz erinnert. Die Mehrfamilienhäuser des gesamten Siedlungsbereiches sind farbig gestaltet. Bei den Häusern des Straßenzuges Stadtheide treten zudem Fachwerkgiebel in der Formensprache des Heimatstils hervor. 1919 wurde mit den ersten 110 Wohnungen begonnen. Als Baugebiet diente das Gelände an der früheren Neuen Luisenstraße, der heutigen Zeppelinstraße, zwischen Bahndamm und Straße. Im Jahr 1923 wurden die Arbeiten mit der Fertigstellung der Wohnungen Im Bogen abgeschlossen. Zu diesem Zeitpunkt waren in der Stadtheide 232 Wohnungen errichtet. Die Mietergärten hinter den Häusern waren viele Jahre für die Selbstversorgung sehr wichtig. Die Wohnsiedlung mit ihrem dörflichen Charakter ist zu einem großen Teil saniert und weist auch heute noch einen sehr geringen Bewohnerwechsel auf, wenngleich die Einkaufsmöglichkeiten weitestgehend verschwunden sind. Etliche Menschen wohnen hier ihr Leben lang und denken nicht daran, sich zu verändern.

Siedlungsverein Sonnenland

Westlich des Bahndammes am Rande des Wildparks bauten 1925 bis 1928 die Potsdamer Architekten Otto von Estorff (1896 bis 1974) und sein Studienfreund Gerhard Winkler (1898 bis 1975) die Siedlung Sonnenland. Die Kolonie des 1924 gegründeten Gemeinnützigen Siedlungsvereins Sonnenland bestand 1929 aus 57 Bauparzellen mit Grundstücksflächen von 1200 bis 1300 Quadratmetern, auf denen Zweifamilienhäuser errichtet wurden. Sie befinden sich in der Immensee-, Forst- und Sonnenlandstraße.

Potsdam West

Zu DDR-Zeiten wurde die Brandenburger Vorstadt noch einmal deutlich nach Westen ausgedehnt. Im 1971 bis 1973 errichteten Neubaugebiet an der Zeppelinstraße – zwischen Kastanienallee (der damaligen Professor-Ludschuweit-Allee) und den Siedlungen Sonnenland, sowie im Bogen entstand das Neubaugebiet Potsdam West. Die städtebauliche Planung oblag dem Büro für Städtebau des Bezirkes Potsdam, dem Büro beim Stadtarchitekten Potsdam und dem Wohnungsbaukombinat Potsdam. In den Fünf- und Sechsgeschossern, sowie einem fünfzehngeschossigen Hochhaus an der Knobelsdorffstraße sind 1000 Wohnungseinheiten zu finden. Eine Besonderheit waren damals die Hausgärten der Erdgeschossmieter. Den Kindern standen nicht mehr einzelne kleine, sondern wenige, dafür aber große Spielbereiche zur Verfügung. Die damals neu eingeführte Bezeichnung Potsdam West ist auch heute noch eine viel verwendete Bezeichnung vieler Potsdamer für die Vorstadt. Große Teile der Brandenburger Vorstadt, und insbesondere der Bereich der Neustädter Havelbucht, wurden mit mehrgeschossigen Plattenbauten bebaut.

Inmitten des alten Flairs der Stadtheide

Die Straße »Im Bogen« mit Häusern traditioneller Bauweise

Die fünf Punkthochhäuser der Neustädter Havelbucht

Die 1977 eröffnete Markthalle an der Breiten Straße umfasst rund 84 000 Kubikmeter Raum und ersetzt eine 20 Jahre früher gebaute Vorgängerin.

Die Neustädter Havelbucht

Die Neustädter Havelbucht zählt durch ihre Lage zu den beliebtesten Wohngebieten der Stadt, für die die Vermieter Wartelisten führen. Schlangenförmig, dem Uferlauf folgend und sich um Teile der Havelbucht legend, sind hier in den 1970er Jahren circa eintausend Wohnungen errichtet worden. Dazu gehören am West- und Nordufer drei acht- bis elfgeschossige Wohnhochhausscheiben und am Ostufer fünf 17-geschossige Wohnhochhäuser. Dieses Ensemble, das von der üblichen normierten Bebauung abwich, entstand nach der Erweiterung der Breiten Straße, die vorher westlich an der Schopenhauerstraße endend, 1973 bis zur Zeppelinstraße durch Zuschüttung eines Teils der Neustädter Havelbucht weiter geführt wurde. Infolge dessen entstand die architektonische Neugestaltung der Neustädter Havelbucht. Vier 15-geschossige Punkthochhäuser an der zur neuen »sozialistischen Magistrale« ausgebauten Breiten Straße wirken wie überdimensionierte Stadttore. Nach der Wende geriet die Bebauung zunehmend in die Kritik, weil sie die Sichtachsen der Stadt beeinträchtigt.

Im Jahr 2000 wurden die Gebäude saniert. Im Zuge dieser Maßnahmen verwirklichten die Gemeinnützige Wohn- und Baugesellschaft (GEWOBA) Potsda und die Wohnungsgenossenschaft Karl Marx Potsdam zusammen mit den Institutionen Stiftung Preußische Schlösser und Gärten und dem Amt für Denkmalpflege durch die vorrangige Verwendung »erdiger« Farben ein neues Farbkonzept. Im Zusammenhang umfassender Modernisierungs- und Instandsetzungsmaßnahmen ist das Farbkonzept auch das offensichtlichste, neben der Wärmedämmung, neuen Fenstern, neuen Türen, vergrößerten und verglasten Loggien sowie innovativen Energiekonzepten. Die Neustädter Havelbucht erhielt über die Qualität der Wohnungen hinaus, mit den neu gestalteten Grünanlagen, dem Beleuchtungs- und Farbkonzept eine wirkungsvolle Aufwertung. Bei der Gestaltung der Uferbereiche wurde ein durchgehender Uferweg geschaffen. Die Wiese am Nordufer der Bucht wurde mit Zierkirschen bepflanzt. Sie waren ein Geschenk Japans anlässlich des Mauerfalls. Angebunden in den nördlichen Uferweg, unmittelbar neben der Moschee mit Minarett, dem Pumpenhaus Sanssoucis und der Gaststätte Seerose, liegt die Markthalle als zentrale Versorgungsquelle dieses Wohngebietes. 1997 erfolgte ein Neubau, der die 1977 erbaute Vorgängerin ersetzt und rund 84 000 Kubikmeter Raum umfasst. Eine durchgängige zweigeschossige Glasfassade verleiht dem Gebäude einen transparenten Charakter und erlaubt Durchblicke auf die Neustädter Havelbucht.

Die »Seerose« ist ein Kunstwerk

An der Havelpromenade befindet sich ein seltenes Kunststück aus der DDR-Zeit, die »Seerose«. Das vom international renommierten Bauingenieur Ulrich Müther (1934 bis 2007) entworfene und vom Volkseigenen Betrieb (VEB) Hauptauftraggeber (HAG) Komplexer Wohnungsbau beim Rat der Stadt Potsdam 1983 errichtete Betonschalen-Bauwerk wurde seinerzeit mit seinem Café und Restaurant zum Prestigeobjekt in einem Vorzeigewohngebiet. Der Bau erhielt den Architekturpreis der DDR. Bis in unsere heutige Zeit können Gäste in dieser ansehnlichen Seerose den Blick auf die Neustädter Havelbucht und sicherlich noch Einiges mehr genießen.

Zwischen der als »sozialistische Magistrale« angelegten Breiten Straße und der Neustädter Havelbucht befindet sich das kleine Restaurant die Seerose, ein Prestigeobjekt in einem Vorzeigewohngebiet der früheren DDR.

Kleine Reise – großes Erlebnis

Der Spargel- und Erlebnishof Klaistow lockt mit ländlicher Vielfalt

Ein Stückchen von der Riesen-Erdbeertorte?

Der Spargelhof verwandelt sich im Herbst zu einer herrlichen Kürbisausstellung.

Das Gute liegt so nah: Auf dem Spargelhof Klaistow, direkt am südwestlichen Berliner Ring gelegen und nur dreißig Kilometer von Potsdam entfernt, beginnt im April die Saison für das königliche Gemüse – und noch viel mehr. Inzwischen ist das Familienunternehmen zu einem echten Erlebnishof geworden, der für frische Produkte aus eigenem Anbau, gepflegte Gastronomie, Naturerleben und Familienspaß steht.
In diesem Frühjahr wird bei Buschmann & Winkelmann auf rund 400 Hektar Anbaufläche Beelitzer Spargel geerntet. Das weiße Edelgemüse ist direkt am Hof und an zahlreichen Ständen in Berlin und Brandenburg erhältlich. Ab Mitte Mai ist dann das Selbstpflücken von Erdbeeren und Blumen möglich, die Ernte der Kultur-Heidelbeeren schließt sich etwa ab Mitte Juli an.
Eine weitere Attraktion wartet im Sommer mit dem Maislabyrinth, in dem der Orientierungssinn getestet werden kann. Mitte September öffnet außerdem die große Kürbisausstellung – sie dauert über Halloween hinaus bis zum ersten starken Frost Anfang November. Und in der Winterzeit sind alle Gäste wieder herzlich zum Gänse-, Enten- und Wildessen willkommen, im Dezember mit einem Besuch des ländlichen Weihnachtsmarktes.

Spargelhof Klaistow

- Scheunenrestaurant, Spargelzelt mit Biergarten, Waldcafé
- Hofbäckerei und Landfleischerei
- Hofladen und Dekoscheune
- Naturwildgehege mit Wanderwegen
- Großer Spielplatz mit Riesen-Hüpfkissen, Streichelwiese, Ponyreiten, Quadparcours
- Betriebs-und Waldführungen
- viele Hoffeste mit Live-Musik

Buschmann & Winkelmann · Spargelhof Klaistow · Glindower Straße 28 · 14547 Klaistow
Tel. (03 32 06) 6 10 70 · info@buschmann-winkelmann.de · www.buschmann-winkelmann.de · Direkt an der A10, 1 km ab Abfahrt Glindow/Klaistow · Öffentliche Verkehrsanbindung sowie Shuttle-Bus ab Berlin und Potsdam

Eine Spargelpyramide präsentiert das begehrte Gemüse

Neben dem Naturwildgehege ist die Streichelwiese ein Anziehungspunkt.

»Kartoffelbefehl«

Als der Große Kurfürst Friedrich Wilhelm im Jahre 1651 im Berliner Lustgarten ein Kartoffelbeet mit unterschiedlichen Sorten anlegen ließ, war das eine echte Attraktion. Es dauerte nochmals fast ein Jahrhundert, bis König Friedrich II. im Jahr 1744 aufgrund der wirtschaftlichen Misere, in der sich Preußen in der Mitte des 18. Jahrhunderts befand, zahlreiche Edikte und Verordnungen erließ, um seinem Land wieder auf die Beine zu verhelfen. Dazu zählt ohne Frage der berühmte »Kartoffelbefehl« aus dem Jahre 1756. Der König zwang sein Volk, die Knollenfrucht anzubauen und verordnete Kraft seiner Macht die Kartoffel als Nahrungsmittel. Vor den Rathäusern wurden Kartoffeln als Pflanzgut an die Bauern verteilt. Ratsdiener und Feldwächter kontrollierten die Pflanzung der Knollen und die Ernte, um die Untertanen zum kontinuierlichen Anbau zu bewegen. Doch die Bauern gruben die gepflanzten Kartoffeln wieder aus, so dass Friedrich gezwungen war, die Felder von Soldaten, Feldwächtern und Ratsdienern bewachen zu lassen. Weitere Edikte zur Beförderung des Kartoffelanbaus folgten, wofür immer wieder kostenlos Pflanzgut verteilt wurde.
Der Erfolg gab dem König recht. Nicht zuletzt gewannen die von Kartoffeln gesättigten Soldaten den Siebenjährigen Krieg für Preußen gegen die hungrigen Truppen der Habsburger (Österreicher). Die Kartoffel rettete über manche Hungersnot hinweg und wurde bald zu dem, was sie heute noch ist: eines der wichtigsten Grundnahrungsmittel mit einem umfangreichen Depot lebenswichtiger Inhaltsstoffe.

Mit Gesamtkonzept im Servicebereich »Gesundheit für den Patienten« besser helfen

Susanne und Jens Wiesenhütter schufen einen umfangreichen Verbund für die medizinische Versorgung

Mit dem neuen Gesamtkonzept im Servicebereich »Gesundheit für den Patienten« bieten Susanne und Jens Wiesenhütter einen umfangreichen Service aus einer Hand für Patienten, Ärzte, Pflegeheime, die Hauskrankenpflege und andere medizinische Kräfte. Dafür steht ein Verbund aus Apotheken unterschiedlicher Ausrichtung, ein Sanitätshaus mit Spezialmode, ein Reha-Team und die Kooperation mit einem Orthopädieschumacher, der Hauskrankenpflege, mit Physiotherapeuten und Kosmetikerinnen zur Verfügung.

Das Aushängeschild an der Zeppelinstraße, Nähe Luisenplatz

Serviceleistungen im Bereich der Apotheken

- Diabetes-, Ernährungs-, und Diätberatung
- Blutdruckmessgeräte
- Gesundheitsscheck / Urin / Blutwerte
- Beteiligung bei und Initiierung von Aktionstagen
- Vortragsservice für Patienten und Fachpersonal
- Weiterbildung für Fachpersonal
- Verblisterung der Medikamente
- Inkontinenzberatung und große Produktauswahl
- Füllung von Schmerzpumpen
- Unterstützung bei der Ausstattung von Pflegeeinrichtungen
- Parenterale Ernährung
- Individuelle Sprechstunde
- Herstellung von Chemotherapeutika
- Großes homöopathisches Sortiment
- Computergestützte Impfberatung
- Überprüfung der Haus- und Reiseapotheke
- Hautanalyse und qualifizierte Kosmetikberatung
- Großes Säuglings- und Kindersortiment (z. B. Medela, Avent, etc.)
- Verleih von Milchpumpen

Beim Hautpflege-Center ist für Jedermann etwas zu finden.

Zusätzlich zu den bereits erwähnten Serviceleistungen wird im »Sanitätshaus am Schloß« folgendes reichhaltiges Sortiment angeboten:

- Kompressionsstrümpfe und Bandagen nach Maß (z. B. von Bauerfeind, Medi, Bort, usw.)
- Konfektionierte Leibbinden
- Epithesenversorgung
- Rehahilfen , wie z. B. Rollstühle, Scooter, Elektrorollstühle, Deckenlifte und Pflegelifte, Badewannenlifte, Rollatoren, uvm.
- Antidekubitussysteme, Antidekubitussitzkissen und Dekubitusprophylaxe
- Hausbesuche zur Wohnumfeldberatung
- Krankenpflegeartikel
- Oxicur Sauerstoff – Mehrschritt – Kur nach Ardenné
- Inhalationsgeräte
- Absauggeräte
- Bestrahlungsgeräte
- Informationsveranstaltungen und Schulungen für Heime, Selbsthilfegruppen usw. im Bereich Hilfsmittelversorgung und Anwendung
- Stoma- und Wundversorgung
- Bademoden
- Wäsche für Damen und Herren
- Bademoden und Dessous

Die Luisen Apotheke zog vom Luisenplatz in die Zimmerstraße 8.

Die Luisen Apotheke ist von der Zimmerstraße, aber auch vom Hof des St. Josef-Krankenhauses zugänglich.

- Anfertigen von Einlagen durch unseren Kooperationspartner (Orthopädieschuhmachermeister Kunz)
- MBT Schuhe

Für Fragen und Anregungen steht das gesamte Team um Jens Wiesenhütter gerne mit Rat und Tat zur Seite.

Jens Wiesenhütter, Apotheker

Die Königin Luise Apotheke befindet sich inmitten der Stadt, an der Brandenburger Straße.

Apotheken Wiesenhütter: Unsere Tipps zu Heilpflanzen

Gegen (fast) jedes Leiden ist ein Kraut gewachsen! Im wahrsten Sinne des Wortes: Heilpflanzen helfen auf natürliche Weise.
Auch Heilpflanzen müssen richtig ausgewählt und angewendet werden. Geschultes Fachpersonal kann dabei helfen! Bei Fragen stehen die Mitarbeiter der Apotheken Wiesenhütter kompetent zur Seite.

Heilpflanzen – Kräfte der Natur
Auch heute noch bilden die Kräfte der Heilpflanzen die Grundlage vieler Heil- und Arzneimittel. Wichtig war es und wird es auch bleiben, Heilpflanzen richtig zu gebrauchen und rechtzeitig anzuwenden; dann können sie wertvolle Helfer zur Verhinderung und Linderung von Alltagsbeschwerden sein oder gar zur Heilung von Krankheiten dienen.

Ohne Kenntnisse über die Wirkung der Heilpflanzen sollte jedoch niemand Hilfe und Heilung suchen, auch nicht, wenn es sich nur um die Behandlung von leichten Gesundheits- und Befindlichkeitsstörungen handelt. So kann beispielsweise ein Sennesblättertee bei falscher Zubereitung oder gar Überdosierung ernsthafte Gesundheitsstörungen hervorrufen.

Am besten kann der Apotheker die Grenzen der Selbstmedikation mit Heilkräutern beurteilen. Seinen fachmännischen und kostenlosen Rat über Zubereitung und Wirkung sollten deshalb Laien nutzen. Der Apotheker ist zugleich Garant für eine stets gleichbleibende Qualität der Heilpflanzen, denn er darf nur solche anbieten und verkaufen, die den gesetzlichen Anforderungen nach Reinheit und Gehalt des Deutschen Arzneibuches oder entsprechender Vorschriften genügen.

Apotheken bieten Hilfe bei der Zusammenstellung und richtigen Zubereitung von Tees. Gängige aber auch ungwöhnliche Heilpflanzentees gibt es in »Apothekenqualität« in den Apotheken Wiesenhütter.

Trotz berechtigtem Vertrauen in die Heilkräutertherapie sollte jedoch nie vergessen werden: Selbstmedikation hört auf, wenn keine Besserung eintritt. Bei einer akuten Erkrankung sollte man selbstverständlich den Arzt aufsuchen.

Gemeinsam mit Partnern eine umfassende Betreuung zu allen Fragen der medizinischen Versorgung bieten

Ihre Gesundheit in besten Händen!

Die Häuser der Apotheken Wiesenhütter stehen für ein neues Gesamtkonzept im Servicebereich »Gesundheit für den Patienten«.
Ziel soll es sein, Service für den Arzt, das Pflegeheim, die Hauskrankenpflege und so weiter mit nur *einem* Ansprechpartner zu leisten.
Um das Ziel zu erreichen, steht ein Verbund aus Apotheken unterschiedlicher Ausrichtung , ein Sanitätshaus mit Spezialmode, Dessous, Tages- und Nachtwäsche sowie Hauskleidung, ein Reha-Team und Kooperationen mit einem Orthopädieschumacher, Hauskrankenpflegern, Physiotherapeutinnen und Kosmetikerinnen zur Verfügung.

Kompletter Service
Gemeinsam mit den Partnern steht für alle Kunden und Patienten eine umfassende Betreuung zu allen Fragen der medizinischen Versorgung bereit.

Das Sanitätshaus am Schloß mit dem Haupthaus in guter Nachbarschaft zu den kooperierenden Gesundheitspartnern.

Gleich neben dem Ärztehaus in Waldstadt II befindet sich die Apotheke am Ravensberg.

Das Team der Apotheke am Ravensberg empfängt die Kundschaft inmitten des Stadtteils Waldstadt.

Wer die Wahl hat, sollte nicht mehr die Qual haben.

Ein reichhaltiges Angebot erwartet den Kunden im angenehmen Flair.

Residenz Apotheke
Zeppelinstraße 2 · 14471 Potsdam
Tel. (03 31) 90 10 28 · Tel. (03 31) 90 10 52
Fax (03 31) 90 00 54
www.wiesenhütter-apotheken.de

Luisen Apotheke
Zimmerstraße 8 · 14471 Potsdam
Tel. (03 31) 90 11 38 · Fax (03 31) 9 51 22 63
www.wiesenhütter-apotheken.de

Königin Luise Apotheke
Dortustraße 58 · 14467 Potsdam
Tel. (03 31) 6 20 10 21 · Fax (03 31) 6 20 16 78
www.wiesenhütter-apotheken.de

Apotheke am Ravensberg
Saarmunder Straße 48 · 14478 Potsdam
Tel. (03 31) 7 30 81 41 · Fax (03 31) 7 30 93 21
www.wiesenhütter-apotheken.de

Sanitätshaus am Schloß
Lennéstraße 69 · 14471 Potsdam
Tel. (03 31) 7 30 48 63 · Fax (03 31) 7 30 48 64
www.wiesenhütter-sanitätshäuser.de

Sanitätshaus am Schloß Filiale
Charlottenstraße 90/91 · 14467 Potsdam
Tel. (03 31) 7 45 33 41 · Fax (03 31) 7 45 33 40
www.wiesenhütter-sanitätshäuser.de

Die Filiale des Sanitätshauses am Schloß in der Charlottenstraße/Ecke Friedrich-Ebert-Straße.

Der Kunde ist König und stets herzlich willkommen im Sanitätshaus am Schloß.

Die Auswahl gesundheitsfördernder Wäsche und vieler anderer Artikel ist umfassend.

Hassan Safieddine packte einfach mit an

Zum Einzelhandelsgeschäft Berufsbekleidung kamen Trattoria I Fratelli und Tyrus

Potsdam hatte mit der Wende, in der Zeit vom Herbst 1989 bis zum Frühjahr 1990 und danach das Glück, dass viele Berliner kamen und in die zahllosen desolaten Bauten investierten.
Hassan Safieddine kam aber 1992 eher zufällig in die Stadt, von der er sehr beeindruckt war. Später wollte der Betreiber eines Berliner Großhandels für Arbeitsbekleidung eigentlich nur ein Einzelhandelsgeschäft in Potsdam eröffnen. Doch dann kam alles ganz anders, als er dachte. Wenn der gebürtige Libanese vor die Tür seines Geschäftes in der Geschwister-Scholl-Straße 94 trat, wurde ihm oft von der Nachbarschaft gegenüber zugerufen: »Hassan, schau Dir diese hässliche Ruine an, mach uns ein schickes libanesisches Restaurant daraus.« Er winkte zunächst ein paar Mal ab. Doch schließlich ließ er sich erweichen. Safieddine sprach mit dem Besitzer dieses Ladengeschäftes, welches er nur leerstehend kannte, seitdem er gegenüber 1994 sein Geschäft für Berufsbekleidung eröffnet hatte. In den desolaten Räumlichkeiten sollte aber auf Wunsch des Vermieters ein Restaurant für italienische Spezialitäten entstehen. Im Jahr 2000 war Baubeginn.

Buon appetito im Trattoria I Fratelli

Im August 2001 eröffnete Hassan Safieddine zusammen mit seinem italienischen Partner das wunderschöne Restaurant Trattoria I Frattelli. In gemütlicher Atmosphäre gibt es reichhaltige Speisen aus der italienischen Küche mit herzlicher Bedienung. Aus dem Prachtstück Steinofen kommt leckere Pizza. Der Küchenchef bereitet für seine Gäste die Speisen mit sehr viel Können und Liebe zu.
Viele Besucher wünschten sich aber auch ein libanesisches Restaurant, um auch die Spezialitäten Hassan Safieddines Geburtslandes kennen zu lernen. Mit 17 Jahren kam er wegen seines Ingenieurstudiums für Elektrotechnik aus dem Libanon nach Berlin und wohnt nun seit 30 Jahren in Berlin-Steglitz.

55 Sitzplätze gibt es im Innenbereich sowie etwa 32 Sitzplätze im Außenbereich.

1994 eröffnete Hassan Safieddine sein Geschäft für Berufsbekleidung in der Geschwister-Scholl-Straße 94.

Herzlich willkommen im neuen Garten des Restaurant Tyrus.

Herzlich willkommen im Restaurant Tyrus

Der Betrieb des Restaurants »Tyrus« konnte wiederum nach umfangreichen Bau- und Rekonstruktionsmaßnahmen im Jahr 2007 starten. Es befindet sich gleich neben dem Potsdamer Kabarett Obelisk in der Charlottenstraße 30 im Zentrum Potsdams. 2008 konnte im Hofbereich ein Restaurantgarten eröffnet werden. Die angebotenen libanesischen Spezialitäten schmecken aufgrund ihrer vielen Kräutervarietees besonders gut und bieten einen gesunden Genuss. Hassan Safieddine hat auch hier eine gut besuchte Stätte geschaffen und seine Herzlichkeit ist sicherlich ebenfalls ein Grund dafür, dass viele Potsdamer hier gerne einkehren. Seinen Großhandel in Berlin hat er wegen seiner Verpflichtungen in Potsdam eingestellt.

Restaurant Trattoria I Fratelli
Italienische Spezialitäten
Safieddine & Safieddine GbR
Geschwister- Scholl-Straße 3
14471 Potsdam-West
Tel. (03 31) 9 79 22 40 · Fax (03 31) 90 12 31
info@fratelli-potsdam.de · www.fratelli-potsdam.de
Öffnungszeiten:
Montag von 17–23 Uhr
Dienstag, Mittwoch, Donnerstag und Sonntag
11–23 Uhr · Freitag und Samstag 11–24 Uhr

Restaurant Tyrus · Libanesische Spezialitäten
Charlottenstraße 30 · 14467 Potsdam
Tel. (03 31) 2 00 87 00
Öffnungszeiten:
Montag bis Samstag 11–23 Uhr

Berufbekleidung · Arbeitsschutz vom Kopf bis Fuß
Geschwister-Scholl-Straße 94 · 14471 Potsdam
Tel. (03 31) 96 21 17 · Fax (03 31) 96 21 17

info@jilou.de · www.jilou.de

Entlang eines herrlichen Uferwanderweges

Dampfmaschinenhaus im Gewand einer Moschee

Vom Dampfmaschinenhaus aus noch vieles mehr entdecken

Das reizvollste und eigenartigste Gebäude der Brandenburger Vorstadt befindet sich in der Breiten Straße 28. Es ist das Dampfmaschinenhaus, welches als Wasserpumpwerk errichtet wurde. Hier, an der Neustädter Havelbucht, befindet sich auch das ehemalige Gelände des 1745 angelegten Baudepothofes, auf dem Holz, Marmor, Sandstein und andere Materialien für die Potsdamer Schlösser und Stadtbauten angeliefert und bearbeitet wurden.

König Friedrich Wilhelm IV., der »Romantiker auf dem Thron«, ließ hier in den Jahren 1841 bis 1843 das Wasserwerk in einem kubischen Baukörper »nach Art der türkischen Moscheen« mit einem Minarett von Ludwig Persius errichten. Es wurde Zeugnis für die architektonischen Tendenzen des aufkommenden Industriezeitalters, technische Anlagen zu verkleiden, bevor man eigenständige zweckbestimmte Bauformen entwickelte. Die farbigen Ziegelbänder stellten hohe Ansprüche an die heimischen Hersteller. Damals gelangen weiße Ziegel nur mit Ölanstrich.

Die von August Borsig (1804 bis 1854) gebaute Dampfmaschine pumpte bis 1894 mit einer Leistung von 82 Pferdestärken (PS) das Wasser in das Becken auf dem Ruinenberg. Von dort aus wurden die vielen Fontänen im Park von Sanssouci und im Botanischen Garten über eine insgesamt 1,8 Kilometer lange Druckleitung mit dem Wasser der Havel gespeist. Seit 1937 fördern zwei starke Elektropumpen mit 154 PS und einer Leistung von 400 Kubikmeter je Stunde das Nass aus der Havel auf den Ruinenberg. Die größte Fontäne im Park Sanssouci erreichte eine Höhe von 38 Metern. Das war zur damaligen Zeit eine technische Rekordleistung. Die herrliche, fast durchgehende Uferpromenade mit Spielplätzen, führt den Spaziergänger von der »Moschee« bis zum Uferpark an der Havel, der 1935 von Hans Kölle geschaffen wurde. Die ehemals dort errichtete Aussichtsbastion ist heute nur noch an den Fundamenten erkennbar. Eine Lindenallee verbindet den Park mit dem Schillerplatz, der ebenfalls um 1935 von Hans Kölle für das Wohngebiet »Friedrichsstadt« angelegt und in den 1990er Jahren saniert wurde. Das herrliche Ufer bahnt den Weg weiter stadtauswärts zur Brücke über den Schafgraben.

Der herrliche Uferwanderweg entlang des Templiner Sees lädt ein.

Die Wiese am Nordufer der Bucht wurde mit Zierkirschen bepflanzt. Sie waren ein Geschenk Japans anlässlich des Mauerfalls.

1994/1995 erfolgten umfangreiche Sanierungen des Ensembles der Dampfmahlmühle.

Schafgraben ohne Schafe

Der Schafgraben ist ein in Nord-Süd-Richtung angelegter Wassergraben zwischen dem Park Sanssouci und der Havel. Er wurde vor allem zur Einschiffung von Baumaterial für das Neue Palais genutzt. 1764 wurde zusätzlich der Palaisgraben ausgehoben, der bis zur Baustelle des Neuen Palais verlief und dieses Areal nahezu umrundete. Die immer wiederkehrenden Versuche, mit dem Graben das Wasser im Park Sanssouci zu regulieren und nutzbar zu machen, misslangen. Der Graben wurde 1881 wieder zugeschüttet. Heute ist der Schafgraben eher in Dornröschenschlaf verfallen und dennoch nicht ganz ohne Bedeutung. Immerhin dient er dem Statistischen Amt der Stadt Potsdam zur geografischen Aufteilung des Stadtteils: Westlich des Schafgrabens ist das Gebiet nun als »Potsdam-West« bezeichnet, östlich des Schafgrabens als »Brandenburger Vorstadt«. Seit 2003 führt eine Fußgängerbrücke den öffentlichen Uferweg über den Schafgraben weiter bis zur alten Dampfmahlmühle an der Zeppelinstraße.

Geh aus, mein Herz, und suche Freud
In dieser lieben Sommerzeit,
An deines Gottes Gaben;
Schau an der schönen Gärten Zier,
Und siehe, wie sie mir und dir
Sich ausgeschmücket haben.

Die Bäume stehen voller Laub,
Das Erdreich decket seinen Staub
Mit einem grünen Kleide.
Narcissen und die Tulipan,
Die ziehen sich viel schöner an,
Als Salamonis Seide.

Text: Paul Gerhardt (1607 – 1676)
Aus »Des Knaben Wunderhorn«,
Alte deutsche Lieder
Gesammelt von L.A.v. Arnim und
Clemens Brentano

Die ehemalige Dampfmahlmühle wurde 1840 im »Normannischen Burgenstil« als Dampfmühle der königlichen Seehandlung errichtet.

Reizvolle Stätte einer einstigen königlichen Dampfmahlmühle

Kurz nach seinem Regierungsantritt betätigte sich König Friedrich Wilhelm IV. als Fabrikbauherr, um dem Ruf seiner Residenzstadt Potsdam auch als Industriestandort gerecht zu werden. Er beauftragte Hofbaumeister Ludwig Persius damit, direkt an der Havel ein »Dampfmahlmühlen-Etablissement« der Königlich-Preußischen Seehandlung zu entwerfen.

Die Bedenken des Königs über die Höhe des Bauwerks, die die Sicht von Sanssouci zur Havel stören könnte, vermochte der Gartenkünstler Peter Joseph Lenné zu zerstreuen, indem er in einem Gutachten feststellte, dass »die Gegend durch ein so stattliches architektonisches Werk nur gewinnen kann«. Die ehemalige Dampfmahlmühle in der Potsdamer Zeppelinstraße 136 liegt direkt an der Havel und wurde 1840 im »Normannischen Burgenstil« als Dampfmühle der königlichen Seehandlung errichtet. Sie war mit einer 40 PS starken Dampfmaschine ausgestattet und übernahm die Arbeit von acht Windmühlen. Zunächst nutzte man die Mühle als Heeres-Getreidespeicher, ab 1862 als Proviantamt, bis 1989 als Großbäckerei und um 1990 kurzzeitig als Supermarkt. Die wechselnden Nutzungen, die zahlreichen An- und Umbauten und die fehlende Instandhaltung hatten sich tief in die vorhandene Bausubstanz eingegraben. Der Fassadenputz war fast völlig zerstört. Nach eingehenden Untersuchungen durch das Brandenburgische Landesamt für Denkmalschutz ergab sich der glückliche Umstand, dass für den zementfreien Putz der Romankalk aus der ursprünglichen Grube noch beschafft werden konnte. Nach alter Handwerkstechnik wurde die gesamte Fassade in drei Arbeitsgängen neu verputzt. Die Rustizierung wurde von erhaltenen Stellen abgenommen und im neuen Putz nachgeformt. Abschließend wurde mit Quast und Pinsel ein mehrlagiger Kalk-Kasein-Anstrich aufgetragen, so dass die Fassade weitestgehend dem Neubau von 1840/1841 entspricht.

Die umfangreichen Sanierungen erfolgten in den Jahren 1994 und 1995 durch die Unternehmensgruppe Gädecke, Landsberg, Cobler und Partner und die aus Berlin stammenden Architekten Rave,

Der Luftschiffhafen Potsdam entstand 1911 auf einem 25 Hektar großen Areal an der Pirschheide in Potsdam.

Sponsoren unterstützen vor allem den Sport der Kinder und Jugendlichen.

Das alte Regattahaus am Luftschiffhafen

Jan und Rolf. Es erfolgten mehrere moderne Um- und Anbauten. Ein Hotelneubau kam ergänzend hinzu. Die Sanierungskosten beliefen sich auf 70 Millionen Deutsche Mark (DM) und sind ein Gewinn für die einzigartige Architekturlandschaft in Potsdam.

Das historische Gebäude beherbergt heute das Arbeitsgericht, zwei Restaurants, Büroflächen und Ausstellungsräume.

Wo einst Luftschiffe gebaut wurden

Der 1996 ausgebaute Uferweg führt an der ehemaligen Luftschiffhafenwerft vorbei. Auf dem 25 Hektar großen Gelände wurden von 1911 bis 1918 die stolzen, mit Stadtgas gefüllten Luftschiffe des Luftschiffkonstrukteurs Ferdinand Graf von Zeppelin (1838 bis 1917) gebaut und getestet. Er war die bekannteste Persönlichkeit in der Luftschifffahrt. Zeppelins erstes Luftschiff LZ 1 stieg am 2. Juli 1900 am Bodensee zu seiner Jungfernfahrt auf. Der Absturz des »Zeppelins LZ 4« bei Echterdingen am 5. August 1908 führte zur größten freiwilligen Spendenaktion im Kaiserreich. Daraufhin errichtete er 1912 die größte Luftschiffhalle Deutschlands in Potsdam West, mit dem Ziel, ein europäisches Luftfahrtzentrum zu errichten. Nach dem Ende des Ersten Weltkrieges und dem Friedensdiktat von Versailles, welches Deutschland die Luftschifffahrt untersagte, wurden Teile der Produktionshallen demontiert und als Reparationsleistungen nach Frankreich gebracht.

Seit Anfang der 1990er Jahre steht auf dem Gelände des Luftschiffhafens das Kongresshotel Potsdam. Dem historischen Ort verpflichtet, sollen die bis zu 135 Meter langen Bauten an parkende Luftschiffe erinnern.

1924 erwarb die Stadt Potsdam das Gelände des Luftschiffhafens, welches 1924 bis 1926 durch Potsdams ersten Stadtgartendirektor Hans Kölle (1880 bis 1950) als Land- und Wassersportplatz überformt wurde. Ein schon für die damalige Zeit vorbildlicher Sportplatz, ein geräumiges Stadion, eine Regattastrecke, ein Freibad, Fußball- und Hockeyplätze, eine Schießanlage und ein Yachthafen entstanden. 2005/2006 wurde das Stadion saniert. Das ukrainische Fußballteam bereitete sich hier auf seinen WM-Auftritt vor.

Von den Tribünenplätzen kann nach wie vor der Blick über die weite Wasserfläche des Templiner Sees schweifen. Zu den historischen Objekten, die noch mehr oder weniger zu erhalten sind, gehört auch ein direkt am Wasser gelegener halbrunder Musikpavillon aus dem Jahr 1932, sowie das 1925 errichtete Restaurant »Seehaus«, das sogenannte Regattahaus, ein schon seinerzeit beliebter Ausflugsort am Templiner See. An der Uferpromenade befindet sich auch ein außergewöhnlicher Fahnenmast, der des Berliner Reichstages.

Mitte der 1990er Jahre baute die Ostdeutsche Landesbausparkasse am ehemaligen Luftschiffhafen ihr neues Verwaltungs- und Weiterbildungszentrum. Die fünf mehrgeschossigen Bauten, die teilweise auf Stelzen errichtet wurden und 135 Meter lang sind, sollen an die einst hier parkenden Luftschiffe erinnern. In dem Gebäudeensemble wurde eine historische, unter Denkmalschutz stehende ehemalige Reparaturhalle für Luftschiffe integriert. Stadtauswärts bildet ein weiteres Ensemble aus Hotel-, Büro- und Tagungsbauten den gegenwärtigen Abschluss der Entwicklung der Brandenburger Vorstadt. Weiter südlich führt der Weg an einem, in eine Park- und Wasserlandschaft gebettetem Hotel-Gebäudekomplex, entlang bis zum Campingplatz vor den Toren Geltows.

Vor Justitia seien alle gleich

Die Historische Mühle lieferte den Stoff für eine bedeutende Legende

Die Historische Mühle ist ein Besuchermagnet und weltberühmt, vielleicht nicht weniger berühmt, als das sich gleich in der Nachbarschaft befindliche Schloss Sanssouci.

Vor rund 200 Jahren besaß Potsdam fast 40 Mühlen, die durch die Einführung der Dampfmaschine verdrängt wurden. Aber die Historische Mühle blieb und lieferte den Stoff für eine bedeutende Legende vom gerechten Königtum Friedrichs II. Den Monarchen störte angeblich das Geklapper der Mühle, so dass er den Müller aufforderte, sich an einer anderen Stelle niederzulassen. Der Müller aber pochte auf seine Erbpacht und sein Recht zu bleiben. Vor dem Kammergericht in Berlin bekam er Recht. Die Moral der Legende: in Preußen seien vor Justitia alle gleich. In Wahrheit war der König stets bemüht, die Mühle zu halten. 1773 erließ er sogar den Pachtzins ...

Der Alte Fritz (Frank Rawel) und sein Müller (Andreas Flügge), nebst Kammerherr Fredersdorff (Komponist Andreas Schulte). Mehr wissen? Die legendäre rbb-Satire: Friedrich II. – der Große! – und der Müller von Sanssouci. Immer dienstags auf Antenne Brandenburg. Live erleben? Buchen? www.muellersfritz.de

Ab 1738 stand auf der heutigen Stelle eine Bockwindmühle, deren gesamter Oberbau, auf einem hölzernen Bock stehend, entsprechend der Windrichtung »in den Wind« gedreht wurde. Die erste Mühle und eigentliche historische Mühle war somit älter als das nahe gelegene, in den Jahren 1745 bis 1747 errichtete Sommerschloss Friedrichs des Großen.

Ein halbes Jahrhundert später musste die verfallene Bockwindmühle weichen. Friedrich Wilhelm II. finanzierte zwischen 1787 und 1791 einen Neubau, denn die Mühle war durch die Legende über die Grenzen Potsdams hinaus bekannt geworden. Den Auftrag bekam der aus Holland stammende Grenadier und Zimmermeister Cornelius Wilhelm van der Bosch, der anstelle der Bockwindmühle eine größere Galeriewindmühle nach holländischem Muster errichtete.

Ende des Zweiten Weltkriegs brannte die Mühle in Folge letzter Kriegskämpfe ab. Über Jahrzehnte danach stand nur noch ein Stumpf auf dem kleinen Mühlenhügel. Mühlenfreunde aus ganz Deutschland trugen dazu bei, dass die Mühle fast originalgetreu mit einem funktionierenden Mahlwerk wieder aufgebaut werden konnte. Die heutige Galeriewindmühle ist ein Nachbau der 1787 bis 1791 erbauten Holländermühle.

Eigentümer ist die Stiftung Preußische Schlösser und Gärten Berlin-Brandenburg. Die 1990 gegründete Mühlenvereinigung Berlin-Brandenburg e.V. betreibt die Mühle seit 1995.

Die Historische Mühle befindet sich in der Maulbeerallee 5, in 14469 Potsdam.

»Grün für alle!«

Vorgestellt: Kleingärtner in Potsdam und Umgebung

»Grün für alle«, so steht es über dem Kopfbogen des Kreisverbandes Potsdam der Garten- und Siedlerfreunde (VGS) – ein Leitmotiv, dass die Kleingärtner der Landeshauptstadt über die Zeiten befolgen.

Während man allgemein das Entstehen der Kleingartenbewegung in Deutschland im letzten Drittel des 19. Jahrhunderts ansiedelt, entstand die erste Gartenkolonie im preußischen Potsdam erst um 1902 »Auf dem Hinzenberg«, einer Halbinsel im Stadtzentrum. Aus der ständig wachsenden Kolonie erwuchs um 1912 der Verein, der 1926 als gemeinnütziger »Verein der Laubenkolonisten am Hinzenberg in Potsdam« in das Vereinsregister eingetragen wurde.

Um 1905 entstanden Kleingarten-Kolonien auf dem Kiewitt und am Bahnhof Charlottenhof. Auf der Freundschaftsinsel siedelten um 1909 die ersten Kleingärtner. Etwa um die gleiche Zeit wurden in der Berliner Vorstadt verschiedene unbebaute Flächen von Kleingärtnern urbar gemacht. Die Pächter sammelten sich dann im Verein »Berliner Vorstadt«, der auch 1927 zum ersten Mal erwähnt wird.

Ähnlich war es in der Brandenburger Vorstadt, wo besonders während des Ersten Weltkrieges alle möglichen Freiflächen als Kleingärten genutzt wurden. So beispielsweise in der damaligen Luisenstraße, am Werderschen Weg, am Mittelweg oder am Wildpark. Ebenfalls während des Ersten Weltkrieges wurden auf der Halbinsel Tornow Kleingärten angelegt. Um 1922/1923 wurde am Pfingstberg und in der Nedlitzer Straße Gelände für Kleingärten parzelliert.

November 2005: Potsdamer Kleingärtner protestieren gegen beabsichtigte Plattmache von Kleingärten vor dem Stadtparlament. Am Mikrofon: Dr. sc. Achim Friedrich, langjähriger Landesvorsitzender des LGV und heute Präsident des BDG.

Alle packen mit an: Gartenfreunde der »Oberförsterwiese« bauen eine neue Trinkwasserleitung für ihren Verein.

KGA »Unverzagt-Fliederweg« in Potsdam-West feiert 2006 ihren 80. Geburtstag. Grund genug, Bäume zu pflanzen…

1927 bildete sich das »Ortskartell« (später Ortsverband) der Kleingartenverbände Potsdams und Umgebung. Es war ein gemeinnütziger Verein, der 270 Mitglieder hatte. 1928 waren es schon 473; 1930 bereits 626 und 1931 schließlich 700 Mitglieder.

So hatte der Ortsverband immer mehr Zulauf. Er strebte die Generalpacht für die einzelnen Kolonien an. Ziele waren einheitliche Pachtverhältnisse, eine vernünftige Zusammenarbeit mit den Behörden, die Ausrichtung von Veranstaltungen, Vorträgen, Kursen, Ausstellungen und Schulungen für die Kleingärtner.

Vor allem stand schon zu Beginn der 1930er Jahre die Interessenvertretung der Kleingärtner gegenüber der Stadt im Mittelpunkt, da diese aufgrund der zunehmenden Bebauung aus dem Stadtgebiet verdrängt wurden.

Dem Druck der Kleingärtnerorganisation und der allgemeinen wirtschaftlichen und sozialen Lage nachgebend, schuf die Stadt in den 1930er Jahren neues Kleingartenland – meist am Rande Potsdams. So entstand 1932 der Verein »Unverzagt«, um 1934 wurden der »Krähenbusch« und Gelände in der Zeppelinstraße in Kleingärten umgewandelt. Gleichzeitig wurden aber die Kleingärtner von der Freundschaftsinsel und vom Kiewitt verdrängt.
Im damaligen Nowawes, das erst 1924 Stadtrecht erhielt und 1938/1939 unter Umbenennung in »Babelsberg« nach Potsdam eingemeindet wurde, entstand als erster bekannt gewordener Verein der »Laubenverein 1912«. Den Überlieferungen nach soll auch das Gelände des späteren Vereins »Süd-West« am Horstweg seit 1911 kleingärtnerisch genutzt worden sein.
Ebenfalls am Horstweg gründete sich der Verein »Selbsthilfe 1917«. Und am Babelsberg (am heutigen Karl-Liebknecht-Stadion) kam 1919 die »Freie Scholle« dazu.
Allgemeines (und noch heute bestehendes) Ziel der Vereine war von Beginn an die Förderung des Kleingartengedankens. Das war schließlich auch für die Anerkennung der Gemeinnützigkeit notwendig. Darüber hinaus hatten sich beispielsweise die »Selbsthilfe« und der daneben liegende »Moosgarten« die kleingärtnerische Belehrung und Schulung auf ihre Fahnen geschrieben. »Geselligkeit und Frohsinn« wollten die »Berliner Vorstadt« und »Wildpark« pflegen. Die Interessenvertretung ihrer Mitglieder nahmen sich besonders »Hinzenberg«, »Wildpark« und »Selbsthilfe« vor. Um die gegenseitige Unterstützung der Mitglieder bemühten sich »Wildpark«, »Eigenland«, »Mühlengrund« und »Moosgarten«. Die Kleintierzucht wollten die Vereine »Wildpark« und »Mühlengrund« fördern. So ist es in den alten Dokumenten nachzulesen. »Uns genügt's« hatte dagegen nur ein »Ziel«: den dauernden und gesunden Aufenthalt auf dem Spartengelände.
Alles in allem hatten die gestandenen Potsdamer Kleingartenvereine viele Höhen und Tiefen zu überstehen. Nach dem Zusammenbruch und Neubeginn 1945 ging es den Kleingärtnern zunächst nur um zusätzliche Nahrungsmittel aus ihren Parzellen. Alle verfügbaren Flächen wurden mit Kartoffeln und Gemüse bestellt. Wohnlauben wurden repariert und von Flüchtlingen oder Ausgebombten bezogen. Aber dann zeigte sich, dass weder Naziherrschaft noch Krieg die alten Kleingartengemeinschaften hatten zerstören können. Die ehemaligen Vereine und Kolonien sammelten sich ab 1949 in der »Kleingartenhilfe des FDGB«.

Schrebergärten liegen im Trend

Manche denken, Schrebergärten seien langweilig. Viele Gartenfreunde beweisen das Gegenteil: Sie liegen im Trend. Immer mehr und gerade auch junge Menschen, zieht es in die Kleingartenanlagen. Hier sind Freizeitspaß für die ganze Familie und optimaler Ausgleich zum Alltagsstress gegeben. In der kleinen Gartenwelt kann man die herrliche Natur besonders gut genießen, die Pflanzen beim Wachsen beobachten oder nachhelfen sowie naschen und ernten.

Karl Försters Staudengarten lässt mit winterharten Stauden und einem wunderschönen Blumenflair Gartenfreunde staunen.

Alt und jung genießen die Natur pur.

Geselligkeit und vor allem auch der Spaß kommen nicht zu kurz. Die »Rentnertanz«-Gruppe sorgt für zünftige Gaudi beim Sommerfest in der »Selbsthilfe«, Babelsberg. (Foto: Redaktion »Märkische Gärtnerpost«)

Seit 1954 organisierten sie sich in Potsdam-Babelsberg im VKSK, »Verband der Kleingärtner, Siedler und Kleintierzüchter«. Zur Durchsetzung ihrer Rechte hatten sie auch in dieser Zeit manchen Kampf mit den städtischen Behörden zu überstehen. Besonders erfinderisch erwiesen sich die Gartenfreunde im Umgang mit der »kleingärtnerischen Planwirtschaft«. Kleingärtner hatten mit für die Versorgung der Bevölkerung tätig zu sein. Mit der Zielstellung des 3. Verbandstages des VKSK – 1970 in Berlin – »auf 100 Quadratmeter Gartenfläche 100kg Obst und Gemüse zu erzeugen«, entwickelte sich auch in Potsdamer Kleingartenanlagen ein umfassender Wettbewerb zur Steigerung der Ernteerträge. Durch den intensiven Obst- und Gemüseanbau konnten in Verbindung mit gezielter Bodendüngung die Erträge auf 150 Kilogramm und mehr auf 100 Quadratmetern erhöht werden. Und die Kleingärtner konnten über den Eigenbedarf hinaus durch stetig steigende Erträge die Versorgung der Bevölkerung mit frischem Obst und Gemüse erheblich verbessern. Von staatlicher Seite aus wurde sogar in Verbindung mit Handelsorganisationen der Direktverkauf finanziell gefördert – es gab bei Einhaltung vertraglich gebundener Lieferungen Zuschläge zum Ankaufspreis. Die Kleingärtner nutzten solche Extras.

Sogar der »Alte Fritz« – alias Kreisgeschäftsführer Friedrich Niehaus – gratuliert dem »Hinzenberg«-Vorsitzenden Eduard Goedecke. (Foto: Redaktion »Märkische Gärtnerpost«)

Seit 1990 – nach der Wende – ist der Verband der Garten- und Siedlerfreunde (VGS) der Interessenvertreter der rund 18 000 Kleingärtner in 168 Kleingartenanlagen in der Stadt Potsdam und Umgebung. Und die Potsdamer Kleingärtner haben aus ihrer Geschichte gelernt. Besonders in solchen Fällen, wo es um die Plattmache – modernes Wort: Umwidmung – ihrer grünen Oasen geht. So machten sie deutschlandweit von sich reden, als sie zum Beispiel die Eröffnung der Bundesgartenschau 2001 in Potsdam dazu nutzten, derartige Politik per Demonstration zu brandmarken.

Potsdam hat den Reiz einer *grünen* Großstadt – mit den weltberühmten Schlössern und Parks – aber auch mit den Kleingärten, die nach wie vor einen wichtigen Teil der grünen Lunge der Stadt darstellen. Statt »Grün für alle« in Bebauungsplänen zu

»Blumengärten für intelligente Faule«:

Das Kunstwerk eines Gartens scheint mir erst dann vollkommen, wenn seine Pflegearbeiten und Pflegekosten ganz bestimmte Grenzen einhalten...Ein wahrer Moloch an Zeit und Geldverbrauch ist in vielen Fällen die Schaffung und Erhaltung eines schönen Rasens. Es gibt ungezählte Plätze, wo man den Rasen lieber durch teppichbildende Stauden ersetzt, die gar keine oder nur ganz geringe Pflegearbeit beanspruchen. Neben dem Wurzelelend der Gärten ist als zweites Elend die Unkrautplage zu nennen, der auch viel intelligenter und grundsätzlicher begegnet werden kann, als dies meist geschieht. Hier ist endlose, unproduktive Arbeit druch Pflanzung von bodendeckenden Gewächsen zu sparen. Leider sind die Gartenpfleger meist schwer dazu zu gewinnen, einen geringen Teil der durch Bodendeckungspflanzen ersparten Jätezeit auf die Freihaltung einer kleinen Erdscheibe um jede grüßere Blütenpflanze herum zu verwenden.

Karl Förster

Sportliche Einlage der jungen Kleingärtnerinnen und Kleingärtner – gemeinsam geht's bekanntlich besser...

sichern, sollen jedoch immer wieder über Generationen gewachsene Gartensparten für ominöse Gewerbeansiedlungen, Hotel- und sogenannten hochwertigen Wohnungsbau geopfert werden. Dafür haben die Potsdamer Kleingärtner kein Verständnis. Sie verstehen sich sehr wohl als Bürger der Landeshauptstadt mit verantwortlich für die Gewerbeansiedlung. Schließlich soll es dabei ja auch um wichtige Arbeitsplätze gehen. So gaben sie in den 1990er Jahren bereits einiges Grün dafür her. Auch die Wiederherstellung der alten Potsdamer Kulturlandschaft fand bei den Kleingärtnern ein Einsehen. So wurde 2006 die Absiedlung der Sparte »Am Jungfernsee« begonnen. Gegen sogenannten Flächenfraß wenden sich die Kleingärtner jedoch vehement. Ihr solidarischer Zusammenhalt ist auch in der brandenburgischen Landeshauptstadt zunehmend von Erfolg gekrönt. Und die Potsdamer Stadtverordneten trugen dem Rechnung: Drei Mitglieder des VGS sind als Interessenvertreter der Kleingärtner im Kleingartenbeirat der Stadt – ein gutes Omen.

»Grün für alle« – dem erstrangigen Ziel, die Gesundheit der großstädtischen Familien zu fördern, widmen sich nach wie vor auch die Potsdamer Kleingärtner. Hier wie anderswo ist es so: Wer sich heute dem Kleingärtnern widmet, der sucht nach einem kleinen Stück Geborgenheit, gleichsam nach der »heilen Erde«, wo er abschalten kann, Frieden haben und seine Freizeit nach eigenen Wünschen draußen in der Natur gestalten kann. Und viele Bürgerinnen und Bürger nutzen die grünen Oasen, um Gesundheit zu »tanken« oder um mit den Gartenfreunden gemeinsam Feste zu feiern. Das ist so – in Potsdam und anderswo in Deutschland.

Bernd Martin, VGS-KV Potsdam, ÖA

Der 82-jährige Gartenfachberater Gerhard Langer (r.) bei einer Baumschnitt-Schulung in Teltow. (Foto: Redaktion »Märkische Gärtnerpost«)

Der Gartentisch lädt ein.

Bürozeiten:
Montag und Mittwoch 9 Uhr – 16 Uhr
Dienstag 9 Uhr – 18 Uhr
Donnerstag geschlossen
Freitag 9 Uhr – 12 Uhr

Kreisverband Potsdam der
Garten- und Siedlerfreunde e.V.
Paul-Neumann-Straße 33 a
14482 Potsdam
Tel. (03 31) 70 87 97
Fax (03 31) 71 91 31
vgs-kreisverband-potsdam@tnp-online.de
www.vgs-kv-potsdam.de

Die Nördliche Vorstadt

Denkmal geschützte Berliner Vorstadt

Das Nauener Tor rückte zweimal vom Kreuzungsbereich Charlottenstraße/Friedrich-Ebert-Straße an den heutigen Standort und entstand hier nach einer Idee Friedrich II.

Das Nauener Tor könnte auch als Tor zur Nördlichen Vorstadt angesehen werden.

Eigentlich ist der Name »Nördliche Vorstadt« nur eine Zusammenfassung einer Lagebeschreibung dreier bedeutungsvoller Potsdamer Vorstädte, der Jägervorstadt, der Nauener- und der Berliner Vorstadt. Die Jägervorstadt und die Nauener Vorstadt befinden sich nördlich von der Hegelallee und sind durch die Jägerallee voneinander getrennt. Sie liegen zwar nebeneinander, besitzen aber ihre eigene Analogie und eine eigene, wechselvolle Geschichte. Ihre Bauten sind kaum weniger berühmt als Sanssouci.

Jungfernsee, Tiefer See und Heiliger See geben hier ihr Stelldichein

Gleich hinter der Glienicker Brücke kommt man in die alte Berliner Vorstadt, eine der schönsten Potsdams. Sie gehörte, wie auch alle anderen, außer der Teltower Vorstadt, bereits im 18. Jahrhundert zu Potsdam. Die Besiedlung begann im 17. Jahrhundert. Zunächst entstanden vor den Toren der Stadt Armen- und Krankenhäuser sowie Waisenheime. Bereits im letzten Drittel des Jahrhunderts wurde eine Allee zum Glienicker Horn angelegt und 1693 mit neuen Bäumen bepflanzt. Schon 1683 schuf eine Holzbrücke mit aufklappbarem Schiffsdurchlass die Verbindung nach Berlin.
An der Havel siedelte sich Gewerbe an. Im 18. Jahrhundert besaß die Vorstadt einen überwiegend ländlichen Charakter mit Äckern und Gärten.
Der Garten des Baudirektors Heinrich Ludwig Manger (1728 bis 1790), königlich preußischer Oberhofbaurat und Garteninspektor, Baumeister und Pomologe (Obstbaukundler) soll einer der schönsten gewesen sein und lag in der heutigen Mangerstraße. Am Ostufer des Heiligen Sees standen mehrere Windmühlen.

Mit den Anfängen der Dampfschifffahrt auf der Havel ist die von der »Berliner Straße« abgehende »Schiffbauergasse« verbunden. Dort hatte der Engländer Humphreys 1815 die Konzession erhalten, Dampfschiffe in Preußen zu bauen. Er erwarb zuvor ein entsprechendes Gelände in Pichelsdorf bei Spandau, wo 1816 das erste »Dampfboot«, die »Prinzessin Charlotte von Preußen«, vom Stapel lief. Die Werft wurde später nach Potsdam verlegt. Dort entstand 1819 die »Fürst Blücher«, das größte bis dahin in Europa gebaute Dampfschiff.
Als gegen Ende des 18. Jahrhunderts die erste preußische Kunststraße zwischen Potsdam und Berlin angelegt wurde, war die eigentliche Zeit der Berliner Vorstadt erst gekommen. Die Straße, die früher »Neue Königstraße« hieß und heute »Berliner Straße« heißt, führt über Berlin-Wannsee und die Glienicker Brücke nach Potsdam. Die reizvoll gelegene Vorstadt erstreckt sich vom ehemaligen »Berliner Tor«, in nordöstlicher Richtung, zwischen dem »Tiefen«- und dem »Heiligen See« bis zum »Jungfernsee«. Von Wasser eingebettet, ist sie auch von Stätten des Weltkulturerbes, dem Park Babelsberg und den historischen Parkanlagen des Neuen Gartens umgeben.
Am Beginn des 19. Jahrhunderts erfasste die allgemeine Bautätigkeit auch die »Berliner Vorstadt«. An der Königstraße entstanden Militärbauten, zumeist im Burgenstil oder in rotem Backstein. Es entsprossen für das Stadtbild bestimmende Bauten wie die Leibgarde-Husaren-Kaserne, die durch Karl Friedrich Schinkel und Ludwig Persius im Auftrag von Friedrich Wilhelm III. zwischen 1839 und 1843 errichtet wurde, da von hier die Übungsplätze Bornstedter Feld und Döberitzer Heide gut erreichbar waren.

Die Berliner Straße stellt eine alte vierreihige Lindenallee dar, die schon im 17. Jahrhundert Potsdam mit dem Jagdschloss Klein Glienicke verband. Die Straße war einst eine kaiserliche Privatstraße, die nur Kutschen vorbehalten war. Parallel dazu verlief ein Reiterweg.

Erst in der zweiten Hälfte des 19. Jahrhunderts wurde das Gebiet zwischen Heiligem See und Berliner Straße stückweise erschlossen, das heute als beste Wohngegend Potsdams gilt. Während der früheren Besatzungszeiten waren hier auch die französische und englische Militärmission stationiert. Neben großen Kasernenbauten wurden vor allem viele Villen des Potsdamer Adels errichtet, die diesen Stadtteil bis heute prägen.
Die Vorstadt hat sich durch ihre schöne Lage als eines der bevorzugten Wohngebiete Potsdams entwickelt. Sie ist heute überwiegend durch prächtige repräsentative Villen inmitten ausgedehnter Gärten geprägt. Neben großen Kasernenbauten fallen besonders auch in den Nebenstraßen zahlreiche vornehme Wohngebäude auf, die von früheren Offizierskreisen bevorzugt wurden. In Ein- und Zweifamilienhäusern sowie aufwändigen Mehrgeschosswohnungsbauten, Villen aus der Gründerzeit und aus dem Anfang des 20. Jahrhunderts, haben heute zahlreiche Prominente ihr Domizil. So wohnen hier die beliebten TV-Moderatoren Günther Jauch und Ulrich Meyer sowie der Modezar Wolfgang Joop. Die Stadtverordnetenversammlung Potsdam hat 2005 eine Satzung zum Schutz des Denkmalbereichs der Berliner Vorstadt beschlossen und damit das gesamte Vorstadtensemble unter Baudenkmalschutz gestellt. Das Areal grenzt auch an einer Seite an ein Denkmal, den Flügelbau des ehemaligen Berliner Tores.
Neben den zahlreichen Villen und der bedeutenden Glienicker Brücke, gehört die Schiffbauergasse zu den lohnenswerten Zielen in der Berliner Vorstadt. Hier befindet sich auch der Standort für die verschiedensten kulturellen Einrichtungen der Stadt, wie beispielsweise das neue Hans Otto Theater, das im September 2006 eröffnet wurde und sich direkt am Tiefen See befindet. Entworfen wurde das neue Theatergebäude vom renommierten Kölner Architekten Professor Gottfried Böhm. Als besondere Einrichtung in der Berliner Vorstadt hat sich der Kultur- und Veranstaltungsort »Waschhaus«, in der Schiffbauergasse, hervorgetan. Aber auch anspruchsvolle Gewerbe wie Softwarehersteller, Auto-Designzentren und Telekommunikationsunternehmen sind beiderseits der »Berliner Straße« zu finden.

Die Berliner Vorstadt

Mit seinen Mietsvillen schuf Hofbau- und Hofmaurermeister Ernst Petzholtz (1839 bis 1904) hochherrschaftliche Wohnungen, wie in der Mangerstraße 15 bis 19.

Der Potsdamer Kaufmann und Zuckersiedereibesitzer Eduard Tummeley ließ seine Villa in der Berliner Straße 29 errichten.

Heiliger See

Der Heilige See ist einer der schönsten Seen im Land Brandenburg und befindet sich im Stadtgebiet Potsdams, nordöstlich des Stadtzentrums, zwischen der Berliner Vorstadt und dem Neuen Garten. Die längste Nord-Süd-Ausdehnung beträgt 1,33 Kilometer und die Breite durchschnittlich 30 Meter. Gemeinsam mit dem wesentlich tieferen, nördlicher gelegenen Sacrower See und dem Groß Glienicker See bildet er eine Seenkette.
Durch die herrliche Lage inmitten der Park- und Schlösserlandschaft Potsdam mit dem Marmorpalais am Westufer und dem Schloss Cecilienhof unweit des nördlichen Ufers bietet der See ein anziehendes Ausflugsziel. Die Wasserqualität des Heiligen Sees gilt als vorwiegend unbelastet. Im Bereich des Nordufers befinden sich zahlreiche Liegewiesen und inoffizielle Badestellen. In einem eigenen Bereich hüpfen Badelustige auch ohne Badebekleidung ins Wasser.

Marmorpalais – Blick über den Heiligen See

Wo es einst Dampfschiffe und Ersatzkaffee gab

Die Schiffbauergasse gilt als pulsierendes neues Herz Potsdams

Wo einst Dampfschiffe gebaut und Ersatzkaffee produziert wurde, wo Husaren gedrillt und Fische gezüchtet wurden, befindet sich heute der integrierte Kultur- und Gewerbestandort Schiffbauergasse der brandenburgischen Landeshauptstadt. Hier, in der Berliner Vorstadt, direkt am Tiefen See, an einer der schönsten Stellen des Stadtgebietes, trifft man heute auf zwölf Hektar Landfläche eine Mischung aus Gewerbe, kultureller Vielfalt und gebündelter Kreativität. Für die freie Kulturszene wurden mit dem Projekt »Zentrum für Kunst und Soziokultur« die schon bisher genutzten, allerdings maroden Flächen in den historischen Reithallen und Stallanlagen umgebaut und denkmalgerecht saniert, mit finanzieller Förderung durch Stadt, Land und Europäische Union. Mit dem Kunstmuseum Fluxus+, der Bundesstiftung Baukultur, dem Landesverband der Musikschulen Brandenburgs und nicht zuletzt dem größten Anbieter von Öko-Lebensmitteln und Produkten in Berlin/Brandenburg, der BIO Company, wurde hier eine lebendige Nutzungsmischung von Kultur und Gewerbe realisiert. Im September 2006 konnte hier das neue Hans Otto Theater eröffnet werden.

Das Foyer des vom renommierten Kölner Architekten Professor Gottfried Böhm entworfenen Baus öffnet sein geschwungenes Dach in Richtung des Parks Babelsberg. Als besondere Einrichtung in der »Berliner Vorstadt« hat sich der Kultur- und Veranstaltungsort »Waschhaus«, in der Schiffbauergasse, hervorgetan. Die denkmalgeschützten Bauten, wie das Waschhaus, die Maschinenhalle oder die Husaren-Pferdeställe wurden zu neuen Residenzen der Kunst und der Künstler. Aber auch ökonomische »Global Player« wie das Volkswagen Design Center mit seinem architektonisch anspruchsvollen Neubau oder der Softwarekonzern Oracle im restaurierten Koksseparator des ehemaligen Gaswerks beeinflussen den Standort.

Mit der Schiffbauergasse konnte am 18. September 2008 einer der bisherigen Schwerpunkte der Stadtentwicklung und zugleich einer der aufregendsten Orte des »neuen Potsdam« seiner Bestimmung übergeben werden: Seit 1992 haben sich zahlreiche Künstler- und Kulturinitiativen etabliert. Diese veranstalten mit internationaler Ausrichtung Festivals, Konzerte, freies Theater, Performances, Filmkunst, Ausstellungen, und Partys – eine flirrende Mischung aus Kunst, Aktion und Nachtleben. Was als Pionierbesiedlung alter, seit dem Fall der Mauer leerstehender Gebäude begann, wurde bald zum vitalsten Kulturstandort der Stadt und der Region. Eine Flaniermeile entlang des Tiefen Sees und Radwanderwege zwischen dem Neuen Garten, der Schiffbauergasse und dem Babelsberger Park machen das Gebiet zu einem Gesamterlebnis. Wassersportanlagen und ein Schiffsanleger, ein Uferpark mit Promenade, der Europäische Radwanderweg R 1 und eine zentrumsnahe, schnelle Anbindung durch Straßenbahn und Bus komplettieren die Attraktivität.

Das Hans-Otto-Theater bietet Platz für 470 Besucher.

Noch Ende des 18. Jahrhunderts prägten Mühlen das völlig unbebaute Areal der Berliner Vorstadt. Die letzte erhaltene ist die Zichorienmühle, die lange Zeit zur Herstellung von Kaffeeersatz diente. Weil sich König Friedrich Wilhelm IV. ihre Verschönerung wünschte, fügte Hofbaumeister Ludwig Ferdinand Hesse ihr 1859 einen Aufsatz mit Zinnenkranz und eine Galerie auf halber Höhe hinzu.

Durchs märkische Arkadien

Der Name »Arkadien« erinnert an eine vielbesungene Traumlandschaft im alten Griechenland.
In Potsdam sollte sie schon unter König Friedrich Wilhelm IV. ihresgleichen finden. Er verknüpfte mit Hilfe von Karl Friedrich Schinkel und seinem Gartenbauarchitekten Peter Joseph Lenné Architektur und Landschaft zu einem einzigartigen Gesamtkunstwerk, welches nirgendwo in Potsdam so deutlich in Erscheinung tritt, wie in der Berliner Vorstadt. Hier zaubert die wunderschöne Landschaft um die Havelseen eine Perlenkette.

Wohngebiet Arkadien auf dem Glienicker Horn

Potsdam ist nach Versailles die zweite Stadt, die von der Organisation der Vereinten Nationen für Erziehung, Wissenschaft und Kultur (englisch United Nations Educational, Scientific and Cultural Organization, UNESCO) 1990 zum Weltkulturerbe erklärt wurde. Fünf Jahre später drohte die Organisation, Potsdam diesen Status wieder abzuerkennen.

Auf 28 000 Quadratmetern wurde das Wohngebiet Arkadien auf dem Glienicker Horn neu errichtet. Es entstanden insgesamt 210 Wohnungen in 33 Gebäuden. Die Bayerische Hausbau KG errichtete Viergeschosser, postmoderne Wohnwürfel, mit Metalldach, die an Industriebauten erinnern.
Der Architekt des Bauunternehmens Groth & Graalfs hatte für die zu errichtende Luxussiedlung am Glienicker Horn dagegen das Motiv der Turmvilla gewählt.
Die Bebauung des Glienicker Horns wurde auch zu einem Politikum. Der Grund für die Aufregung ist die besondere Lage: Die flache Landzunge liegt an der Havel im Schnittpunkt von Blickbeziehungen, die elf Parkanlagen miteinander verbinden, wovon vier zum Weltkulturerbe der UNESCO zählen. Diese Wohnanlage ist von einem massiven Eisenzaun umgeben, sowie von Bewegungsmeldern und Kameras überwacht. Beim Überklettern würden Polizei und Wachschutz alarmiert. Diese Eigentumswohnungen haben ihren Preis von bis zu 5000 Euro pro Quadratmeter im Verkauf.

Die Matrosenstation Kongsnaes, im Jahre 1896 im Auftrag Kaiser Wilhelms II. als Liegeplatz für die kaiserlichen Yachten vom norwegischen Architekt Holm Hansen Munthe aufgestellt, fiel 1945 einem Brand zum Opfer. Neben dem repräsentativen Empfangsgebäude, gehörten die drei noch erhaltenen Nebengebäude auf der gegenüberliegenden Straßenseite (Bootshaus mit Werkstatt, Matrosenkaserne, Wohnhaus des Stationsleiters), sowie der Torbogen zur Anlage. Im Herbst 2000 wurde der Torbogen der ehemaligen Matrosenstation als einmaliges Zeugnis norwegischer Holzbaukunst durch den Förderverein Kongsnaes e. V. Potsdam wiedererrichtet. Der Förderverein stellt sich das neue Ziel, auch das Empfangsgebäude der Station wieder aufzubauen.

Viele wunderschöne Spaziergänge bleiben

Viele wunderschöne Spaziergänge durch das märkische Arkadien bleiben trotzdem. Naturerlebnisse und Sehenswürdigkeiten reihen sich hier auf wie an einer Perlenkette. Einer der Spaziergänge führt entlang des Potsdamer Jungfernsees. Von Berlin aus hinter der Glienicker Brücke rechts in die Schwanenallee einbiegend, geht es vorbei an der Villa Schöningen. Im Auftrag des preußischen Königs Friedrich Wilhelm IV. entwarf Ludwig Persius 1843 für Kurd Wolfgang von Schöning (1789 bis 1859), den Hofmarschall des Prinzen Carl von Preußen, ein Haus im italienischen Villenstil.
Wenige Schritte weiter markiert ein freistehender hölzerner Torbogen die frühere Anlegestelle des kaiserlichen Dampfschiffes »Alexandria«. Er ist mit Drachenköpfen und dem Schriftzug »Kongsnaes« (Königliche Landzunge) versehen.

Auf dem Glienicker Horn entstanden zwischen 1995 und 2000 Stadtvillen mit hochwertigen Eigentumswohnungen.

Von der Schwanenallee zum Neuen Garten

Die Schwanenallee verbindet den Neuen Garten mit der Glienicker Brücke. Von 1961 bis 1989 stand dort die Mauer, ein Zugang oder eine Blickbeziehung zum Uferbereich des Jungfernsees war dadurch nicht möglich. Ab 1990 fand eine schrittweise Sanierung als Fußgängerpromenade statt. Hier befinden sich auch die Reste der ehemaligen Matrosenstation Kongsnaes, von der eine Fähre zur Heilandskirche in Sacrow übersetzte. Südlich der Glienicker Brücke führt der Uferweg weiter um das Glienicker Horn mit Ausblicken auf Schloss Babelsberg und Klein-Glienicke mit Park und Jagdschloss.

Die am Jungfernsee entlangführende prächtige Schwanenallee hieß von 1802 bis 1908 »Chaussee nach Schwanenbrücke«. Von 1961 bis 1989 verlief hier im ehemaligen Grenzgebiet die Berliner Mauer. Bei deren Bau wurde ein Großteil der einstigen Bepflanzung zerstört.

Einfach Einzigartig – St. Angelo in der Berliner Straße

Die Vielfalt bester italienischer und deutscher Gerichte auf dem Tisch

Einzigartig gestaltete Räume in malerischem, toskanischem Ambiente zeichnen das im Vorjahr vor den Toren Berlins in der Nähe der Glienicker Brücke eröffnete Restaurant St. Angelo aus.
Hier heißt ein Familienbetrieb seine Gäste herzlich willkommen. Ulf Angerhoefer ist gelernter Koch und Restaurantfachmann. Sein Sohn Gordan ist von Beruf Koch, zeigte früh Interesse an der Zubereitung kulinarischer Kreationen und ist mit vielen Ideen und Fleiß mit dabei. Im Zusammenwirken von Vater und Sohn treffen kreatives Schaffen und professionelle Stärke bestens aufeinander. Der Chef des Hauses, Ulf Angerhoefer, wirkt auch im Service leidenschaftlich mit und leitet die Mitarbeiter und Auszubildenden fachlich an. Fast ein halbes Jahr nach der Eröffnung des Restaurants im Jahre 2008 wissen Angerhoefers zudem ein zuverlässiges und eingespieltes Team an ihrer Seite.
Gäste können sich sowohl mit italienischen Kreationen als auch klassisch oder modern verwöhnen lassen. Zudem gibt es eine hervorragende deutsche Küche, bei der viel Gesundes mit auf den Tisch kommt. Passend zur Saison finden sich dazu entsprechende Spezialitäten, besonders aus dem märkischen Umfeld im Angebot wieder. Für jeden ist etwas dabei. Alle Speisen gibt es auch außer Haus.
Seit der Eröffnung des Restaurants haben schon sehr viele Gäste das St. Angelo besucht. Auch etliche Prominenz ließ es sich nicht nehmen, einzukehren.
Das im Familienbetrieb von Vater und Sohn geführte Restaurant legt sich nicht auf eine Geschmacksrichtung fest. So entstehen neben den Klassikern, Schnitzel und Matjesfilet, täglich auch selbst gemachte Pizzen und Pastagerichte sowie frisch zubereiteter Fisch.
Ausgewählte und anspruchsvolle Speisen werden mit größter Sorgfalt und Kreativität in einer offenen Küche zubereitet. Diese bekommt von den Gästen auch viel Lob. Es ist sicherlich auch der Lohn dafür, dass »Frische und Qualität« bei den Profis an erster Stelle stehen. Jetzt haben Vater und Sohn noch viel vor. Wer nichts verpassen möchte, kehrt ein, um gut zu essen und um auch vom hausgemachten Brot mit Spezialaufstrich zu kosten oder den selbst gebackenen Kuchen zu probieren.
Das stilvolle Ambiente bietet den Platz für schöne Hochzeitsfeiern. Auch andere Veranstaltungen jeglicher Art sind jederzeit willkommen. Das Restaurant selbst bietet 60 Plätze, zehn weitere kommen in einem separaten Nebenraum hinzu. Auf der Terrasse können weitere 40 Gäste einen Platz zum Speisen finden.
Reservierungen für private und geschäftliche Veranstaltungen werden gerne entgegengenommen.

Das familienfreundliche Team des St. Angelo freut sich auf den Besuch vieler Gäste.

Öffnungszeiten: täglich ab 12 Uhr

Vor den Toren Berlins, nahe der Glienicker Brücke, befindet sich das St. Angelo.

Ulf Angerhoefer und Sohn Gordan heißen ihre Gäste herzlich willkommen.

St. Angelo Restaurant Café

St. Angelo · Restaurant & Café
Berliner Str. 116 (direkt neben der Shell-Tankstelle)
14467 Potsdam
Tel. (03 31) 8 87 60 57 · Fax (03 31) 8 87 60 59
gordan39@freenet.de
www.restaurant-st-angelo.de

Alfred Schmidt ist Künstler und Chronist

Landschaftsmaler und Grafiker schuf einzigartige Bilder der Schlösser-, Stadt- und Landschaftsansichten

Alfred Schmidt zählt zu den bekanntesten Künstlern Potsdams und zu den wichtigsten Chronisten. Er schuf mit seiner Malerei, zu der immer gleichrangig Architektur und Natur gehörte, einzigartige Bilder der Schlösser-, Stadt- und Landschaftsansichten von Potsdam und Umgebung.
In der Vorwendezeit malte der Künstler aber auch zum Abriss freigegebene Altbauten. Abbildtreu, ohne Abstriche, dokumentiert er verschlissene Häuser, beschmierte Fassaden, die Buntheit der Besetzerhäuser, bevor sie ihre Identität als Zeugen ungenormter Lebensmuster aufgaben. Er malte die roten Fassaden der vernagelten Häuser im Holländischen Viertel, die bröckelnden Hauswände in der Gutenbergstraße, Brandmauern mit den Phantomschatten schon abgerissener Gebäude. Verblasste Laden- oder Kneipeninschriften potenzieren das Gefühl von Verlassenheit ebenso gespenstisch wie neuzeitliche Verkehrsschilder. Sah sich Alfred Schmidt bis 1989 im ständigen Wettlauf mit dem Abriss der historischen Häuser, wollte er nun den Rekonstrukteuren zuvorzukommen und noch ein Stück vom alten Potsdam in seinen Bildern bewahren. Bei diesem Unterfangen blieb er Realist. Er malt mit weichen Linien, vorzugsweise mit Pastellkreiden sensible Orte, wie die kostbare »Alte Allee am Pfingstberg«.
In einer blumenarmen Zeit begann er zu malen, um Sträuße verschenken zu können. Der gelernte Maler absolvierte Anfang der 1970er Jahre an der Berliner Fachschule für Werbung und Gestaltung sein Ingenieur-Studium für Farb- und Oberflächengestaltung. Seit 1980 ist er ausschließlich freischaffend tätig. Seine Bildsprache steht in der Tradition der Vedutenmalerei. Neben der Pastellmalerei ist Alfred Schmidt ein Meister der Grafik, der Kaltnadelradierung und Aquatinta, die er brillant beherrscht. Als nach der politischen Wende der staatliche Kunsthandel zusammenbrach, bewältigte Alfred Schmidt die Durststrecke, da er schon in der Vorwendezeit durch Käufer in Westberlin eine treue Klientel hatte.

Am Chinesischen Teehaus im Park von Sanssouci, Pastell 70 x 50 Zentimeter

Schloss Sanssouci, Pastell 30 x 50 Zentimeter

Maler Alfred Schmidt

Sehr beliebt: der Kalender »Landschaft Potsdam«

Bei Potsdamern und auch bei Touristen sehr beliebt ist sein seit 1996 jährlich neu dargebotener Kalender »Landschaft Potsdam«. Dieses wunderschön gearbeitete Werk, das im Buchhandel und an wichtigen Fixpunkten Potsdams zu erhalten ist, reist auch per Post in ferne Länder. Die Farben der verschiedenen Jahreszeiten übernehmen Regie, erinnern an den unendlichen Moment des Inhaltes, an ständig naturgegebene Veränderung.
Eines seiner liebsten Bildmotive von Potsdam ist das Rote Haus am Heiligen See, weil er bis vor kurzem genau gegenüber wohnte. Alfred Schmidt ist Jahrgang 1942, in der Berliner Vorstadt aufgewachsen und dieser schönen Wohngegend trotz einiger Umzüge immer treu geblieben.

Alfred Schmidt
Berliner Straße 36 · 14467 Potsdam
Tel. (03 31) 2 70 04 71
service@alfred-schmidt-potsdam.de
www.alfred-schmidt-potsdam.de

BIO COMPANY bietet Brandenburger Feinkost und klassische regionale Produkte an

Gutes kommt vom Land in die Stadt

»Gutes vom Land in die Stadt« – lautet das Motto der BIO COMPANY. Deshalb zog sie in Potsdam in die Schiffbauergasse 4b, direkt am Ende der Nuthe-Schnellstraße, ein. Nicht umsonst eröffnete der Biohändler in dieser Stadt einen Biosupermarkt, verknüpfen sich doch hier die regionalen Partnerschaften der Brandenburger Bio-Landwirte über den Händler BIO COMPANY mit den Brandenburger Menschen besonders günstig. Regionalität im Angebot der Bioprodukte ist Schwerpunkt im Sortiment. Wann immer es möglich ist, bevorzugt BIO COMPANY die Produkte heimischer Landwirte. Ein gutes Beispiel dafür ist die Region Spreewald: Hirse und Gurken stammen seit geraumer Zeit von dort. Nachdem die Spreewälder Landwirte auf Bio umstellten, gaben ihnen das große Kundeninteresse und die Absatzsicherheit bei BIO COMPANY Recht durch Erfolg.

Ob Demeter-Milch aus dem Ökodorf Brodowin, Käse aus der Spreewälder Gläsernen Meierei oder Gemüse von Brandenburger Bauern – gewachsene Regionalpartnerschaften lassen Kunden vertrauensvoll einkaufen.

Landwirt aus Brodowin

Landwirt vom Gut Peetzig

Landwirt Zielke bewirtschaftet heute 25 Hektar

Seit Beginn der Entfaltung der BIO COMPANY in Berlin liefern Brandenburger Landwirte direkt in die Märkte. Regionalpartner Landwirt Zielke erinnert sich: »1991 begannen wir mit zweieinhalb Hektar, heute bewirtschaften wir 25 Hektar und bauen Biosalate, Biokartoffeln und viele verschiedene Gemüse wie beispielsweise Zucchini, Fenchel, Radieschen, Kohlrabi, Broccoli oder Rosenkohl an. Mit der BIO COMPANY sind wir von Anfang an zusammen. Fuhren wir früher um vier Uhr los, um die Märkte zu beliefern, startet unser Lkw heute schon um 23 Uhr am Abend, damit morgens das frische Gemüse in den Regalen der BIO COMPANY liegt.«

Der Biolandhof Zielke ist in Görlsdorf zu finden, am Rande des Oderbruchs, ca. 60 Kilometer östlich Berlins oder im Internet unter www.biolandhof-zielke.de.

Landwirt Rottstock liefert die Kartoffeln

Regionalpartner ist auch Landwirt Rottstock. Er ist von Anfang an mit dabei und beliefert BIO COMPANY mit Kartoffeln. Sein Bioland-Hof liegt im

Landwirt vom Gut Pretschen

Landwirt Zielke produziert statt auf 2,5 Hektar heute auf 25 Hektar.

Hohen Fläming. Im Mittelpunkt seines Feldbaus stehen die »Erdäpfel«, die sich bei den Kunden des Biosupermarktes großer Beliebtheit erfreuen. Außerdem setzt sich der Landwirt für Felder ohne Gentechnik im Fläming ein.

Mehr über die Arbeit des engagierten Landwirtes ist über www.biohof-rottstock.de oder www.flaemingenein.de zu erfahren.

Regionalpartner »Märkisches Landbrot«

Regionales steht auch am Backstand des Biosupermarktes ganz oben. Das Getreide der Brote von »Märkisches Landbrot« stammt zu 80 Prozent aus Brandenburg.

Die Demeter-Landwirte aus der Region liefern große Teile ihrer Ernte in die Berliner Demeter-Bäckerei. Wie das Getreide kommen auch viele der anderen Brotzutaten aus dem Umland.

Möhren, Joghurt, Buttermilch und Quark in umweltfreundlichen Mehrwegverpackungen liefert zum Beispiel der Brandenburger Demeter-Hof in Brodowin. Sogar die Sonnenblumenkerne stammen derzeit aus dem Spreewald! Wohlschmeckendes, kräftiges und auch mildes Demeter-Brot ist das Ergebnis einer partnerschaftlichen Kette.

Landwirt Rottstock

Landwirt aus Libbenichen

Die Wasserbüffel des Regionalpartners Bobalis

Das faire Zusammenspiel von regionalen Demeter-Landwirten, der Demeter-Bäckerei »Märkisches Landbrot« und den Backshops der BIO COMPANY liefert den Potsdamern ausgezeichnete Brote in dauerhaft höchster Qualität.
Weitere Informationen zu allen Brotsorten unter www.landbrot.de.

Bobalis Wasserbüffel

Vielleicht nicht ganz so bekannt, dafür aber äußerst delikat, sind die Produkte des Landwirtschaftsbetriebes Bobalis aus Jüterbog. Artgerecht und nach den Kriterien der EU-Bioverordnung züchtet Regionalpartner Bobalis Wasserbüffel. Die Milch von Büffelkühen verarbeitet die Hofkäserei beispielsweise zu zart-aromatischem Mozzarella, frischem Ricotta oder luftgetrocknetem Provolone. Im Frühjahr 2008 feierte Bobalis sein 10jähriges Jubiläum. Interessierte finden auf der Webseite www.bobalis.de Termine für Hofführungen und Hoffeste.

Regionalpartner Braumanufaktur Potsdam

Am Rande der Landeshauptstadt liegt die Braumanufaktur Potsdam. Nach alter handwerklicher Brautradition fließen Biere, deren Zutaten aus ökologischem Brandenburger Landbau stammen, in die attraktiven Maurerflaschen mit Bügelverschluss. Bereits deren Optik macht Appetit. Ihr Inhalt ist nicht minder attraktiv. Das Bio-Pils wird ausschließlich mit Aromahopfen gebittert, was eine nicht so herbe Note mit sich bringt. Durch das sehr feine Hopfenaroma erzielt die Braumanufaktur eine besondere Süffigkeit des edlen Bieres. Es ist nicht filtriert, also naturtrüb und enthält damit die ganzen wertvollen Bestandteile der Hefe wie Spurenelemente und Vitamine. Außerdem, wer einen Kasten Biobier kauft, erspart sieben Quadratmetern landwirtschaftlicher Nutzfläche die chemische Keule von Dünger und Pestiziden. Die Braumanufaktur Potsdam ist im Internet unter www.braumanufaktur.de zu finden.

Am Rande Potsdams liegt die Braumanufaktur.

Die Brandenburger und das Angebot der BIO COMPANY in der Schiffbauergasse

Die Potsdamer schätzen die delikaten Angebote von Brandenburger Feinkost und klassischen regionalen Produkten wie Brot und Gemüse in der BIO COMPANY in der Schiffbauergasse. Den Standort Schiffbauergasse finden Sie direkt am Ende der Stadtautobahn/Ecke Berliner Straße. Kundenparkplätze stehen neben dem Biosupermarkt bereit, ein Parkhaus befindet sich auf dem Gelände der Schiffbauergasse.
Geöffnet ist montags bis samstags von 8 bis 20 Uhr. Aktuelle Informationen über die BIO COMPANY finden Sie im Weblog unter blog.biocompany.de bzw. auf der Homepage unter biocompany.de

Brauanlage mit den Braumeistern Kirchhoff & Koehler

Selbstgebrautes Bier, frisch serviert

Aus vollem Herzen – BIO COMPANY

Die Schiffbauergasse ist ein lohnendes Domizil

BIO COMPANY bringt ein Stück Land in die Stadt, um möglichst vielen Menschen eine gesunde Ernährung zu ermöglichen. In Potsdam kam die Biosupermarktkette 2007 mit einem Stück (Brandenburger) Land in die Landeshauptstadt, in die Schiffbauergasse, Berliner Straße/Ecke Nuthe-Schnellstraße. Dieser Schritt war nicht nur logische Konsequenz der Verbundenheit mit der Regionalität, sondern ein exquisiter Punkt aufs i. Neben der Kultur am Standort lässt es sich prima einkaufen. Außer den großen Wochenendeinkäufern schauten auch schon viele neugierige »Neukunden« herein. Während die Einen den Großeinkauf erledigten, kauften die Anderen Kleinigkeiten zum Test oder probierten an den Verkostungsständen. Es gibt hier auch einen BIO COMPANY Markt und einen Bio-Imbiss, der leckere Suppen, Aufläufe und frische Salate anbietet. Die Kuchenstückchen beim Bäcker sehen nicht nur lecker aus, sie schmecken bei einer guten Tasse Kaffee auch so. Die Marktatmosphäre und der direkte Kontakt zum Erzeuger machen den Einkauf zu einem echten Erlebnis. Es gibt hier vom Bio-Ziegenkäse aus Brandenburg bis zum Teltower-Rübchen eine große Vielfalt an regionalen Spezialitäten. Wann immer es möglich ist, bietet BIO COMPANY bevorzugt regionale Produkte aus dem Umland an. Regionale Biobauern erhalten damit einen gesicherten Absatzmarkt.

Das umfangreiche Getreidesortiment steht für eine gesunde Ernährung im Angebot.

Der Backwarenstand bietet sehr viele appetitliche Köstlichkeiten.

Möhren, Joghurt, Buttermilch und Quark liefern Betriebe aus dem Brandenburger Umland.

Über 100 Wurst- und Fleischprodukte umfasst das Sortiment. Die BIO COMPANY bietet viele weitere Bio-Produkte aus der Region. Sie stammen ausschließlich aus kontrolliertem biologischem Anbau. Jedes in der BIO COMPANY angebotene Erzeugnis erfüllt als Mindeststandard die EG-Bio-Norm. Ein Großteil der Produkte ist darüber hinaus verbandszertifiziert. Ein Teil der Artikel untersteht sogar den noch strengeren Richtlinien von Demeter und Bioland. Dabei legt die Biosupermarktkette besonderen Wert auf faire Preisgestaltung, mit der der Kunde, aber auch die Bauern und Erzeuger gut leben können.

BIO COMPANY handelt nach dem Einkaufsgrundsatz »So nah wie möglich« und unterstützt vorrangig kleine handwerkliche und bäuerliche Betriebe aus der Region. Das vielfältige Angebot ist dabei durch die Frische der Produkte und kurze Lieferwege gekennzeichnet. Waren, die importiert werden (wie beispielsweise Bananen, Kaffee, Kakao) stammen zum großen Teil aus biologischen Fairhandels-Projekten, die soziale Strukturen in den Herkunftsländern unterstützen.

Herzliche Mitarbeiter schaffen eine gute Atmosphäre im Markt. Ziel ist es, dass sich der Kunde rundum wohl fühlt. Auch die Bauern und viele handwerkliche Kleinbetriebe engagieren sich aus voller Überzeugung für Bio!
Aus vollem Herzen – BIO COMPANY

Die Kartoffeln »Linda« kommen vom Bauer Rottstock aus dem Hohen Fläming.

Den kürzesten Weg hat das edle Bier mit dem feinen Hopfenaroma von der Braumanufaktur am Rande der Stadt in den Biosupermarkt.

Artgerecht und nach den Kriterien der EU-Bioverordnung züchtet Regionalpartner Bobalis Wasserbüffelkühe. Deren Milch, in der Hofkäserei verarbeitet, gelangt beispielsweise als zart-aromatischer Mozzarella, frischer Ricotta oder luftgetrockneter Provolone vom Land in die Stadt zu BIO COMPANY.

Zwischen »Feuer und Wasser« schuf Kunstschmied Ulrich Dalichow »Luise«

Die Schiffspension »Luise« befindet sich am Tiefen See und bietet über das Gewässer den schönsten Blick auf den Babelsberger Park. Das schöne, alte, einladende Schiff bietet gemeinsam mit der Pension »Am Tiefen See« im Haus an der Berliner Straße 58 angenehme und attraktive Übernachtungsmöglichkeiten in gemütlicher Atmosphäre. Im Gästebuch finden sich hierfür viele begeisterte Danksagungen. Das Haus wurde 1901 in der damaligen Königsstraße auf dem Wassergrundstück im italisierenden Gründerzeitstil erbaut und 100 Jahre später durch den Eigentümer Ulrich Dalichow in Übereinstimmung mit der Denkmalpflege liebevoll saniert und als Pension »Am Tiefen See« eingerichtet. Im Jahre 2004 kam dann eine besondere Möglichkeit des Übernachtens und Erholens hinzu: die Schiffspension »Luise«.
Als gelernter Schlosser, Stahlbauer und Schmiedemeister war Ulrich Dalichow viele Jahre als Kunstschmied tätig. Er erinnert sich gerne daran, dass seine Ausbildungsstätte noch eine Schmiede mit Hufbeschlag war. Um sich in der damaligen DDR als Handwerksmeister selbstständig machen zu können, wurde er am damaligen Hans-Otto-Theater Bühnenbildner. Das Kunstwerk aus plastischen Buchstaben in der Verknüpfung von zwei philosophischen Sätzen, als Ringverbindung in Form einer

Ulrich Dalichow

Kunstwerk Weltraumkugel von Ulrich Dalichow

Im Garten der Pension am Tiefen See

großen Kugel, an der Bibliothek am Platz der Einheit ist sein erstes Werk und wurde anlässlich des Weltraumfluges von Siegmund Jähn, dem ersten Deutschen im Weltraum, 1977 eingeweiht.
Bis 1990 war Ulrich Dalichow allein arbeitender Kunstschmied, dann ließ er sich mit drei Mitarbeitern in Saarmund nieder und spezialisierte sich auf Edelstahlbau. Der Metallberuf bildete die beste handwerkliche Voraussetzung und damit die Grundlage, das Schiff fachgerecht um- und auszubauen. Zum Glück habe er vorher nicht gewusst, wie viel bürokratische Hürden es zum Betreiben eines Pensionsschiffs noch zu bewältigen galt.
Während der Berufsausbildung mit Abitur erlernte Herr Dalichow zuvor den Beruf des Gastronomen (Koch und Kellner). Seine Neigung hingegen entwickelte sich zum Metallbau, so dass er anschließend die Ausbildung zum Kunstschmied aufnahm. Somit liegt die Betreibung des kleinen Pensionsbetriebes heute in guten Händen. Das kleine Paradies am Tiefen See richteten Ulrich Dalichow und seine Frau Julia handfest, gemütlich und mit sehr viel Liebe zum Detail ein. Neben den Pensionsräumen des Hauses stehen nun schmuck eingerichtete Einzel- und Doppelkajüten der »Luise« mit modernem technischen Standard zur Verfügung. Das Sonnendeck mit seinen 120 Quadratmetern bietet viel Platz zur Erholung. Der Garten am Seeufer der Pension lädt zum Grillen ein. Auch Sauna, Kamin, Fahrrad- und Kahnverleih, Federballplatz, Tischtennis und ein Vier-Meter-Trampolin am Wasser werden geboten. Wassersportler finden an der Steganlage eine gern genutzte Möglichkeit zum Festmachen. Im traditionellen und erweiterten Schmiedegebäude findet man bei einem reichhaltigen Frühstücksangebot Ruhe und Erholung. Man kann den Tag in der Kapitänsmesse oder am Kamin ausklingen lassen. Neben gelegentlichem Schauschmieden oder Schmiedegrundlehrgängen bietet sich der Ort besonders für Feierlichkeiten jeder Art an.

Die Betriebsstätte Schmiede

Besonders gemütlich ist es am Gartenkamin.

Einfach in Träume schaukeln lassen

Pension »Am Tiefen See«
Berliner Straße 58
14467 Potsdam
Tel. (03 31) 24 02 22
Fax (03 31) 24 02 24
info@schiffspension.de
www.schiffspension.de

PENSION AM TIEFEN SEE

Schiffs PENSION Luise

Das im Jahre 1733 errichtete Jägertor ist das älteste im Original erhaltene Potsdamer Tor. Es markiert gemeinsam mit dem Nauener und Brandenburger Tor die Grenze der einstigen II. Stadterweiterung.

Die Jägervorstadt

Zeugnis der Militär- und Verwaltungsstadt Potsdam

Seit dem 18. Jahrhundert gehört die Jägervorstadt zu Potsdam. Sie befindet sich unmittelbar nördlich der barocken Innenstadt und dem westlich gelegenen Park Sanssouci. Zu ihr gehören die historischen Weinbergterrassen, die der Vorstadt durch ihre typische, etwas ansteigende Lage, einen der schönsten Aussichtspunkte auf die Stadt Potsdam darbietet, und auch Sichtachsen zum Park Babelsberg und der Neustädter Havelbucht bietet. Vor dem Jägertor, nach dem die Vorstadt ihren Namen erhielt, lagen 1744 nur zwölf Gebäude in den Gärten verstreut. Erst um die Mitte des 19. Jahrhunderts begann hier eine rege Bautätigkeit. Kasernen und freistehende Villen lassen gerade in diesem Stadtteil die Entwicklung Potsdams zur Militär- und Beamtenstadt deutlich werden.

Durch den Umbau eines vorhandenen Gebäudes entstand 1849 nach Skizzen König Friedrich Wilhelm IV. ein Winzerhaus. Es befindet sich an dem zwei Jahre zuvor von Peter Joseph Lenné terrassierten Weinberg. Das gestufte Gebäude, mit Turmgeschoss, Belvedere und Loggia sowie das in unmittelbarer Nähe gelegene Triumphtor sind Fragmente einer unvollendet gebliebenen Triumphstraße.

Die unter dem Großen Kurfürst Friedrich Wilhelm angelegte »Allee gegen Eichberg« (Lindenstraße/Jägerallee bis Pfingstberg) durchschnitt bereits 1672 die im Plan von Johann Gregor Memhardt (1607 bis 1678) eingezeichnete Kurfürstliche Fasanerie. Ein langgestrecktes, niedriges Gebäude mit einem Speisesaal für den Hof stand inmitten eines Fasanengartens mit seiner Front zur Stadt. Diese Fasanerie wurde später als Jägerhof genutzt, 1765 zu einer Seidenfabrik umgebaut, später abgerissen sowie durch den Bau einer Unteroffiziersschule ersetzt und ist heute Sitz der Justiz.

Aus der Unteroffiziersschule entstand ein modernes Justizzentrum

Die Unteroffiziersschule wurde in den Jahren 1826 bis 1828 im Auftrag König Friedrich Wilhelms III. nach Entwürfen von Karl Friedrich Schinkel durch den Baumeister Johann Georg Carl Hampel errichtet. Seit dem Jahr 1820 gab es in Potsdam ein Lehr-Infanterie-Bataillon, zu dem ab 1825 eine Schulabteilung gehörte. Hier wurden Jungen aus dem Großen Militär-Waisenhaus und der Militär-Knaben-Erziehungsanstalt in Annaburg als Unteroffiziere ausgebildet. Für sie wurde das große

Die Hegelallee zeichnet den Verlauf der Stadtmauer von 1735 nach. Im Rahmen der Bundesgartenschau 2001 in Potsdam wurde die Promenade komplett saniert. In den Jahren zuvor wurde die Fläche vorwiegend für Parkplätze genutzt.

Hauptgebäude an der Jägerallee errichtet, dessen Besonderheit eine Heißluft-Zentralheizung war. Diese Unteroffiziersschule diente als Mustereinrichtung für den Aufbau weiterer Schulen. Ab dem Jahr 1920 wurde die Kaserne von der Sicherheitspolizei genutzt und ab 1921 von der Reichswehr. In den Jahren 1945 bis 1993 befand sich hier eine Dienststelle und wahrscheinlich die Post der Roten Armee.

Ab dem Jahr 2004 begann der Ausbau zum Justizzentrum. Im Jahr 2005 wurde eine ehemalige preußische Turnhalle in Neuruppin Stein für Stein abgetragen und als Fachwerkgerüst in Potsdam wieder aufgebaut. Zudem wurde die ehemalige Büchsenmacherei in eine Antragstelle des Amtsgerichtes und das Exerzierhaus in ein Verwaltungsarchiv umgebaut.

Das moderne Justizzentrum, welches die verschiedenen in Potsdam ansässigen Gerichte zentral aufnahm, wurde am 9. Oktober 2008 eingeweiht. Bis dahin wurden 49 Millionen Euro verbaut. Hier arbeiten gegenwärtig 500 Mitarbeiter, darunter 80 Richter und 90 Staatsanwälte.

Die Höhe der Weinbergterrassen bietet der Jägervorstadt durch ihre typische, etwas ansteigende Lage, einen der schönsten Aussichtspunkte auf die Stadt Potsdam dar.

Die Jägerallee entstand bereits zwischen 1660 und 1670 als »Allee gegen Eichberg« zwischen der Meierei am Kiez und dem Eichberg (heute Pfingstberg). Damals befand sich diese Landschaftsallee außerhalb des früheren Potsdamer Stadtgebietes. Vom Jägertor aus gelangte man über diese Straße zum königlichen Jagdgebiet.

Der Königliche Platz-Major Graf Albert von Haacke ließ sich sein Wohnhaus unmittelbar am Beginn der Jägerallee bauen.

Historische Bauten prägen die Jägervorstadt

Von der Jägerallee führt noch heute eine Stichstraße zu einem Platz (»Mausefalle«, Jägerallee 37 bis 40), auf dem die Potsdamer Tuchmacher im 18. Jahrhundert ihre Rahmen zum Trocknen der Stoffe auf einem Bleichplatz aufstellten.

Sehr prägend für diesen Stadtteil sind auch die preußische Garde-Ulanen-Kaserne (heute Haus der Wirtschaft), das ehemalige Werner-Alfred-Bad (errichtet 1913 durch den Berliner Architekten Paul Otto August Baumgarten) und das historische Amtsgericht Potsdam.
In der Hegelallee wurde nach 1990 eine Promenade gestaltet, die den Verlauf der ehemaligen Stadtmauer vom Brandenburger Tor bis zum Nauener Tor nachzeichnet.

In der Jägervorstadt befand sich auch die Kurfürstliche Fasanerie, die in dem Plan von Memhardt aus dem Jahr 1672 bereits eingezeichnet war. Diese Fasanerie wurde später als Jägerhof genutzt und 1765 zu einer Seidenfabrik umgebaut. Ab 1826 ersetzte Karl Friedrich Schinkel den abgerissenen Bau durch eine Unteroffiziersschule, das heutige Justizzentrum, in der Jägerallee 10 bis 12.

Die Familie des Flugpioniers Werner Alfred Pietschker (1877 bis 1911) stiftete der Stadt Potsdam zu dessen Andenken 1913 das Werner-Alfred-Bad. Die zahlreichen schmalen Fenster der öffentlichen Badeanstalt entsprachen den jeweiligen Badezellen. Außer den ovalen Schwimmbecken, 18 Brause- und 26 Wannenbädern, gab es hier auch russisch-römische Bäder und eine medizinische Badeanstalt. Nach jahrelangem Leerstand hat sich hier ein Gesundheitszentrum integriert. Die Beckenverkleidung ist original erhalten.

Einzigartige Garde-Ulanen-Kaserne im neuen Glanz

Die markante Garde-Ulanen-Kaserne in der Jägerallee wurde als erstes denkmalgeschütztes Ensemble im Bornstedter Feld komplett saniert und mit neuer ziviler Nutzung belegt. Das imposante Gebäude trägt mit einer Mischung aus Büros, Ateliers, Produktion, Wohnen und einem Oberstufenzentrum zur Belebung der Jägervorstadt bei. Durch den Kontrast zwischen erhaltenen historischen Gebäuden und modernen Ergänzungen ist eine spannungsreiche Architektur entstanden.
Das zinnenbekrönte Hauptgebäude, welches sich direkt an der Jägerallee befindet, ist der repräsentative Auftakt zur Gesamtanlage. Die Nutzung als Bankgebäude hat ihm den Namen »Haus der Immobilie« verliehen. In den Stallgebäuden des westlichen Hofbereichs wurde 2002 das Oberstufenzentrum I Technik der Stadt Potsdam für 2000 Schüler eröffnet. Im Hofbereich lassen abgesenkte und begrünte Vor- und Innenhöfe reichlich Tageslicht in die verglasten Werkräume des Souterrains strömen. Die alte Waffenmeisterei ist heute Domizil der Druckerei Rüss. Das historische Pferdelazarett hat sich in ein Kunsthaus mit Ateliers verwandelt. Im südlichen Stallflügel ist ein Unternehmen für Medizintechnik eingezogen. Im nördlichen Stallflügel befinden sich dreizehn Maisonettewohnungen. Das nördliche Stallgebäude beherbergt ein Softwareunternehmen, ein Medizindiagnostiklabor, ein Stadtplanungsbüro und das Büro der Entwicklungsträger Bornstedter Feld. Südlich des Oberstufenzentrums wurden vier Mietshäuser mit 72 Studentenwohnungen errichtet. Direkt am Oberstufenzentrum ist ein vielseitig nutzbarer Sportplatz entstanden.
Die Anlage wurde von 1861 bis 1879 für das 3. Garde-Ulanen-Regiment auf einem ehemaligen Reitplatz errichtet. Die Kaserne ist im September 1994 als letzte Liegenschaft von den GUS-Truppen an die Bundesrepublik Deutschland übergeben worden. Zuletzt waren hier die Kommandantur mit Militärgericht, Militärstaatsanwaltschaft und Militärgefängnis sowie die Schule der sowjetischen Streitkräfte untergebracht. Das rund 7,5 Hektar große Areal ist nur wenige Minuten zu Fuß von der historischen Innenstadt entfernt und bildet das Entree zum Bornstedter Feld.

Die ehemalige Garde-Ulanen-Kaserne 3 in der Jägerallee wurde 1867/1868 für die Ulanen des 3. Regiments im normannischen Burgenstil erbaut. Sie wurde bis 1994 durch die Sowjets genutzt, heute ist hier unter anderem das Oberstufenzentrum I (Ausbildungsschwerpunkt Technik) ansässig.

Mit neuem Recht Berufswunsch erfüllt

Hans-Jürgen Kernbach engagiert sich mit viel Herz in seiner Anwaltskanzlei

Schon als kleiner Junge war bei ihm das Rechtsbewusstsein sehr ausgeprägt. Hans-Jürgen Kernbach wollte sich mit seinem Helfer-Syndrom ganz einfach nützlich machen, so wie er auch in seiner Kindheit schon immer anderen Menschen helfen wollte. Seinen Kindheitstraum, einmal Rechtsanwalt zu werden, hatte er im Verlauf seiner beruflichen Entwicklung aber aufgegeben.

Staatsanwalt in der DDR

Sein Prinzip, Gerechtigkeit widerfahren zu lassen, war sein Grund für ein Jurastudium. Doch zu DDR-Zeiten wurde damals aufgrund von staatlichen Beschränkungen und Regulierungen die Stadt Potsdam mit den fünf vorhandenen Rechtsanwälten für ausreichend versorgt gehalten. Deshalb setzte die zentrale Lenkung der Studienabgänger den jungen Rechtsgelehrten als Staatsanwalt ein. Mit ihm gab es in Potsdam sechs Staatsanwälte.

Hat man als Staatsanwalt nicht eine bessere Position bei der Rechtsfindung als ein Rechtsanwalt? Hans-Jürgen Kernbach, verneint diese Frage eindeutig. Es wäre nicht selten gewesen, dass der Richter sich nicht der Ansicht der Staatsanwaltschaft anschloss.

Schon zu damaliger Zeit lag ihm die Arbeit mit Jugendlichen am Herzen und er war mit seinem Engagement um eine geringe Straffälligkeit und Rückfallquote bemüht. Die Zahl der Straftaten Jugendlicher wäre zu DDR-Zeiten auch nicht viel niedriger gewesen, als zur heutigen Zeit. »Dennoch waren wir in der Arbeit mit den Jugendlichen bei der Bekämpfung der Kriminalität schon viel weiter als heutzutage«, erinnerte er sich. Er baute auch eine Zusammenarbeit mit dem damaligen Referat Jugendhilfe auf. Für kriminell gefährdete Jugendliche wurden Vorsorgemaßnahmen bereits an den Schulen getroffen. Zu einigem, was sich bewährte, komme man nun aber langsam auch wieder.

Keine Schranken für das Recht

Mit der Wende konnte der langgehegte Berufswunsch in Erfüllung gehen. 1992 erfolgte für Hans-Jürgen Kernbach die Zulassung als Rechtanwalt und er konnte seine eigene Anwaltskanzlei eröffnen. In dieser überträgt er sein Wissen auch an drei Auszubildende für den Beruf der Rechtsanwaltsfachangestellten. Er fühlt sich hier als Motor. Sein Arbeitstag kennt nur zehn und zwölf Stunden. Er ist gern bereit, weiterhin hohe Leistungen zu vollbringen, insbesondere auch, weil seine Arbeit jetzt emotional sehr erwünscht ist. Er kann helfen, statt zu strafen.

Eines der größten Erfolgserlebnisse ist es immer wieder, wenn er dazu beitragen kann, die im Strafverfahren negierte Unschuld zu beweisen. Die Frage, warum er vor allem im Straf- und Familienrecht tätig ist, beantwortete er so: »Schon als Staatsanwalt befasste ich mich mit den teilweise übergreifenden Konflikten in diesen Bereichen. Warum soll ich auf Erlerntes und Erfahrungen verzichten?« Nach der Wende half er, die neue Gesetzgebung der Bundesrepublik Deutschland, sowie neue Strukturen in unserem Land aufzubauen. Wiederum engagierte sich der Jurist auch in der Jugendarbeit. Sein Motiv: Je eher Einfluss in kriminell gefährdeten Bereichen genommen werden kann, desto besser kann man vorbeugen. Der heutige Anwalt sieht es bei der weiteren Ausgestaltung des Rechtssystems auch als notwendig an, dass die Anforderungen für die Bewilligung der Prozesskostenhilfe heruntergesetzt werden. Es dürften überhaupt keine Schranken für das Recht existieren. Selbst arbeitet er, trotz finanzieller Einbußen, auch als Pflichtverteidiger. Die Übernahme zivilrechtlicher Verfahren über Prozesskostenhilfe, vor allem im Familienrecht und im Arbeitsrecht, sowie die kostenlosen Rechtsauskünfte innerhalb des örtlichen Anwaltsvereins, sind weitere Beiträge seines sozialen Engagements.

Über viele Jahre war Hans-Jürgen Kernbach in der Friedrich-Ebert-Straße 32 tätig, wo sich bis 2008 das Potsdamer Landgericht befand. Das Gebäude stammt aus dem Jahr 1887 und präsentiert sich als eindrucksvolle städtebauliche Dominante an der dortigen Straßenkreuzung.
Bauherr war die Deutsche Lebens-, Pensions- und Rentenversicherungsgesellschaft, der Architekt Heino Schmieden.

Rechtsanwalt Hans-Jürgen Kernbach

Anwaltskanzlei Hans-Jürgen Kernbach
Strafrecht Familienrecht ,Verkehrsrecht, Arbeitsrecht
Johannes-Kepler-Platz 2 · 14480 Potsdam
1. Etage/Wohnung 5 · Eingang Newtonstraße
Tel./Fax (03 31) 61 35 34 · Tel. (03 31) 6 26 33 62

Herzlich Willkommen im CLUB AKTV

Gesundheits- & Rehabilitationssport im Werner-Alfred-Bad

Schon über zehn Lenze zählt der CLUB AKTIV. Seit der Wiedereröffnung des Werner-Alfred-Bades im Jahr 2005 findet das moderne Training in diesem Club unter der Leitung des Mitbegründers Torsten Wanagas im historischen Ambiente statt. Diese Gemeinschaft ist eine Abteilung des Brandenburgischen Vereins für Gesundheitsförderung und eine eingetragene Vereinigung der Universität Potsdam. Zu den Schwerpunktaufgaben gehören unter anderen präventive und rehabilitative Kurse. Zudem beschäftigt sich der Verein weitestgehend mit Aus- und Weiterbildungen von Ärzten, Sport- und Physiotherapeuten sowie Heilpraktikern.

Viel Spaß und Bewegung bei Wassergymnastik und Aqua-Fitness-Kursen

Mit Sport besser ins Alltagsleben starten

Dabei gibt es eine therapeutische und soziale Kompetenz auf höchstem Niveau. Alle Trainer sind hoch qualifizierte Absolventen der Potsdamer Universität. Durch die Anbindung an die Sportmedizin der Uni werden neuste sportmedizinische und bewegungswissenschaftliche Erkenntnisse erfolgreich angewendet. Das Training erfolgt an modernen Geräten, die hohe medizinische Standardanforderungen erfüllen.

Schließlich sollen sich die Trainierenden in ihrem CLUB AKTIV wohl fühlen. Damit gesteckte Ziele auch sicher erreicht werden, erfolgt eine individuelle persönliche Betreuung. Die Therapeuten kümmern sich persönlich intensiv um eine kleine Anzahl von Trainierenden. Ein guter Therapeut hilft seinen Patienten, Gesundheitsproblemen vorsorglich entgegenzuwirken. Ein jeder kann sich hier selbst überzeugen, wie körperliches Wohlbefinden und Lebensqualität bis ins hohe Alter verbessert werden können. Seitdem der Club seine breite Angebotspalette und die vielen Geräte in den schönen Räumlichkeiten des Werner-Alfred-Bades etablieren konnte, gab es eine enorme Resonanz aus allen angesprochenen Personengruppen. Zu ihnen gehören auch die Kinder. Spezielle Kurse befriedigen das Bedürfnis nach abwechslungsreicher Bewegung. Die Kinder werden dabei ganzheitlich nach ihrem individuellen Entwicklungsstand gefördert. Kostenlose Probestunden und ein Kombi-Training mit Mama und Papa sind möglich.

Funktionsdiagnostik: körperliche Defizite frühzeitig erkennen

Trainercrew CLUB AKTIV mit großer Kompetenz

Vielfältige Gesundheitsangebote im CLUB AKTIV

Zum Kursprogramm des CLUB AKTIV gehört unter anderem die präventive Rückenschule zur Vorbeugung von Funktionsstörungen und Erkrankungen des Muskel-Skelett-Systems, insbesondere der Wirbelsäule. Gezieltes Koordinationstraining im Zusammenspiel mit funktionellen Kräftigungs- und Entspannungsübungen sollen dazu beitragen, Rückenproblemen effektiv vorzubeugen.

Das Angebotsprogramm von CLUB AKTIV ist jedoch noch viel umfangreicher. So gibt es hier:

- Gesundheitsorientiertes Kräftigungstraining
- Rückenschule, Pilates, Yoga, Autogenes Training
- Herz-Kreislauf-Training/ Nordic Walking & Walking
- Funktionstraining und Rehabilitationssport für den Stütz- und Bewegungsapparat
- Herz-, Lungen- und Diabetessportgruppen
- Krankengymnastik
- Wassergymnastik und Aquafitness
- Funktionsdiagnostik

Um die notwendige individuelle Betreuung zu sichern, wird um eine vorherige Terminabsprache gebeten.

CLUB AKTIV

CLUB AKTIV im Werner-Alfred-Bad
Hegelallee 23 · 14467 Potsdam
Tel. (03 31) 2 01 67 46 · Fax (03 31) 2 97 47 42
info@club-aktiv-potsdam.de
www.club-aktiv-potsdam.de

Nauener Vorstadt mit Neuem Garten

Weltberühmte Gedenkstätte Schloss Cecilienhof

Die Nauener Vorstadt gehörte bereits im 18. Jahrhundert zu Potsdam. Der östlich an die Jägervorstadt angrenzende Stadtteil entwickelte sich nördlich vor dem Nauener Tor und an der von hier ausgehenden Friedrich-Ebert-Straße. Im Norden erweisen sich der Pfingstberg und der Jungfernsee als natürliche Grenzen der Vorstadt. Im Süden ist sie durch die Hegelallee und die Kurfürstenstraße begrenzt. Im Osten erstreckt sie sich bis zum Neuen Garten. 1744 gab es in diesem ländlichen Gebiet 38 Gebäude. Im 19. Jahrhundert dagegen ging die Bebauung des Geländes schnell voran. Es entstanden für preußische Offiziere und höhere Staatsbeamte freistehende, repräsentative Villen und Mietshäuser. Die Bauordnung sah nur Villenbauten vor und erlaubte keine Krankenanstalten, Fabriken oder Tanzlokale. Nach 1897 wurden auch die sumpfigen »Stieffschen Wiesen« östlich des Holländischen Viertels erschlossen. In der Friedrich- Ebert-Straße 79 bis 81 wurde anstelle eines Blumen- und Konzertgartens 1902 bis 1906 das Gebäude der Potsdamer Regierung, das imposante Neue Rathaus errichtet. Später zogen auch die Räte des Stadt- und des Landkreises Potsdam, danach die Stadtverwaltung Potsdam ein. Äußerlich im Neubarock, weist das Stadthaus auch Elemente des Jugendstils auf, wie Treppenhäuser und Geländer.

Mit einer Mauer rund um den Neuen Garten – die Ufer zum Heiligen See ausgenommen – hat sich König Friedrich Wilhelm II, genannt der »dicke Wilhelm«, von der Außenwelt abgeschottet. Ein Portierhaus mit zwei Tortürmen bewachte die Zufahrt. Bild von Alfred Schmidt »Neuer Garten-Torhäuser«, Pastell 70 x 50 Zentimeter.

In dieser Vorstadt befindet sich auch die Eisenhartstraße, die nach dem Potsdamer Kaufmann A. F. Eisenhart (1773 bis 1846) benannt wurde. Er hatte ein großes Vermögen erworben, von dem er die Hälfte (19 300 Taler) der Stadt für Stipendien, eine Schule und ein Krankenhaus für begüterte Bürger stiftete. Die Stadt setzte ihm dafür in der Berliner Straße ein Denkmal, welches 1972 einen neuen Platz an der Kreuzung Eisenhardt-/Behlertstraße erhielt. In der Behlertstraße 31 steht eines der interessantesten frühklassizistischen Gebäude, das Haus der Gräfin Lichtenau, der Geliebten von Friedrich Wilhelm II.

Die Nauener Vorstadt besitzt ein geschlossenes Stadtbild von hoher Gestaltqualität. Auch heute leben zum Teil prominente Potsdamer in den herrschaftlichen Villen, wie zum Beispiel die Verlegerwitwe Friede Springer und Mathias Döpfner, Vorstandsvorsitzender der Axel Springer AG. Der Stadtteil beherbergt außerdem die weitläufige Parkanlage des Neuen Gartens mit dem Schloss Cecilienhof, das unter anderem durch die Unterzeichnung des Potsdamer Abkommens 1945 weltbekannt wurde.

Im Park ist das einmalige Marmorpalais, der Sommersitz Friedrich Wilhelm II., mit seinem unvergleichlichen Blick auf den Heiligen See zu finden. Am Rande des Neuen Gartens am Jungfernsee liegt

Denkmal des Kaufmanns A. F. Eisenhart

Die Nauener Vorstadt mit vielen schmucken Bauten

Im Haus Kaiserin- Augusta-Stift (Am Neuen Garten 29 bis 32) befand sich bis August 1994 die KGB-Zentrale.

die Meierei-Gaststätte mit Schaubrauerei, die im Sommer 2003 eröffnet wurde. Zu DDR-Zeiten befand sich dieses Gebäude als Ruine im Grenzgebiet zu West-Berlin und war für die Bevölkerung nicht erreichbar. In direkter Nachbarschaft des Neuen Gartens befindet sich das »Verbotene Städtchen« am Kapellenberg, welches heute ein fast vollständig saniertes Villenviertel ist. Seinen Namen verdankt es der Zeit nach dem Zweiten Weltkrieg. Bis 1990 war dieses Areal Standort des sowjetischen Geheimdienstes und für die Bevölkerung gesperrt. Ebenfalls sehenswert sind die Russische Kolonie »Alexandrowka« mit den historischen Holzhäusern russischer Bauart, die zu den UNESCO-Welterbestätten gehören und die Russisch-Orthodoxe Kirche auf dem Kapellenberg.

Dahinter, am Fuß des in der Nachbarschaft gelegenen Pfingstberges, befindet sich der historische jüdische Friedhof. Auf dem Pfingstberg liegt das umfangreich restaurierte Belvedere mit einer herrlichen Aussicht über Potsdam und die Umgebung. Jahrzehnte war es durch die DDR-Behörden gesperrt und verfiel, weil von hier ein nicht gewünschter und ungehinderter Blick nach Berlin -Wannsee und die russischen Militäranlagen auf dem Bornstedter Feld (heute Volkspark Potsdam) möglich war.

Der Neue Garten mit Schloss Cecilienhof ist die wohl berühmteste Gedenkstätte der Stadt. Inmitten der historischen Parkanlagen Potsdams setzt das Schloss Cecilienhof den Schlusspunkt in der langen Reihe der Potsdamer Schlösser. Im Nordflügel des im englischen Landhausstil errichteten Baus tagten 1945 die Delegationen der alliierten Siegermächte über Nazideutschland.

Das Verbotene Städtchen

Die Verbotene Stadt war das »Militärstädtchen Nr. 7«, eine »kleine neu geschaffene sowjetische Stadt«, die fast das gesamte Gebiet zwischen Puschkinallee und Neuem Garten einnahm. Über ein halbes Jahrhundert war dieses Viertel hermetisch abgeriegelt sowie von einer zwei Meter hohen Mauer und vielen Wachtürmen umgeben.
Hier befand sich seit 1945 die Deutschlandzentrale des sowjetischen Geheimdienstes Komitee für Staatssicherheit (Komitet Gossudarstwennoy Besopasnosti - KGB). Vom 17. Juli bis 2. August 1945 trafen sich die Siegermächte im Schloss Cecilienhof zur Potsdamer Konferenz. Wenige Tage danach kam der Befehl zur Räumung des unmittelbar an den Neuen Garten angrenzenden Bereichs. Innerhalb weniger Stunden mussten sämtliche Bewohner die Gebäude des großen Areals verlassen. Die Villen und die anderen Häuser wurden beschlagnahmt, aber nicht enteignet. Das frühere Internat der Kaiserin wurde zur KGB-Zentrale umfunktioniert. Von den Tausenden in Potsdam stationierten sowjetischen Armeeangehörigen, durften nur die hochrangigsten Offiziere hier wohnen.
Die Große Weinmeisterstraße erhielt von der sowjetische Armee den Namen Zentralnaja Ulitza (Zentrale Straße). Von dieser Straße zweigt die Leistikowstraße ab. Sie hieß früher Mirbachstraße, benannt nach Ernst von Mirbach, dem Oberzeremonienmeister der Kaiserin Auguste Victoria. Fast alle Gebäude wurden vom KGB und den sowjetischen Streitkräften in einem erbärmlichen Zustand zurückgelassen. Die meisten konnten inzwischen von Alteigentümern und Käufern mit hohem Aufwand restauriert werden. Heute erinnert nur noch wenig an die frühere Zeit. Einzig das ehemalige KGB-Gefängnis konservierte man in seinem maroden Zustand als Museum und Gedenkstätte. Es befindet sich in der Leistikowstraße 1. Im Sommer 1945 zog die sowjetische Spionageabwehr in die ehemalige Villa des »Evangelisch-Kirchlichen Hilfsvereins« ein und entfremdete die Gebäude als Gefängnis. Es wurden unterirdisch verbundene Untersuchungsabteilungen angelegt. Zwischen August 1945 und Frühjahr 1947 warteten im Kellertrakt die zum Tode Verurteilten auf die Urteilsvollstreckung. Danach diente die Anlage ausschließlich als Untersuchungsgefängnis der Spionageabwehr für die gesamte Sowjetische Besatzungszone (SBZ, später DDR) mit Ausnahme Ost- Berlins. Unter großem Einfluss des berüchtigten Iwan Serow, der im Auftrag Stalins die Geheimdienste in der SBZ aufbaute, wurde dieses Gefängnis betrieben. Die Spionageabwehr der Sowjets verfolgte weniger Kriegsverbrecher oder hohe Nazis, sondern inhaftierte massenweise Bürger der SBZ, die nicht einmal gegen Gesetze verstoßen haben mussten. Seit 1953 nutzten die Sowjets das Gefängnis auch zur Inhaftierung von Militärangehörigen.
Heute ist das repräsentativste Gebäude der Straße »Am Neuen Garten« zweifellos wieder das Augusta-Stift (Hausnummer 19 bis 24). Bis August 1994 befand sich hier die KGB-Zentrale. Das Haus entstand auf Anregung der Kaiserin Augusta, Gemahlin Wilhelms I. und war schulische Anstalt für die Töchter im Kriege gefallener Offiziere und Militärbeamter.

Der Tradition des selbst gebrauten Bieres verpflichtet

Gasthausbrauerei »Meierei im Neuen Garten«

Die Meierei entstand in den Jahren nach 1790 nach einem Entwurf von Carl Gotthard Langhans (1732 bis 1808) im Zuge der Anlage des Neuen Gartens durch König Friedrich Wilhelm II. Damals gehörten weidende Kühe zum Bild des Neuen Gartens, deren Milch in der Meierei zu Butter und Käse für die königliche Tafel verarbeitet wurde.
Das Gebäude wurde 1844 durch Ludwig Persius zu einer burgartigen Anlage im normannischen Stil umgebaut. Nach 1861 erfolgte der Einbau eines Pumpwerkes für die Bewässerung des Neuen Gartens. Das Hochbecken für das Wasser befindet sich auch heute noch im Belvedere auf dem Pfingstberg. Vor dem Zweiten Weltkrieg gehörte die Meierei zu den beliebtesten Ausflugsgaststätten in Potsdam. 1945 brannte das Gebäude aus. Die Ruine lag bis 1989 unzugänglich für die Öffentlichkeit in den Grenzanlagen der Berliner Mauer.
Die Gasthausbrauerei greift zurück auf die Brauertradition, nach der in früheren Zeiten ein jeder Wirt sein Bier selbst gebraut hatte. Auch in der »Meierei« sind die Brauereianlagen mit den Kupfer- und Edelstahlbehältern in den Gastbereich integriert, so dass die Gäste dem Brauer über die Schulter schauen und das Brauen mitverfolgen können.

Die Meierei im Neuen Garten ist ein beliebtes Ausflugsziel.

»Die Potsdamer Schwarze«, der Herbstbock »Sollator« und andere

Das DLG-prämierte, malzig-süffige, würzige und vollmundige Hausbier »Meierei-Hell«, das Weizenbier und einige saisonal abhängige Spezialbiere sind weithin bekannt und beliebt.
Märzen, Rotbier, Maibock, »Die Potsdamer Schwarze«, der Herbstbock »Sollator«, ein »Top-Secret-Bier«, ein Weihnachtsfestbier oder »Solles Winterbock« sind nur einige Biersorten, die sich der Braumeister hat einfallen lassen. Das mystische »Neumondbier« wird beispielsweise unter Mithilfe einer Bierhexe eingemaischt und findet viele Liebhaber.
Neben den süffigen hausgebrauten Bieren gibt es eine kleine Auswahl an typischen Speisen aus der Region Berlin-Brandenburg. Die Küche orientiert sich an den Frische-Angeboten der umliegenden Märkte.
Die Gäste der Gasthausbrauerei können an rund 200 Innen- und 200 Außenplätzen alle Spezialitäten des Hauses genießen. Für den Sommer bietet sich der weitläufige Biergarten an. Hier hat man einen unvergesslichen Blick auf den Jungfernsee, den Königswald und den Glienicker Volkspark.

Zum Wohle mit selbstgebrautem Bier

Auch den »kleinen Besuchern« wird ein Erlebnis geboten, ein von Obstbäumen umgebener Kinderspielplatz bietet die Möglichkeit, Vater und Mutter zu entlasten. Einen noch weiter reichenden Blick über den Jungfernsee und auf die Schiffsanlegestation »Cecilienhof« hat der Besucher aus der »Königlichen Theestube« im Obergeschoss. Hier wird in der Wintersaison sonntags Brunch angeboten.
Die Meierei, Brauhaus im Neuen Garten, wurde nach einjähriger Bauzeit im Juni 2003 wiedereröffnet und hat sich wieder als beliebtes Ausflugslokal für Leute von nah und fern entwickelt.

Gasthausbrauerei »Meierei im Neuen Garten« GmbH
Geschäftsführer:
Dipl.-Brau-Ing. Jürgen-M. Solkowski
Hannelore Maiwald-Solkowski
Im Neuen Garten 10
14469 Potsdam
Tel. (03 31) 7 04 32 11
Fax (03 31) 7 04 32 13
meierei-potsdam@t-online.de
www.meierei-potsdam.de

Das Denkmal der Erinnerung an die Bande der Freundschaft zwischen König Friedrich Wilhelm III. und Zar Alexander I.

Russische Kolonie Alexandrowka

»Es ist Meine Absicht, als ein bleibendes Denkmal der Erinnerung an die Bande der Freundschaft zwischen Mir und des Hochseeligen Kaisers Alexander von Russlands Majestät bei Potsdam eine Kolonie zu gründen, welche Ich mit den von Seiner Majestät mir überlassenen Russischen Sängern als Kolonisten besetzen und Alexandrowka benennen will.«

Die Order für die Gründung der Russischen Kolonie Alexandrowka verkündete König Friedrich Wilhelm III. am 10. April 1826, nachdem Zar Alexander I. 1825 gestorben war. Zum Andenken an den Zaren ließ der König die Kolonie als Kunstdorf innerhalb eines Jahres aus der eigenen Tasche errichten und beteiligte sich persönlich an der Planung der Anlage nach russischem Vorbild.

Peter Joseph Lenné entwarf nach königlicher Idee ein Hippodrom mit eingelegtem Andreaskreuz, an dessen Schnittpunkt sich das Haus des Feldwebels befand. Innerhalb eines Jahres entstanden zwölf Holzhäuser. Militärhandwerker aller preußischen Garderegimenter errichteten die Häuser aus Fachwerk mit vorgesetzten halbrunden Holzstämmen, die äußerlich den Eindruck russischer Blockhäuser erweckten.

Im Heerlager des Königs sorgte seit 1812 der Chor 62 ehemaliger russischer Kriegsgefangener für Unterhaltung. 1825 gab es in dem ersten preußischen Garderegiment nur noch zwölf Überlebende. Sie zogen nun 1827 in die vollständig möblierten Anwesen der Kolonie Alexandrowka ein. Jeder Haushalt bekam eine Kuh geschenkt. Die Gärten waren angelegt. Durch das Kultivieren und Präsentieren zahlreicher Obstsorten wurde die Gartenanlage zu einer Musteranlage und Teil einer neuen Landwirtschaftspolitik. Die Grundstücke durften von den Kolonisten aber weder verkauft, verpachtet noch verpfändet, jedoch an männliche Nachkommen vererbt werden.

Russisch-Orthodoxe Kirche des Heiligen Alexander Newski

Nördlich der Kolonie schließt sich der Kapellenberg an, auf dem eigens für die Kolonisten die Russisch-Orthodoxe Kirche des Heiligen Alexander Newski 1826 bis 1829 nach den Plänen eines Petersburger Architekten entstand. Der erste Gottesdienst fand 1829 in Anwesenheit von Zar Nikolaus I., dem Schwiegersohn des preußischen Königs, statt. Neben der Kirche steht das vierzehnte Wohnhaus, das der aus Russland stammende königliche Lakai Tarnowsky bewohnte. Zwölf Gehöftanlagen, ein Aufseherhaus, eine Kapelle und das frühere königliche Landhaus – mit Teestube – gehören zur Gesamtanlage.

1861 verstarb der letzte Sänger. Das Russische Dorf ist heute Teil des Weltkulturerbes. Inzwischen wohnen nur noch wenige Nachkommen der damaligen Bewohner in der für Deutschland einzigartigen Siedlung. Bei Wiederherstellungsmaßnahmen wurden die Anpflanzungen seltener historischer Obstsorten entlang der alten Wegeverläufe sowie die Wege selbst, Zäune und Hecken angelegt. Im Januar 2005 wurde im Haus Nr. 2 der Russischen Kolonie das Museum Alexandrowka eröffnet, das den Besuchern einen Einblick in die Geschichte und die Architektur der Blockhäuser ermöglicht.

Sehenswert ist die Russische Kolonie mit den historischen Holzhäusern, die zu den UNESCO-Welterbestätten gehören.

Portugiesische Birnenquitte

Die Russisch-Orthodoxe Kirche auf dem Kapellenberg

Die frühere Siedlung Vaterland, das Wohngebiet Schragen, spiegelt die früheren Reformdiskussionen für den Wohnungsbau wider.

Leuchtende Farben wurden eingesetzt, um dem Einerlei grauer Mietskasernen ein Ende zu machen.

Wohngebiet »Am Schragen« und Siedlung Vaterland

Schöner, alter Wohnraum aus dem Beschlag

Das Wohngebiet »Am Schragen« war das erste Bauprojekt des Gemeinnützigen Beamten-Siedlungsvereines Vaterland. Angesichts der angespannten wirtschaftlichen Entwicklung gab es in Potsdam bis Anfang der 1920er Jahre kaum eine nennenswerte Bautätigkeit. Mit dem genossenschaftlichen Ansatz sollte die Wohnungsnot gemildert werden. Das war zu dieser Zeit die einzige Möglichkeit, da nach dem Ersten Weltkrieg die private Bauwirtschaft infolge hoher Baupreise, Kapital- und Baustoffmangels, niedriger Mieten und gesunkener Realeinkommen auf einem Tiefpunkt angelangt war. Viele Menschen in Potsdam lebten in schlechten Wohnverhältnissen.

Deshalb kam es am 16. Dezember 1922 zur Gründung des Beamten-Siedlungsvereines Vaterland, initiiert vom Regierungsbaumeister Georg Fritsch. 1923 kaufte der Vorstand ein 37 000 Quadratmeter großes Grundstück am Rande des Bornstedter Feldes in verkehrstechnisch gut erschlossener Lage neben der Russischen Kolonie aus Reichseigentum. Der Preis betrug damals 30 Reichsmark pro Quadratmeter. Bis 1926 entstand hier eine Wohnanlage, die man bewusst dem Potsdamer Ortsbild angepasst hat. Seine traditionelle Formensprache wurde unter Hinzuziehung Tautscher Farben und Schmitthennerscher Torhäuser und -bögen geprägt. Es entstand eine Kette zweigeschossiger Reihenhäuser, ein Mehrfamilienhaus und durch den Umbau des rückwärtig gelegenen Angers ein geschlossener Platz in der Wohnanlage. Die Häuser sind durch Torbauten miteinander verbunden. Die Siedlung spiegelt die Reformdiskussionen für den Wohnungsbau wider.
Der Berliner Architekt Bruno Taut hatte in der Zeitschrift Bauwelt im Jahr 1919 ein Bekenntnis zum »farbigen Bauen« gegeben. Es wurden leuchtende Farben wie orange, erdbeerfarben, goldbraun und grün eingesetzt, um der Tristesse ein Ende zu machen. Die weiträumige und gartenumhegte Siedlungsweise galt als architektonisches Gegenstück zu dem Einerlei grauer Mietskasernen und dem als zu vornehm empfundenen Grau oder preußischen Ocker der bürgerlichen Häuser.

Der ursprüngliche Angerbereich wurde als Gemeinschaftsanlage sowie die rückwärtigen Grünbereiche als Kommunikations- und Erholungsbereich wieder hergestellt.

Die GWG »Vaterland« e. G., die aus dem kleineren Potsdamer Beamtenverein hervorgegangen ist, begann nach der Rückgabe der Grundstücke durch die sowjetische Armee und nach umfangreichen farbrestauratorischen Untersuchungen mit der denkmalgerechten Komplettsanierung der Siedlung. Sie konnte von 1993 bis 1994 in relativ kurzem Zeitraum erfolgen und das Wohngebiet konnte seiner zivilen Bestimmung übergeben werden. Auch der ursprüngliche Angerbereich wurde als Gemeinschaftsanlage sowie die rückwärtigen Grünbereiche unter Wegfall der ursprünglichen Parzellierung als Kommunikations- und Erholungsbereich erhalten. Im Juni 2006 haben die Mitglieder der Genossenschaft GWG Vaterland e. G. der Übernahme durch die Potsdamer Wohnungsgenossenschaft 1956 e. G. zugestimmt.
Die Wohnsiedlung »Am Schragen« wurde 1946 von den Sowjets beschlagnahmt und verschwand, wie so viele Wohngebiete in Potsdam, hinter der hohen verdeckenden Kasernenmauer sowjetischer Truppen. Der schöne historische Wohnraum wurde für die Unterbringung von Offiziersfamilien genutzt. Erst nach deren Abzug und dem Abriss der Absperrungen, tauchten viele große Wohnareale wieder auf, die vor allem für die jüngere Generation Potsdams und die Zugezogenen Neuland waren.

Vom Eich- und Pfingstberg

1683 hieß der im Norden Potsdams gelegene Pfingstberg noch Eichberg und war ein Stadtwald, von dem kostenfrei Holz für den Hausbau entnommen werden durfte. Nach der Anlage eines jüdischen Friedhofs kam es 1743 zur Umbenennung in Judenberg.

Eine weitere Namensänderung erfolgte der Legende nach auf Wunsch von Königin Luise (1776 bis 1810) nach einem angenehmen Aufenthalt auf dem Berg zu Pfingsten. Friedrich Wilhelm III. soll daraufhin 1817 zum Andenken an seine inzwischen verstorbene Gemahlin die Namensänderung vorgenommen haben. Auf der Spitze des 76 Meter hohen Berges liegt in einer von Peter Joseph Lenné angelegten Gartenanlage das Belvedere.

Pomona, Tempel Göttin des Obstsegens

Der Pomonatempel ist ein kleiner Pavillon unterhalb des Belvedere. Auftraggeber für die Errichtung des Gebäudes war der Königlich Preußische Geheime Rath Carl Ludwig von Oesfeld (1741 bis 1804). Der »Temple de Pomone« gilt als der erste realisierte Bauentwurf des derzeit noch unbekannten 19jährigen Karl Friedrich Schinkel (1781 bis 1841). Um 1800 entstand er als Teepavillon in strengen klassischen Formen nach antiken Vorbildern. In Verbindung zum Standort, dem ehemals großen privaten Weingarten Oesfelds, erfolgte die Namenswahl Pomona nach der römischen Göttin des Obstsegens. Friedrich Wilhelm III. erwarb 1817 den Tempel mit dem Grundstück. In der Zeit, als sowjetische Militärangehörige in das Villenviertel unterhalb des Pfingstberges einzogen, zerfiel der Tempel. Der Mauerbau 1961 hatte die Sperrung des nahe gelegenen Belvederes als Aussichtsgebäude zur Folge. Die Ruine des Pomonatempels konnte 1992/93 mit Hilfe der Hermann Reemtsma Stiftung Hamburg wieder aufgebaut werden.

»Alte Allee am Pfingstberg«, Pastell von Alfred Schmidt

Ampel der Roten Kaserne zeigt grün

Die Rote Kaserne ist eine unter Denkmalschutz stehende ehemalige Militäranlage und wurde für das II. und IV. Garde-Regiment 1892 bis 1895 aus roten Backstein errichtet. Die Kaserne aus dem namengebenden roten Ziegelstein an der Nedlitzer Straße und am Fuße des Pfingstberges, mit einer Entfernung von nur 2,5 Kilometern vom Stadtzentrum, war damals Potsdams größte Kaserne. Das Ensemble besitzt ein Stabsgebäude, vier Mannschafts- sowie zwei Wirtschaftsgebäude. Auf dem ehemaligen Kasernenhof befinden sich unter anderem ein Kammergebäude, der Krankenstall, Exerzierplätze, Pferdeställe, Reithallen, eine Bäckerei und Werkstätten. 1948/1849 übernahm die Rote Armee das gesamte Kasernengelände in der Nedlitzer Straße. Die Streitkräfte der Gemeinschaft Unabhängiger Staaten (GUS) räumten die Kaserne Ende 1993. Nach jahrelangem Leerstand zeigt die Ampel der Roten Kaserne seit etwa dem Jahr 2000 grün. Nach umfangeichen Investitionen hat sich der Standort vor allem zu einem Handwerker- und Gewerbehof entwickelt.

Die Kleiderkammer ist in jüngster Zeit von einem Investor zum »Chateau Palmeraie« (Schloss Palmenhain) in Wohnungen umgebaut worden. Ein vom Boden bis zum Dach reichender Palmen-Lichthof im Innern und eine restaurierte Sandstein- Skulptur auf dem Dach, die das Signet Friedrichs des Großen trägt, repräsentiert den Bau in besonderer Weise.

In der Mitte der Plastik ist ein Pfeiler zu sehen, der mit dem friederizianischen R verziert ist und die Inschrift Anno 1773 trägt.

Die Großskulptur ist vom Artillerieoberst, Architekten und Baumeister Georg Friedrich Boumann (1737 bis 1812) geschaffen worden. Sie befand sich ursprünglich auf der 1773 errichteten Kaserne des 4. Artillerieregimentes, das seinen Sitz am Kupfergraben in Berlin-Mitte hatte. Durch einen Neubau 1879 kam die Skulptur nach Potsdam.

Für die Rote Kaserne zeigt die Ampel nun grün.

Potsdam, die Stadt und das Schloss (Öl / Lw., 2 x 4 Meter)

Maler Olaf Thiede

Olaf Thiede wurde Meister der Farben

Wundervolle Bilder märkischer Landschaften strahlen Kraft, Harmonie und Ruhe aus

Vorwiegend mit dem Fahrrad, mit dem Ziel und der Zeit des Entdeckens, erkundet Olaf Thiede intensiv die Kulturlandschaft Brandenburgs. Er erfasst das Wechselspiel von Licht und Schatten und fängt beim Zusammenführen der Kontraste stimmungsvolle Impressionen und authentische Topographie für seine impressionistische Malweise ein. Seine Bilder sind nicht traditionell statisch. Aus der Erfahrungswelt moderner Medien kommt das Element der Bewegung in seine Bilder, was sich in gewagten Perspektiven, Durchblicken und der Darstellung mitunter dramatisch wechselnder atmosphärischer Licht- und Wetterstimmung äußert. So entstanden auch Simultanbilder und Serien. Seine Bilder strahlen Kraft und Ruhe aus. Die Dialektik der Einheit des Einzelnen im Komplexen, die Vergänglichkeit des Augenblicks, der Jahreszeitenlauf, der ewige Wandel, Verstand und Gefühl sowie das Spannungsfeld von Mensch und Natur sind seine künstlerischen Themen. Mit seinem ganzheitlichen Blick offenbart sich der Kunstmaler auch als Dokumentarist seiner Zeit. Geprägt durch kunstgeschichtliches Studium der Malerei der vergangenen Jahrhunderte und mit dem Vorbild Italiens hat Olaf Thiede bewusst seinen Platz in der Tradition der europäischen Landschafts- und Architekturmalerei gewählt. Der Maler versteht es, den Betrachter für die Schönheit, aber auch die Verletzlichkeit der märkischen Landschaft und somit für den verantwortungsvollen Umgang mit unserer Umwelt zu sensibilisieren.

Als Maler der Farben versteht er es, seine Arbeiten poetisch, manchmal auch humorvoll, zu gestalten. Farb- und Bildkomposition offenbaren den Sinn für das schöne Detail. Jahrgang 1957, aufgewach-

Belvedere auf dem Pfingstberg, Potsdam
(Pastell, 50 x 70 / R. 70 x 90 Zentimeter)

Märkischer Bauerngarten (Pastell, 50 x 70 / R. 70 x 90 Zentimeter)

sen in Potsdam, absolvierte er eine solide Ausbildung als Handschriftsetzer in der Plakatsetzerei einer Druckerei, danach folgte ein Studium an der Fachschule für Gebrauchsgrafik in Berlin. In den Folgejahren war Olaf Thiede als Grafiker der Potsdamer Handelswerbung und im Interhotel Potsdam tätig. Durch freie Arbeiten wirkte er bei Filmen des Deutschen Fernsehfunks und dem Trickfilmstudio Dresden mit. Es entstanden Logos für Unternehmen, Buchillustrationen und Entwürfe für Zeichentrickfilme. Ab 1989 begann die neue Zeit des freischaffenden Malers. Hier hat er es in der schwierigen Pastelltechnik zur Meisterschaft gebracht und erweitert seit einiger Zeit sein Schaffen auf die Öl-Malerei, durchaus auf große Formate. Der Künstler schuf eine Palette von grafischen, malerischen und lichtdurchfluteten Werken. Dabei wurde die Schönheit der märkischen Landschaft festgehalten. Olaf Thiede hat maßgeblichen Anteil an der Wiederentstehung der »Havelländischen Malerkolonie« in Ferch am Schwielowsee. Seit vielen Jahren erscheint sein Kalender »Märkische Landschaften«.

Sein gesellschaftliches Engagement und geschichtliches Interesse führte auch zur Publikation der Bücher: »Grün in Potsdam« (Ein farbiger Spaziergang durch das unzerstörte Potsdam unter Verwendung historischer Fotos und Gemälde), »Chronologie, Potsdam und Umgebung von 800 bis 1918« und »Märkische Bauerngärten« (Der Jahreskreis in Bildern und Bauernregeln).

Die Friedrichskirche auf dem Weberplatz in Babelsberg (Pastell, 50 x 50 / R. 60 x 60 Zentimeter)

Wentorfgraben (Öl auf Leinwand, 70 x 50 Zentimeter)

Potsdams neuer Norden

Mit viel ländlichem und schönem Raum

Der nördlichste Bezirk der Stadt, Potsdam-Nord, ist durch seinen überwiegend ländlichen Charakter geprägt. Er vereinigt die ehemaligen Dörfer Bornim, Bornstedt, Sacrow, Grube, Nedlitz und Eiche. Hier befindet sich die Lennésche Feldflur mit umfangreichen Wander- und Radwegen, die besonders bei Erholungssuchenden beliebt ist.
Der Gegensatz zwischen Kunst und Natur hat in diesem Raum eine besondere Wirkung. Aus der Kunst der Linien eines schönen Parkes kommend, atmet man nun viel freier. Die weit gespannten Feld- und Wiesenlandschaften bieten den Eintritt in den Reiz des Einfachen und Natürlichen, nicht nur von der Natur berührt, sondern umschlossen.
Die Lennésche Feldflur ist als bedeutender Teil der Potsdamer Kulturlandschaft im Rahmen eines Flurneuordnungsverfahrens zur Bundesgartenschau 2001 wiederhergestellt worden. Schon am 1. Juli 1935 wurde Bornim gemeinsam mit Nedlitz, Eiche und Bornstedt nach Potsdam eingemeindet. Obwohl seitdem keine eigenständige Gemeinde mehr, existiert in Bornim weiterhin ein dörfliches Eigenleben. Diesen Umstand unterstreicht ein reges Vereinsleben. Es bestehen unter anderem die Freiwillige Feuerwehr, der Kirchenbauverein und der Fußballverein Sportgemeinschaft (SG) Bornim. Der Potsdamer Stadtteil wurde aufgrund seiner ruhigen Lage in unserer heutigen Zeit zum umfangreichen Häuserbau auserkoren.

Unter Friedrich Wilhelm IV. wurde neben dem Schlosspark Sanssouci auch die nähere Umgebung von Potsdam landschaftlich gestaltet. Grundlage für die Anlage der malerischen Baumgruppen, Alleen, Aussichtspunkte und verbindenden Sichtachsen war der Verschönerungsplan von Peter Joseph Lenné (1833).

Das Bild der landschaftlichen Feldflur ist überwiegend von Laubhölzern, Hecken und Remisen geprägt. Unter dem Motto »das Schöne mit dem Nützlichen verbinden«, wurden bei der Umgestaltung der Landschaft auch ökonomische Aspekte berücksichtigt.

110 Jahre Freiwillige Feuerwehr Bornim

Bornim hatte auch ein Schloss

Inmitten der Bornimer Flur befindet sich das ehemalige landwirtschaftliche Mustergut Bornim (heute Institut für Agrartechnik). Die Hofanlage wurde einst im Stil eines florentinischen Landhauses errichtetet. Nur noch der Persiusturm blieb erhalten. Er diente damals zur Überwachung der Feldarbeit und zur Wetterbeobachtung.
Die Geschichte des Ortes lässt sich bis in das Jahr 1264 zurückverfolgen, als erstmals eine Familie »de Bornem« als Besitzer erwähnt wurde. 1286 befindet sich das Dorf im Besitz des Spandauer Marienklosters. 1375 wurde der Ort im Landbuch Kaiser Karl IV. mit 63 Ackerhufen und 21 Kossäten genannt. Das Dorf zählte zu den größten der Mark und lag im Bereich der heutigen Rückertstraße. Die Besitzer wechselten seit dem 15. Jahrhundert häufig.
Ab 1657 begann der Große Kurfürst mit dem Ankauf der Bornimer Güter und bezog Bornim in seine Planungen für die »Insel Potsdam« ein. 1664 ließ er durch den niederländischen Planteur Dirk van Langelaer einen Lustgarten anlegen. Dieser befand sich zwischen der heutigen Mitschurinstraße und der Heckenstraße. Ab 1673 wurde in der Mitte des Gartens mit dem Bau eines barocken Lustschlosses begonnen. Er wurde zu einem beliebten Aufenthaltsort des Großen Kurfürsten und seines Nachfolgers Kurfürst Friedrich III., dem späteren König Friedrich I. in Preußen. Die Nachfolger Friedrich Wilhelm I. und Friedrich II. zeigten jedoch kein Interesse. Die Schlossanlage verfiel und wurde 1756 abgerissen. Das Gelände wurde anschließend durch Friedrich II. und seine Nachfolger für Militärmanöver genutzt.
1771 kam es zur Ansiedlung von sechzehn ehemaligen Soldaten mit ihren Familien und zur Gründung der Kolonie Neu-Bornim im westlichen Bereich der Mitschurinstraße.

Der Potsdamer Stadtteil Bornim wurde aufgrund seiner ruhigen Lage in unserer heutigen Zeit zum umfangreichen Häuserbau auserkoren.

Bornimer Feldflur

Die Pläne König Friedrich Wilhelm IV. und Peter Joseph Lennés zur »Verschönerung der Insel Potsdam« beeinflussten auch Bornim. Ab 1844 wurde die Feldflur angelegt. Bei der Umgestaltung der Landschaft wurden besonders ökonomische Aspekte berücksichtigt. An den Ackerflächen entstanden Anpflanzungen von Laubhölzern und Hecken. Die Landschaft wurde durch Alleen, wie die Lindenallee, aufgewertet.
Das Gut verlegte man aus dem Dorf heraus an eine landschaftlich schöne Stelle am Fahrländer See. Hier war seit etwa 1830 bereits ein Vorwerk.
Friedrich Ludwig Persius errichtete ein Gutshaus im italienischen Stil. Davon existiert seit einem Brand 1945 nur noch der Turm, der nach dem Namen seines Erbauers Persius benannt wurde.
1886 kauft Kronprinz Friedrich, der spätere Kaiser Friedrich III. das Gut Bornim und bestimmt es zur königlichen Eigenversorgung. Die Krankheit seines Bruders Wilhelm zwang ihn jedoch dazu, das Gut zu verpachten. Trotz der Anpflanzung von 60 500 Maulbeerbäumen scheiterten sämtliche Versuche der Seidenraupenzucht.
1919 wurde das Gut verstaatlicht und zur Forschungsanstalt umgewandelt. 1927 folgte die Übergabe an die Landwirtschaftliche Hochschule Berlin. Eine Nutzung als Versuchsgut folgte. 1933 wurde es in die »Preußische Versuchs- und Forschungsanstalt für Landarbeit« umgewandelt. Am 26. April 1945 wurde die Anstalt durch die Rote Armee besetzt und diente der Versorgung. 1952 übergibt die Rote Armee das Gut an die »Deutsche Akademie der Landwirtschaftswissenschaften« und ein Jahr darauf entsteht das »Institut für Landtechnik«. Nach der Wende hatte der Wissenschaftsrat den Weiterbetrieb des Institutes empfohlen. 1992 entstand daraufhin das »Institut für Agrartechnik Bornim e.V.«. Seit 2002 trägt es den Namen »Leibnitz-Institut für Agrartechnik Potsdam-Bornim e.V.«

Der Persiusturm des Gutes Bornim

Die Amundsenstraße zieht in einem Abschnitt eine Grenze zwischen Bornim und Bornstedt. Vor 1945 hieß die Straße Heerstraße, auch Döberitzer Heerstraße. Ursprünglich diente sie als Verbindung der Kasernen westlich von Sanssouci (wie Lehrinfanterie-Bataillon Eiche) sowie dem Neuen Palais mit dem 1894 ausgebauten Truppenübungsplatz Döberitz.

Düstere Teiche im Katharinenholz

Das Katharinenholz ist Bestandteil des Landschaftsschutzgebietes »Potsdamer Wald- und Havelseengebiet«. Es eignet sich für schönste Spaziergänge. Das kleine Waldgebiet mit seinem sehr artenreichen Feuchtbiotop befindet sich zwischen den Potsdamer Stadtteilen Eiche, Bornstedt und Bornim. Hier, im Erlenbruchwald hinter Schloss Lindstedt, mitten in Naturschutzgebieten, sind die »Düsteren Teiche« zu finden, die ihrem Namen alle Ehre machen.
Das Katharinenholz war von Anfang an in die Verschönerungspläne Peter Joseph Lennés eingebunden. Die militärische Nutzung überwog und es wurden immer mehr Schießplätze errichtet. Daher ist das Gelände von Furchen, Gräben und Mauerwerken durchzogen. Das Relief der Schießbahnen ist noch deutlich erhalten und inzwischen von Bäumen bewachsen.
1679 erwähnte man das Gebiet erstmals als Fischteiche »Schezenteich«. Nach 1795 wurden die Teiche von dem Hasenheger Lindstedt genutzt, der sich am untersten Teich ein Gut baute, das 1859/1860 von König Friedrich Wilhelm IV. zum Schloss Lindstedt umgestaltet worden ist.
Emil Sello schuf nach 1866 landschaftliche Wege durch das bewegte Terrain. Am heute zerstörten Kriegerdenkmal von 1872 mit seiner hippodromförmigen Lindeneinfassung ist noch die mit Platanen bestandene Wiese vorhanden. Im 19. Jahrhundert war die Rinne vermutlich ein Moorgebiet mit einzelnen temporären Gewässern. Im Laufe des 20. Jahrhunderts wurde der untere Bereich mit einem Damm angestaut, so dass der »Große Düstere Teich« entstand und sich der untere Teil der Rinne zu einem Erlenbruchwald und einer Feuchtwiese entwickelte. Die Wiese liegt direkt an der Amundsenstraße. Der Graben macht dort einen Bogen, verläuft dann in Richtung Westen bis zum Großen Zernsee in die Havel. An der B273 stehen noch Ziersträucher und große Buchen die einst den Ausblick auf die Feldflur rahmten.

Der Große Düstere Teich

Karl Foerster schuf einen weltberühmten Senkgarten

***»Wenn ich noch einmal auf die Welt komme, werde ich wieder Gärtner – und das nächste Mal auch noch. Denn für ein einziges Leben wird dieser Beruf zu groß.«* Karl Foerster**

Karl Foerster (1874 bis 1970) war auch Staudenzüchter, Garten-Schriftsteller und Garten-Philosoph. Er verwandelte ein circa 5000 Quadratmeter großes Ackergelände in ein »Gartenreich« mit dem heute berühmten Senkgarten, Steingarten, Herbstbeet und Frühlingsweg. Hier testete auch er viele seiner insgesamt 300 Züchtungen auf ihre Widerstandsfähigkeit und Unempfindlichkeit gegenüber Frost. 1911 erschien Karl Foersters erstes Buch »Winterharte Blütenstauden«. Er wurde Verfasser von 26 Büchern. 1920 kam die erste Ausgabe der Zeitschrift »Gartenschönheit« auf den Markt, an dessen Herausgabe er beteiligt war. 1932 kamen erste Foerstersche Phlox-paniculata-Sorten in den Handel. In der Folgezeit brachte er insbesondere neue Sorten von Rittersporn und Astern sowie viele Gräser heraus. Insgesamt züchtete er etwa 370 Sorten. 1941 wurde unter anderem auf seine Anregung hin der öffentliche Schaugarten auf der Potsdamer Freundschaftsinsel eröffnet.
Zu DDR-Zeiten war seine Firma die einzige Staudengärtnerei des Landes. 1972 wurde die Gärtnerei zwar enteignet, blieb jedoch als »Volkseigenes Gut Bornimer Staudenkulturen« bestehen.

1950 erhielt Foerster die Ehrendoktorwürde der Berliner Humboldt-Universität und 1959 wurde er Ehrenbürger der Stadt Potsdam. 1964 erhielt Karl Förster den Professor-Titel. 1966 wurde er Ehrenmitglied der Internationalen Staudenunion. 1974 ließ die Stadt Potsdam anlässlich des 100. Geburtstages ihres Ehrenbürgers in der Mitte der Freundschaftsinsel eine Metallplastik mit folgendem Foerster-Zitat aufstellen: »Wer Träume verwirklichen will, muss wacher sein und tiefer träumen als andere«.

Der öffentliche Versuchs-, Lehr- und Schaugarten und Foersters Wohnhaus in Bornim, Am Raubfang 6, stehen seit 1981 als »Karl-Foerster-Gedenkstätte« unter Denkmalschutz und sind seit 1990 Teil des UNESCO-Weltkulturerbes Potsdam-Sanssouci.

Prominente Foerstergrabstätte in Bornim

Prof. Dr. Wilhelm Foerster war ein bedeutender Astronom

Nicht selten werden die Gräber von Wilhelm und Karl Foerster auf dem berühmten Bornstedter Friedhof gesucht. Sie ruhen aber auf einem kleinen Friedhof an der Potsdamer Straße in Bornim, direkt am Waldrand.
Der Vater des berühmten Staudenzüchters Karl Foerster war der Astronom Professor Wilhelm Foerster (1832 bis 1921). Er hatte die Grabstelle 1921 gekauft, verstarb im gleichen Jahr und wurde hier beerdigt.
Seine früher verstorbene Frau wurde dahin umgebettet. Später fanden auch weitere Familienangehörige hier ihre letzte Ruhestätte, wie auch 1970 der berühmte Sohn Professor Karl Foerster.
Die Schwester Martha und ihr Mann Oskar Kühl, der Mitbegründer der Zeitschrift »Gartenschönheit«, wurden ebenfalls hier beigesetzt.
Professor Wilhelm Foerster war langjähriger Direktor der Königlichen Sternwarte zu Berlin. Er studierte von 1850 bis 1854 Mathematik, Physik. Kunstgeschichte und später Astronomie an der Universität Bonn. Eine seiner ersten Aufgaben als Leiter der Sternwarte war die Erneuerung und Modernisierung des Instrumentariums. Zu seinen weiteren Aktivitäten zählten die Organisation des Zeitdienstes, die genaue Gradmessung (Längen- und Breitengrade) und die Überwachung des Erdmagnetismus. Foerster ließ die Uhr der Sternwarte mit elektrischen Kontakten versehen und sandte mittels Kabel genaue Zeitsignale zur Berliner Zentraltelegrafenstation.
Er entdeckte am 14. September 1860 mit Oskar Lesser (1830 bis 1887) Co-Asteroid 62 Erato. Dies war die erste im Protokoll festgehaltene Co-Entdeckung. Der Asteroid 6771 Foerster ist nach ihm benannt, wie auch die Wilhelm-Foerster-Sternwarte in Berlin.

Die Grabstätte des berühmten Staudenzüchters Karl Foerster und seines Vaters Prof. Dr. Wilhelm Foerster befindet sich nicht auf dem berühmten Bornstedter Friedhof, sondern auf dem in der Nachbarschaft gelegenen, weniger bekannten Bornimer Friedhof. Der dreiteilige Mittelgrabstein steht auf einem Plateau in Bornim, das durch eine Treppe mit fünf Stufen zu erreichen ist. Da die Ruhestätte am Hang liegt, wird sie durch eine Trockensteinmauer geschützt.

Bornstedt, die »Rückwand« von Sanssouci

Durch den Arkadengang zum Bornstedter Friedhof

Bornstedt, seine Feldmark und den Bornstedter Friedhof beschrieb Theodor Fontane in seinen »Wanderungen durch die Mark Brandenburg« als »Rückwand von Sanssouci«. Ein großer Teil der Parkanlagen befindet sich auch auf dem Bornstedter Gebiet. Die Gemarkungsgrenzen haben sich im Laufe der Zeit mehrfach geändert.
Bornstedt wurde 1304 erstmals urkundlich erwähnt und die erste Belegung des Kirchhofs ist für 1599 nachgewiesen. Mit der Entstehung der Schlösser und Gärten wurde dieser Kirchhof und Friedhof bevorzugter Begräbnisplatz. Der Bornstedter Friedhof gilt gemeinhin als schönster des Landes Brandenburgs. Dorthin führt der lange Arkadengang der Bornstedter Kirche, an dessen Ende sich ein markanter Glockenturm befindet. Die Pfarrkirche, die einen Vorgängerbau von 1805 ersetzt, wurde von 1854 bis 1855 nach Entwürfen Friedrich August Stülers und Johann Heinrich Haeberleins errichtet.
Erste Ideen für den Kirchenbau hatten bereits 1842 Friedrich Wilhelm IV. und Ludwig Persius entwickelt.
»Wer in Sanssouci stirbt, wird in Bornstedt begraben«, schrieb Theodor Fontane und bietet einen grandiosen Einblick in die preußische Geschichte. Er spielt auf die zahlreichen Generäle, Offiziere, Kammerherren und Kammerdiener, Geheimen Räte, Hofärzte und Hofbaumeister an, die hier begraben liegen. Auch des Soldatenkönigs trauriger Spaßmacher Gundling fand hier seine letzte Ruhestätte. Weiterhin haben dort Friedrich Ludwig Persius (1803 bis 1845), der Architekt König Friedrich Wilhelms IV., und der Landschaftsgestalter Peter Joseph Lenné (1789 bis 1866) ihre letzte Ruhe gefunden. Unter den rund 600 historischen Gräbern sind einige von Widerstandskämpfern. Auch die Gedenktafel für Henning von Treskow erinnert an die Widerstandsbewegung gegen Hitler.
Der Bornstedter Friedhof, der an Ribbeckstraße und Eichenallee grenzt, dokumentiert den Wandel der Bestattungskultur über einen Zeitraum von fast 400 Jahren. Neben zahlreichen barocken und klassizistischen Grabdenkmälern befindet sich hier der älteste Grabstein Potsdams aus der Mitte des 17. Jahrhunderts.

Hier ruht, unter einem schlichten Marmorkreuz, der große Garten- und Landschaftsgestalter Peter Joseph Lenné, Schöpfer von mehr als 50 Parkanlagen.

Bornstedter Feld mit Volkspark

Das Bornstedter Feld war unter dem Großen Kurfürst noch Jagdgebiet und wurde schon von König Friedrich II. als Truppenübungsplatz für seine größer werdenden Feldmanöver genutzt. Vor allem die Kavallerie mit der Garde du Corps, der berittenen Leibwache, erhielten hier für den bevorstehenden Siebenjährigen Krieg (1756 bis 1763) ihren Drill.
Von preußischer über kaiserliche Armee, Reichswehr, Wehrmacht, Rote Armee und Nationale Volksarmee bis 1994 insgesamt über 200 Jahre militärisch genutzt, wurden ehemalige Konversionsflächen anlässlich der Bundesgartenschau 2001 zum Volkspark und gleichzeitig zu einem modernen Garten des 21. Jahrhunderts umgewidmet. Zwischen den früheren Schutzwällen, Panzertaschen und Wachtürmen, oft gestaltet mit prächtiger Flora, befinden sich nun weitläufige Parkanlagen, eine Biosphärenhalle, Freilichtbühnen sowie Spielstätten für Kinder und Jugendliche. Besonders zu erwähnen ist die Möglichkeit, den 60 Hektar großen Park mit Fahrrad und Skates zu erkunden.

Familiengrabstätte Joop. Gerhard Joop verstarb im Jahr 2007 und war Vater von Modeschöpfer Wolfgang Joop. Der Engel zeigt die menschliche Verwandlung von der Jugend über das Alter, hin zum »Engels-Zustand«.

Schutzwälle und Panzertaschen des Bornstedter Feldes wurden im Volkspark integriert und gestaltet.

Größtes Entwicklungsgebiet im neuen Norden

Das rund 300 Hektar große Gelände Bornstedter Feld mit historischen Kasernenanlagen, neuen Wohnsiedlungen und dem zentralen Volkspark hat sich zu einem lebendigen Stadtteil Potsdams entwickelt. Knapp 19 Prozent der heutigen Potsdamer Bevölkerung sollen hier einmal leben und arbeiten. Es ist vorgesehen, hier bis 2010 einen Stadt-

Durch den Umbau von Kasernen entstand eine Vielzahl von Wohnungen.

Viele Wohnungen in Eigenheimen und Mehrfamilienhäusern entstanden auf dem ehemaligen Militärgelände.

teil für 14 000 Einwohner entstehen zu lassen. Die Mannigfaltigkeit ist durch eine planvolle Mischung von Wohnen, Arbeiten und Freizeit forciert. 6800 Wohnungen in Eigenheimen und Mehrfamilienhäusern sowie Schulen und Kindertagesstätten sind Bestandteil dieses bislang größten Projektes der Potsdamer Stadtentwicklung.
Rund um den Volkspark entstanden etliche hochwertige Wohnsiedlungen, von denen das Friederikenviertel mit seiner Architektur in Anlehnung an das Holländische Viertel (unter Potsdamern scherzhaft »Modell im Maßstab 1:10« genannt) besonders hervorsticht.
Gemäß dem Prinzip der Nachhaltigkeit werden bei Planung und Ausbau des Bornstedter Feldes Natur, Landschaft und Ressourcen so weit wie möglich geschont. Die Neubauten orientieren sich in der Höhe an den bestehenden Bäumen und fügen sich behutsam in die Parklandschaften ein. Die Kernensembles der Kasernen werden erhalten und in die neue Stadtstruktur integriert. Die Fachhochschule Potsdam zog 1994 in die ehemaligen Kasernen-Mannschaftsunterkünfte an der Pappelallee.

Wasserfest im Volkspark Potsdam

Klein-Italien im Dörfchen Bornstedt

Denkwürdiger Besuch Elizabeth II.

Der Eingangsbereich des Krongutes befindet sich in unmittelbarer Nähe der Bornstedter Kirche.

Das Krongut Bornstedt gehört zu dem Ensemble der weltbekannten Schlösser und Gärten von Potsdam Sanssouci. Es liegt am Bornstedter See.
1664 kaufte der Große Kurfürst das auf das 12. Jahrhundert zurückgehende Bornstedter Rittergut. Bis zur Herrschaft König Friedrich Wilhelms I. wurden auf dem Gelände eine Brauerei und eine Brennerei errichtet. 1727 folgte ein Hopfengarten, welcher 100 Jahre später durch die Lenné'schen Verschönerungspläne verschwand. 1841 erwarb König Friedrich Wilhelm IV. das im Laufe der Jahre dem Großen Militärweisenhaus und später dem Amt Potsdam unterstellte Gut zurück. Nach einem Brand ließ er es von 1846 bis 1848 im italienischen Stil komplett neu errichten. Villenartige Rohziegelbauten und Türme entsprachen dem seinerzeit modischen italienischen Landhausstil.
Im Herrenhaus erinnern Fotos an den denkwürdigen Besuch der englischen Queen Elizabeth II. im Krongut vor einigen Jahren. Hatte doch Kronprinzessin Victoria, Tochter der Königin Victoria von England, auf dem Hofgut der Hohenzollern mit dem Kronprinzen Friedrich Wilhelm, dem 99-Tage-Kaiser Friedrich III., hier seit 1867 ein Mustergut errichtet. Entscheidende Impulse gab Gemahlin Victoria, die älteste Tochter der gleichnamigen Queen, »die sich angelegentlich für die Landwirtschaft interessiert und längst den Wunsch hegte, eine solche Musterwirthschaft, wie ihr hoher Vater deren verschiedene in England ins Leben gerufen hat, in ihrer nächsten Nähe einzurichten.« Es entstand eine Milchwirtschaft und Hühnerzucht. Bornstedt wurde bis 1888, bis zum Tode Kaiser Friedrichs III., durch die Aktivitäten der königlichen Gutsherrschaft sehr bekannt.
Das zu DDR-Zeiten mit modernen Gebäuden überformte Ensemble wurde ab 1999 rückgebaut und rekonstruiert. Mit einer halben Million Gästen pro Jahr liegt das Gut Bornstedt noch vor dem Filmpark Babelsberg und dem Schloss Sanssouci. Es wurde damit die meistbesuchte Sehenswürdigkeit in Potsdam.

Am Wochenende laden oft Kutschfahrten ein, Bornstedt kennenzulernen.

Das rückgebaute und rekonstruierte Gebäudeensemble des Krongutes wurde 2001 für den Tourismus geöffnet.

Ort der Durch- und Überfahrt wurde zur Heimstätte

Nedlitz, mit dem Weißen See und dem Lerchensteig

Nedlitz ist ein kleiner Potsdamer Ortsteil und gehört seit 1935 zur Landeshauptstadt. Hier befindet sich auch der Weiße See mit einer Länge von 1,2 Kilometern und einer Breite von maximal 340 Metern. Durch den gesamten See, der seinen Namen nach seinen weißen Seerosen erhalten haben soll, läuft die Fahrrinne des Sacrow-Paretzer-Kanals. Ein Teilabschnitt bis zum Jungfernsee trägt die Bezeichnung »Durchstich zu Nedlitz«. Die erste urkundliche Erwähnung des Ortes war das »Passagium Nedeliz« (Durchfahrt/Überfahrt) in einem Kaufbrief des Jahres 1323. Mit dem Beginn des 15. Jahrhunderts befanden sich hier ein Fährgut und ein landwirtschaftliches Bauerngut.

1588 waren Fährgerechtigkeit und Fährgut durch Erbpacht in der Hand der Familie Matthias Müller. Theodor Fontane schrieb in seinen Wanderungen durch die Mark über die Dynastie der Fährmüller und machte sie damit berühmt.

Nachdem Kurfürst Friedrich Wilhelm 1657 das Fährgut erwarb, genehmigte er auf Ansuchen des Müllers den Bau einer hölzernen Brücke. 1682 wurde der Fährbetrieb eingestellt.

1728 ließ Friedrich Wilhelm I. an der Uferzone des Jungfernsees im Bereich des heutigen Gutsparks ein Lusthaus errichten. Nach Entwürfen von Heinrich Ludwig Manger wurde das Fährgutshaus neu errichtet, aber erst nach seinem Tod fertiggestellt. Friedrich Wilhelm IV. wertete das Ensemble Fährgut, Brücke und Gutspark 1840 als nördlichen Eingang zu Potsdam repräsentativ auf. Er erwarb die Brücke und ließ im Zuge des Chausseebaus zwischen Potsdam und Berlin-Spandau nach Entwürfen von Ludwig Persius das Fährgut 1843 vergrößern, sowie einen Brückenneubau ausführen.

Nach den Kriegsbeschädigungen im Zweiten Weltkrieg wurde die Brücke in kleinerer Form wieder aufgebaut, 1998 wieder abgetragen und durch einen modernen Neubau ersetzt.

Unter der Nedlitzer Nordbrücke, der früheren Persius-Brücke, konnte man einst nach Nedlitz und somit auch nach Potsdam übersetzen.

Durchblick von Nedlitz auf die Nordbrücke im Jahr 1933

Grenzübergangsstelle Nedlitz

Die Grenzübergangsstelle Nedlitz entstand in den 1950er Jahren im Vorfeld der Nedlitzer Südbrücke (Brücke des Friedens) im Bereich des Weißen Sees. Sie diente der Abfertigung des grenzüberschreitenden Güterverkehrs auf den Binnenwasserstraßen zwischen der Bundesrepublik und Berlin (West), sowie der Binnenschiffe der DDR.

Der östlich, am Sacrow-Paretzer-Kanal verlaufende Straßenteil hieß Mathias-Müller-Straße. Er wurde 1986/1987 nach der weiterführenden Straße Lerchensteig umbenannt, die wiederum früher Kurfürstenallee hieß und sich mit einer Gesamtlänge von 3,3 Kilometern durch Nedlitz zieht. Neben einzelnen Wohnhäusern befindet sich hier das Sozialdorf Lerchensteig mit dem Obdachlosenheim der Stadt Potsdam. Bis 2009 war hier auch die Gemeinschaftsunterkunft für Asylbewerber.

Der Weiße See mit seinem schönen Wassergeflügel

FC Lerchensteig gewinnt Fußballturnier beim Demokratiefest

Das packende Fußballfinale zum Toleranz- und Demokratiefest am 20. September 2008 vor dem Brandenburger Tor in Potsdam entschied die Fußballmannschaft des Flüchtlingsheims FC Lerchensteig für sich. Die Spieler aus Nigeria, Kamerun und dem Libanon gewannen alle fünf Entscheidungsspiele, setzten sich sogar gegen Turbine Potsdam durch. Vor fünf Jahren gründeten Migranten aus dem Asylübergangsheim der AWO in Potsdam das Fußballprojekt »FC Lerchensteig«. 2006 wurde zwischen dem FC Lerchensteig und der Potsdamer Polizei das gemeinsame Fußballspielen ins Leben gerufen.

Sacrow liegt verträumt im Königswald

Immer und überall ist es hier schön

Mit rund zweihundert Einwohnern gehört Sacrow seit fast 70 Jahren zu Potsdam und ist Teil des Weltkulturerbes. Das verwunschene Dörfchen liegt eingebettet in die märkische Wald- und Seenlandschaft und befindet sich als Potsdamer Ortsteil nur wenige Minuten von dem südwestlichsten Berliner Stadtteil Kladow entfernt. Es ist bekannt durch seine Kulturdenkmäler, wie die Heilandskirche, das Sacrower Schloss, das frühere Rittergut und den bronzezeitlichen Königswald.

»Za krov« kommt aus dem Slawischen und bedeutet »hinter dem Gebüsch«. Im Lauf der Jahrhunderte wechselte das Dorf mit den dazugehörenden Ländereien häufig den Besitzer. Im Oktober 1840 erwarb Friedrich Wilhelm IV. das Gut und überwies es als Domäne an die Königliche Regierung in Potsdam.

Zu DDR-Zeiten durften die Sacrower nur unter großem bürokratischem Aufwand Besuch empfangen, weil sie im unmittelbaren Grenzgebiet lebten. Wer in Sacrow arbeitete, brauchte Spezialausweise. Man stand unter schärfster Beobachtung. Auf dem Areal rings um das Schlösschen aus friderizianischer Zeit bauten DDR-Zöllner und -Grenzer die Drewitzer Kontrollstelle komplett nach und übten selbst bei taghellem Flutlicht.

Schloss Sacrow

Viele Wege laden zum Wandern im herrlichen Königswald ein.

Südseite der Heilandskirche

Eine der schönsten Kirchen von Persius – die Heilandskirche

Die in das Wasser hineinragende Kirche vermittelt den Anschein eines vor Anker liegenden Schiffes am Ufer des Sees. Zur Zeit der »Berliner Mauer« war sie eine unerreichbare und im Innern verwüstete Kirche, die nach der Wende mit Spendengeldern wieder rekonstruiert werden konnte.

Unmittelbar am Ufer des Jungfernsees wurde die Heilandskirche 1841 bis 1844 von Schinkel-Schüler Persius direkt vom Skizzenblock seines Königs Friedrich Wilhelm IV. gebaut. Für den Neubau schien dem König die Bucht geeignet, ein Hafen, in dem die Havelfischer bei Sturm mit ihren Booten Schutz suchten. Für den hochreligiösen Monarchen war dies auch ein Ort mit Symbolcharakter, das Kirchenschiff als »Bollwerk« gegen die Stürme des Lebens. Das Kirchensiegel weist mit seiner lateinischen Umschrift darauf hin: S. Ecclesiae sanctissimi Salvatoris in portu sacro (Kirche des heilbringenden [wörtlich: allerheiligsten] Erlösers im heiligen Hafen).

Peter Joseph Lenné erhielt den Auftrag, das Gelände um das Kirchengebäude, die Bucht, den Park des Schlosses Sacrow und ein 1843/1844 von Ludwig Persius im italienischen Stil umgebautes Fährpächter- und Gasthaus »Zum Doctor Faustus«, zu gestalten. Mit weiten Sichtachsen zu den Parkanlagen Glienicke, Babelsberg und dem Neuen Garten entstand der Sacrower Garten, der den Kranz der Gartenkunstwerke um den Potsdamer Jungfernsee schloss.

Sacrower See und Königswald

Seit 1941 besteht das Naturschutzgebiet Sacrower See und Königswald. Der See ist ein Klarwassersee mitten im Königswald und 36 Meter tief. Es gibt hier naturnahe Wälder mit einem herrlichen alten Baumbestand. Röhrichte, Moore, Erlenbrüche, Auenwälder und Dünen wechseln sich ab. Sorgfältig ausgewählte Wanderwege erlauben unvergessliche Naturbeobachtungen. Immer und überall ist es hier schön.

In der schlicht gehaltenen Kirchenhalle dominiert das Freskogemälde die Apsis.

Schiffsgottesdienst an der Sacrower Heilandskirche

Das Ausflugslokal im wundervollem Naturschutzgebiet Königswald

Herzlich Willkommen im Restaurant Zum Sacrower See und dem Rittersaal zu Sacrow

Tradition seit 1927

Wenn man von der B2 bei Krampnitz in Richtung Sacrow abbiegt, befindet man sich im Königswald. Bei der Fahrt auf der langen schmalen gewundenen Landstraße entsteht mehr und mehr der Eindruck, in eine andere Welt zu gelangen. Hier, wo der dichte Wald kein Ende zu nehmen scheint, könnte man ein »Wirtshaus im Spessart« vermuten. Mitnichten. Das Restaurant der Familie Fischer-Rohde ist alles andere als ein Räubernest! Dem Rast suchenden Wanderer und allen anderen Gästen offenbart sich unweit des Sacrower Sees ein Ort der Entspannung und Unterhaltung. Man kann in gepflegter Atmosphäre gute deutsche Küche und Gastlichkeit des kleinen Familienunternehmens genießen, in der warmen Jahreszeit im Biergarten entspannen oder in den Wintermonaten am kuschelig warmen Kamin verweilen. Doch das ist längst nicht alles! Besondere Ereignisse bedürfen eines besonderen Ambientes – der repräsentative Rittersaal gibt jeder Feier und Geselligkeit einen unverwechselbaren, stilvollen Rahmen mit einem Hauch von Geschichte. Private Familienfeste wie Geburtstage, Jubiläen und Hochzeiten sind im Rittersaal ebenso gut aufgehoben, wie Betriebsfeste. Die charmante Wirtin Antje Fischer versteht, es gemeinsam mit ihrem erfahrenen Team den Gästen unvergessliche Stunden zu bereiten. Sie führt mit dem Restaurant eine Tradition ihrer Vorfahren weiter, die bis ins Jahr 1927 zurückreicht. Die Bühnenbildner der ehemaligen DEFA zauberten einen Saal, in dem sich der Gast wie in alten Zeiten fühlt: Das Feuer prasselt im großen offenen Kamin, der Kronleuchter sorgt für sanfte Beleuchtung, der Kerzenschein spiegelt sich in der Ritterrüstung und Knechte tragen die Speisen auf. Der Herold ergreift das Wort: »Manns- und Weibsbilder, seid begrüßt zum mittelalterlichen Prassen. Auf die Gesundheit!« Es war im Mittelalter nicht üblich, Worte wie Prost oder zum Wohl zu benutzen. Wer dies nicht bedenkt, muss mit Strafe rechnen. Zur Unterhaltung können außerdem Bänkel- und Minnesänger, Gaukler, Bauchtänzerinnen, Fakire sowie Hieb- und Stichwaffenkämpfer engagiert werden. Das Rittermahl ist deftig und kräftig wie im Mittelalter. Die hohe Kunst, Met aus einem Horn zu trinken, lernt der Gast ganz nebenbei. 50 Plätze stehen zur Verfügung. Individuelle, mittelalterliche Bankette werden für Gruppen ab 25 Personen veranstaltet, aber auch für kleinere Gruppen gibt es nach Absprache die Möglichkeit, an offenen Gelagen teilzunehmen. Buchen Sie doch zum Beispiel für den ganz besonderen Abend ein Candle-Light-Dinner an der fünf Meter langen Rittertafel- romantisch und außergewöhnlich! Besondere Wünsche sind kein Problem, das Team vom Sacrower Ausflugslokal hat immer ein offenes Ohr. Satt, auf das Beste unterhalten und gut erholt nehmen die Gäste die Freundlichkeit und Ruhe aus dem Königswald mit und freuen sich schon jetzt auf den nächsten Spaziergang am Sacrower See und den Ausflug in das Restaurant oder den Rittersaal.

Antje Fischer versteht es, den Gästen mit ihrem erfahrenen Team unvergessliche Stunden zu bereiten.

Das Restaurant der Familie Fischer-Rohde, inmitten des herrlichen Königwaldes, ist alles andere als ein Räubernest.

Dem 13. Jahrhundert nachempfundener Rittersaal im Restaurant Zum Sacrower See.

Öffnungszeiten: 11.30 Uhr bis 22 Uhr,
Änderungen möglich – am besten vorher anrufen.
Von November bis März ist montags Ruhetag.

seit 1927 Restaurant zum Sacrower See – Ihr Ausflugslokal im Königswald
Rittersaal zu Sacrow

Restaurant Zum Sacrower See & Rittersaal zu Sacrow
Weinmeisterweg 1 · 14469 Potsdam-Sacrow
Tel. und Fax (03 31) 50 38 55
rittersaal@aol.com · www.rittersaal-sacrow.de

Babelsberg, Potsdams größter Stadtteil

Die Nuthe schafft viel landschaftliche Schönheit

Als das Schmelzwasser des Inlandeises zwischen den Höhen der Zauche und des Teltow einen riesigen Strom bildete, war der Übergang vom Brauhausberg zum Babelsbergufer unmöglich – so steht es in der alten Literatur geschrieben. Bis heute noch bildet die Nuthe, beziehungsweise ihr breites Urstromtal, eine deutliche Trennungslinie zwischen Potsdam und Babelsberg, obwohl die Straßen, Brücken und öffentliche Verkehrsmittel die beiden Orte immer mehr zusammenführen und die Häuser an einigen Stellen dicht aneinander rücken.

Kaiserresidenz & Filmmetropole

Babelsberg hat sich heute zum größten Stadtteil Potsdams entwickelt und setzt sich selbst wiederum aus Babelsberg Nord, Babelsberg Süd, dem Villenviertel Neubabelsberg und Klein-Glienicke zusammen. Der Park Babelsberg ist der landschaftlich vielgestaltigste unter den Potsdamer Gartenanlagen. Er zieht sich am Ufer der Havel entlang und erreicht mit dem Berg, der früher unter anderem auch Pavelberg, Boberow oder Babertsberg hieß, eine Höhe von 78 Metern. Er lieh dem Stadtteil, dem Park und auch dem Schloss (Sommersitz Kaiser Wilhelm I.) seinen alten Flurnamen in der herrlichen Hügellandschaft. Park und Schloss Babelsberg gehören zur unter UNESCO-Schutz stehenden Berlin-Potsdamer Kulturlandschaft. Babelsberg wurde über die Grenzen Potsdams hinaus vor allem auch durch Sitz der ehemaligen Ufa-Filmgesellschaft (danach DEFA-Studiogelände) und seinen heutigen Medienstandort bekannt. Mit dem Filmpark Babelsberg verfügt der Stadtteil über einen Vergnügungspark zum Thema Film und Fernsehen. In Babelsberg befinden sich auch drei Standorte der Universität Potsdam: der Sitz der Hochschule für Film und Fernsehen Potsdam »Konrad Wolf«, das Astrophysikalische Institut Potsdam und das Hasso-Plattner-Institut.

Am Hauptbahnhof beginnt einer der im Zuge der Bundesgartenschau 2001 entstandenen Uferwege. Der Wanderweg verläuft entlang der Havel durch den Nuthepark bis hin zum Park Babelsberg. Kurz bevor die Nuthe in die Havel mündet, überquert eine überdachte Holzbrücke den kleinen Nebenfluss. Hier entstand endlich eine Verbindung auch für Fußgänger und Radfahrer zwischen Potsdams Innenstadt und Park Babelsberg.

Die älteste Kirche Babelsbergs wurde im Jahre 1585 errichtet und befand sich auf dem Platz der jetzigen Neuendorfer Kirche. Der Nachfolgebau mit seiner achteckigen Grundform, der auf Entwürfe von König Friedrich Wilhelm IV. zurückgeht, wurde 1853 eingeweiht. Nach dem Verfall erfolgte im Jahre 2005 der Wiederaufbau durch den Förderverein Alte Neuendorfer Kirche und Neuendorfer Anger e.V.

Neuendorf, die Keimzelle des Stadtteils Babelsberg

Restaurant Prinz Eisenherz

Als Keimzelle der Stadt Babelsberg ist der Rundling Neuendorf (slawisch Nova Ves) in die Geschichte eingegangen. Die erste Ansiedlung war das auf einer Erhebung in der Nuthenniederung gelegene Rundplatzdorf mit einer Kirche auf dem Anger. Der im Landbuch Kaiser Karl IV. 1375 erwähnte Ort wurde in späteren Jahren vielfach als Tausch- und Pfandware verwendet. Ursprünglich war Neuendorf von drei Nuthearmen umgeben. Frühzeitig nutzten die Bewohner die Wasserkraft zum Betreiben der Mühlen (erste Erwähnung 1349 – die Hakemühle). Erst mit der Neuendorfer Glashütte, in welcher der Alchimist von der Pfaueninsel, Johann Kunkel (1630 bis 1703) das Rubinglas erfand, blühte der Ort auf. Die erste Industrie entstand. Glasperlen und künstlerische Gläser gelangten bis nach Afrika.

Aber auch andere Anlagen entstanden am Hakedamm, dem Übergang der Nuthe zwischen Neuendorf und Potsdam, wie eine Schneidemühle und eine Schiffsmühle.

Hauptsächlich waren die Bewohner Neuendorfs jedoch Bauern. Neben Ackerbau und Viehhütung wurde intensiv Bienenzucht betrieben. Die Imkerei war schon damals besonders gefragt, da im Mittelalter zum Süßen Honig verwendet wurde.

Später hinterließ der Dreißigjährige Krieg auch in diesem Ort seine verheerenden Spuren. 1585 entstand auf dem ovalen Anger die Alte Neuendorfer Kirche. Als das Fachwerk-Kirchlein baufällig wurde, ging man südlich davon an den Bau der heutigen »Alten Neuendorfer Kirche«, die zu den eigenwilligsten Schöpfungen Friedrich Wilhelm IV. (1795 bis 1861) gehört.

Neuendorf & Nowawes

Am 7. Oktober 1750 wurde der Befehl zur Anlage Nowawes, der Kolonie bei Potsdam erlassen. Seinem eigenen Leitsatz »Jeder muss nach seiner Façon selig werden.« folgend ließ Friedrich in seinem Land Siedlungen für religiös verfolgte Protestanten bauen. Deshalb erfolgte 1751 die Gründung eines »böhmischen Etablissement bey Potsdam«. Somit veranlasste der König auf der für den Ackerbau nicht geeigneten Flur des Bauerndorfes Neuendorf, eine Weber- und Spinnerkolonie anzulegen. Bis 1755 entstanden die Weberkolonie, Böhmisch Neuendorff und Nowawes nördlich des Königsweges von Potsdam nach Zehlendorf.

Die Weiße Maulbeere auf dem Weberplatz

Auf dem Weberplatz und in nahe gelegenen Alleen wurden um 1780 1300 Maulbeerbäume gepflanzt. Friedrich II. wollte die Seidenraupenzucht in seinem Land vorantreiben. Bis zum Ende seiner Regierungszeit wurden allein in Potsdam 21 005 hochstämmige Bäume gezählt. Der wirtschaftliche Erfolg blieb jedoch aus.

Nur ein kleiner Teil der Bäume ist bis in die heutige Zeit erhalten geblieben. Als ein besonders robustes Exemplar zeigt sich auch die Weiße Maulbeere (Morus alba) auf dem Weberplatz.

Schon um 2700 v. Chr. wurde sie in China zur Seidenraupenzucht kultiviert. Die Blüten des Baumes treten in zahlreichen kleinen grünen Kätzchen auf. Aus den weiblichen Blütenkätzchen entwickeln sich Scheinbeeren, die einer Brombeere sehr ähneln. Sie sind hauptsächlich weiß, können aber auch rosa, rot violett oder schwarz sein. Im reifen Zustand sind sie saftig und weich und fallen so vom Baum. Die Früchte sind süß und fördern die Verdauung. Sie eignen sich zur Konservierung als Marmelade, als Kompott oder getrocknet als Rosinenersatz.

Die Früchte der Schwarzen Maulbeere (Morus nigra) haben einen aromatischeren Geschmack. Schon in alten Klöstern dienten sie zur Herstellung von Wein und zum Süßen und Färben von Speisen. Eingekocht wurde der Saft gegen Halsentzündungen verabreicht.

Die Blätter der Weißen Maulbeere haben sehr verspielte Umrisse – einige sind ungeteilt, gleichen

Die weiße Maulbeere

einem Lindenblatt. Andere ähneln in ihrer gelappten Form einem Feigenblatt. An der Oberseite glatt und nahezu kahl. Dagegen sind die Blätter der Schwarzen Maulbeere derb und rau. Aber ob Weiße oder Schwarze Maulbeere, im Herbst werden sie durch die schöne Verfärbung ihrer Blätter zu leuchtenden »Goldbäumen«.

Die Früchte von Maulbeeren haben unterschiedliche Reifegrade.

155 Häuser wurden entlang der Alleestraße (Alte Lindenallee, Rudolf-Breitscheid-Straße, Benzstraße), Priesterstraße (Karl-Liebknecht-Straße), Wallstraße (Waldstraße, Karl-Gruhl-Straße), Mittelstraße (Wichgrafstraße), Kirchplatz (Weberplatz) und 6-Häuser-Straße (Garnstraße) zur Ansiedlung von böhmischen Familien gebaut. Die Weber und Spinner waren willkommene Fachkräfte für das Textilgewerbe. Schließlich hatte der König ein 180 000 Mann starkes Heer mit Kleidung zu versorgen und wollte Preußen die teuren Importe ersparen.

Jede eingewanderte Familie erhielt ein halbes Haus mit Garten und außerdem 50 Taler zur Beschaffung des Webstuhles. Sie erhielten auch Erleichterungen wie die Befreiung vom Militärdienst oder Steuerfreiheit. Auf ihren Wunsch hin wurde der Ort Nowawes nach der deutschen Nachbargemeinde Neudorf benannt. Um diese Namensgebung rankt sich eine Anekdote:

Bei der Kontrolle von Bauarbeiten soll König Friedrich II. einen Handwerker gefragt haben, wie dieser Ort eigentlich heiße. Dieser hatte keine Ahnung und antwortete »No wer weeß«

Inmitten der Spinner- und Weberkolonie Nowawes entstand 1753 nach Plänen des holländischen Baumeisters Jan Boumann (1706 bis 1776) für die angesiedelten böhmischen Weber eine Kirche. Nach Friedrich dem Großen trägt sie den Namen Friedrichskirche. Sie wurde bald als Simultankirche gleichermaßen von der tschechisch-sprachigen wie von einer deutschen Gemeinde genutzt.

Alte Allee nach Glienicke

Die noch aus dem 17. Jahrhundert stammende »Allee gegen Glinken« (Glienicke), die eine Breite von 70 Metern aufwies, wurde zuerst bebaut. Drei weitere Straßen folgten, die mit dem Kirchplatz in der Mitte ein Dreieck bildeten. Im Zentrum von Nowawes ließ Friedrich II. eine Kirche bauen. In der nach ihm benannten Friedrichskirche wurden tschechische und deutsche Gottesdienste abgehalten.

Die Kolonie Nowawes fand 1764/1765 eine Erweiterung um 45 Häuser für Maurer und Zimmerleute aus Württemberg und der Schweiz. Schließlich wurde nach dem Siebenjährigen Krieg dringend Handwerk für die Bautätigkeit in Potsdam benötigt, insbesondere für die Errichtung des Neuen Palais in Sanssouci.

Die Allee nach Glienicke (»Allee gegen Glinken«) wurde im 17. Jahrhundert als Verbindung von Potsdam zum »Kleinen Tiergarten« des Kurfürsten Friedrich Wilhelm geschaffen. Friedrich II. ließ für die Seidenproduktion in Babelsberg zuerst diese 70 Meter breite Straße mit Maulbeerbäumen bepflanzen. Die heutige Straßenführung zwischen Grenzstraße und Teltowkanal entstand 1833 bei der Anlage des Parks Babelsberg und des Ausbaus als Chaussee im Rahmen der Notstandsarbeit Nowaweser Arbeiter 1846/1847. Die Straße führte in den späteren Jahren mehrere Namen, unter anderem Allee nach Babelsberg (vor 1912), Chaussee nach Neubabelsberg (1929), Louis-Nathan-Allee (um 1932), Parkallee (1936), Adolf-Hitler-Allee (bis 1949).

Die Kolonisten wurden auch in der Produktion von Seide eingespannt. Schließlich wurde Seide neben der Kleidung auch für die Tapetenbespannungen in den Schlössern benötigt. Auch der Versuch, die Seidenraupenzucht in Nowawes und Neuendorf heimisch zu machen, misslang, obwohl 5000 Maulbeerbäume angepflanzt wurden. Der König ließ sie an vier Straßen anpflanzen. Von Anfang an stockte bei den Webern der Absatz. Die anfangs selbstständigen Spinner und Weber gerieten aufgrund ihrer veralteten Webstühle immer mehr in Not. 1785/1786 kam es zum Aufstand der Weber in Nowawes. In der Folgezeit kamen sie mehr und mehr in die Abhängigkeit von Manufakturunternehmen, die sie bald zu Lohnarbeitern werden ließen. Nach den Befreiungskriegen verfiel die Weberei gänzlich. 1818 sah sich der Pfarrer genötigt, öffentlich zu verkünden, dass 400 Weberfamilien dem Hungertod preisgegeben wären.

Musterwerkstatt für Seidenweberei entstand

Der Versuch, die Bevölkerung auf landwirtschaftliche Arbeiten umzustellen, blieb aufgrund des mageren Bodens erfolglos.

Erst durch das tatkräftige Eingreifen des Regierungsrates Carl August Wichgraf (1811 bis 1901) konnte um 1850 die größte Not gebannt werden. Zwanzig Jacquard-Webstühle wurden beschafft und eine Musterwerkstätte für Seidenweberei eingerichtet. Die Erzeugnisse der Nowaweser Weber besserten sich und wurden wettbewerbsfähig. 1859 verkündete ein Bericht der Berliner Kaufmannschaft: »Die in Nowawes fabrizierten Nähseiden übertreffen bei weitem die Veroneser und Mailänder Ware durch Gleichmäßigkeit und Feinheit des Fadens.« Doch die Blütezeit der Weberei hielt nicht lange an. Die bislang gefragte Handfertigkeit wurde durch Maschinen ersetzt. Die Weber fanden Arbeit in den zahlreichen gewerblichen Betrieben und Fabriken, die im Laufe der Zeit gegründet wurden. In kurzer Zeit wurde das kleine Weberdorf ein aufstrebender Industriestandort.

Durch das Wachstum der Gemeinde entstanden neue Probleme mit dem älteren Nachbarn Neuendorfs. Im Laufe der Jahrzehnte wuchs man zwar bautechnisch zusammen, war aber sozial extrem weit von einander entfernt. Doch notwendige städtebauliche Vorhaben – Bau einer Kanalisation (1906 bis 1907), Versorgung mit Elektrizität (1907 bis 1910) – setzten ein Zusammengehen voraus. Viele Konfliktdebatten mussten ausgefochten werden, ehe sich Neuendorf für eine Vereinigung bereiterklärte. Nach vielen Bemühungen seit 1892 erfolgte am 1. April 1907 die Eingemeindung Neuendorfs nach Nowawes.

Die Behringstraße bezaubert mit dem Charme japanischer Schnurbäume (sophora japonica).

Eingemeindung mit vielen Konflikten

Jetzt konnte sich Nowawes weiter entwickeln, da die Ländereien der Neuendorfer nun für die Bebauung frei waren. So wuchs die größte Industriestadt des Kreises Teltow heran. Die Wirtschaftskrise erfasste auch Nowawes. Viele Betriebe mussten schließen. Mit der Machtergreifung der Nazis erfolgten eine wirtschaftliche Neubelebung und die Umstellung auf Kriegsproduktion. Juden wurden vertrieben. Wirtschaftlich schwere Zeiten folgten auch durch den Zweiten Weltkrieg.

Nach zähem Widerstand und unter Auflagen erhielt Nowawes durch Verordnung des preußischen Staatsministeriums 1924 das Stadtrecht. Wenige Wochen später sollte auch die Villenkolonie Neubabelsberg dazu kommen. Die Voraussetzungen hierfür waren ähnlich denen bei der Eingemeindung von Neuendorf. Doch war hier zunächst der Widerstand der Industriebarone, Filmstars und gut betuchter Würdenträger des Deutschen Reiches erfolgreich. Man fühlte sich mehr zu Berlin hingezogen als zu den aufrührerischen Proleten.

Die alte Musterwerkstatt und Webschule befindet sich in der Wichgrafstraße 2 und wird heute von der Industrie- und Handelskammer als Bildungszentrum genutzt.

Am 1. April 1938 erfolgte die zwangsweise Eingemeindung von Neubabelsberg nach Nowawes. Die Nazis befahlen auch die Umbenennung Nowawes in Babelsberg. Hiermit sollte der »undeutsche« Name von der Landkarte verschwinden. Schon nach einem Jahr wurde Babelsberg am 1. April 1939 nach Potsdam eingemeindet.

Babelsberg einer der beliebtesten Wohnstandorte heute

Babelsberg hat sich in den letzten Jahren zu einem der beliebtesten Wohnstandorte in Pots-

FILMPARK Babelsberg – live erleben!

Die Welt von Film und Fernsehen

Lassen Sie sich verführen und spüren Sie den Mythos der legendären Film- und Fernsehproduktionsstätte vor den Toren Berlins. Film- und Fernsehen ist hier mit Shows und Attraktionen in Szene gesetzt. Wandeln Sie in einmaligen Kulissen, bestaunen Sie Requisiten, schlüpfen Sie in extravagante Kostüme und entdecken Sie die Tricks der Filmemacher. Dafür werden geboten: Spektakuläre Stuntshows im VULKAN; TV-Show zum Mitmachen im Fernsehstudio 1; 4D-Actionkino; Atelier »Die Traumwerker« mit Kunstmalern, Stuckateuren, Masken- und Kostümbildnern; die Gärten des kleinen Mucks; Janosch's Traumland »Oh wie schön ist Panama«; Dschungelabenteuerspielplatz; »original GZSZ-Außenset«; Rundfahrt durch die Medienstadt; Westernstraße; mittelalterliches Erlebnisrestaurant im »Prinz Eisenherz«-Set.

Stuntshow Filmpark

Verpflegung vor Ort:
Erlebnisrestaurant »Prinz Eisenherz«
Münchhausens Biergarten
Restaurant »Köhler Jeromir«
Süßes Bienchen
Sweet Dreams und Eiszeit

Dreharbeiten in der Westernstraße

Filmpark Babelsberg
Eingang: Großbeerenstraße
14482 Potsdam
Info-Line (03 31) 7 21 27 50
info@filmpark.de
www.filmpark-babelsberg.de

FILMPARK Babelsberg

Eintrittspreise
Erwachsene 19 Euro · Ermäßigt 16 Euro
(Kinder/Schüler ab 15 Jahren; Studenten, Rentner, Behinderte, Arbeitslose, Grundwehr- und Zivildienstleistende)
Kinder-Karte (4 bis 14 Jahre) 13 Euro
Behinderte mit Vermerk »B« 13 Euro (Begleiter frei)
Familienkarte (nur sonn- und feiertags) 60 Euro
(2 Erwachsene und bis zu 4 Kinder bis 14 Jahre)
Gruppenpreise und Führungen auf Anfrage
(ab 15 Personen)

Zu Gast beim Sandmann

Traumwerker Filmpark

dam entwickelt. Dazu haben sicher auch die Fortschritte bei der Sanierung des Historischen Stadtkerns von Babelsberg beigetragen. Viele der damals erbauten kleinen, schlichten Weberhäuschen fallen heute oft durch ihre schmucken Fassaden im Babelsberger Straßenbild auf. Noch heute kann man in der unter Denkmalschutz stehenden Altstadt Babelsbergs vergangene Zeiten, wie auch das Flair der idyllischen Stadtanlage »Nowawes« erleben. An die Zeiten der Weber erinnern noch zahlreiche Kolonistenhäuser, ein kleines Museum und die Friedrichskirche auf dem Weberplatz.

Babelsberg präsentiert sich als größter Stadtteil Potsdams vielerorts im schmucken Gewand.

Das sechsachsige Weberhaus »Altes Pfarrhaus«, Karl-Liebknecht-Straße 28, wurde 1752 errichtet. Der erste Bewohner war der böhmische Prediger Wenzel Letochleb. Nach umfassender Sanierung beherbergt es heute eine Seniorenfreizeitstätte de Evangelischen Kirchengemeinde Babelsberg.

Die Stadtkontor GmbH betreut für die Landeshauptstadt Potsdam die Durchführung der Sanierung im historischen Kern von Babelsberg und die Entwicklungsmaßnahme zwischen Nuthe- und Großbeerenstraße.

1989 bestand in Babelsberg, wie in vielen historischen Altstadtkernen, ein hoher Sanierungsbedarf an den Gebäuden und im öffentlichen Raum. Daher wurde von der Stadt Potsdam im September 1990 der Beschluss zur Durchführung vorbereitender Untersuchungen eingeleitet. Bereits 1991 erfolgten die ersten Maßnahmen zur Sicherung von Gebäuden und zur Instandsetzung der Straßen. Nach Abschluss der vorbereitenden Untersuchungen wurden 1993 die Sanierungsgebiete Babelsberg-Nord (Weberviertel) und Babelsberg-Süd förmlich festgesetzt (veröffentlicht im Amtsblatt 7/93 vom 16. Juli 1993).

Ich wurde lieber Orthopädieschuhmacher

Als freundlichster Potsdamer nominiert

Spezielles Schuhwerk ist oft die einzige Rettung bei Beschwerden in den Beinen oder dem Rücken. Doch davon wusste Frank Kunz kaum etwas, als seine Mutter wollte, dass er den Beruf des Malers oder Kochs ergreifen sollte. Kochen meinte er, läge ihm nicht, und wählte eher zufällig den Beruf des Orthopädieschuhmachers.

1980 begann er seine zweieinhalbjährige Ausbildung in der Produktionsgenossenschaft des Handwerks (PGH). Danach folgten die Wanderjahre. Im alten Bundesgebiet nahm er das Meisterstudium auf. Mit dem Meisterbrief im Gepäck kam Frank Kunz nach Potsdam zurück und gründete 1996 im Ortsteil Babelsberg, am Lutherplatz, sein erstes eigenes Geschäft. Anfangs stand er allein in seinem Laden. Für die Kunden hing ein Schild an der Ladentür »Bitte in der Werkstatt melden!« Bald konnte er eine Verkäuferin und einen Orthopädieschuhmacher einstellen. Der Kundenstamm wuchs vor allem durch Mundpropaganda zufriedener Kunden. Entscheidend für die schnelle Annahme seines Handwerkes waren neben der qualitativen Versorgung individuell angefertigten Schuhwerks auch geringe Wartezeiten. Bei einer Presseumfrage wurde der Orthopädieschuhmacher mit als freundlichster Potsdamer nominiert.

Vom Kind bis zum Rentner gehören alle Altersgruppen zur Kundschaft. Die Produktionspalette reicht von der einfachen, aber angepassten Schuheinlage bis zum komplett selbst gefertigten orthopädischen Schuh. Dabei sah Frank Kunz damals wie heute noch jeden Schuh als eigenständiges Kunstwerk an, mit dem es für viele Patienten möglich wurde, ihr Leben im wahrsten Sinne des Wortes neu zu »beschreiten«.

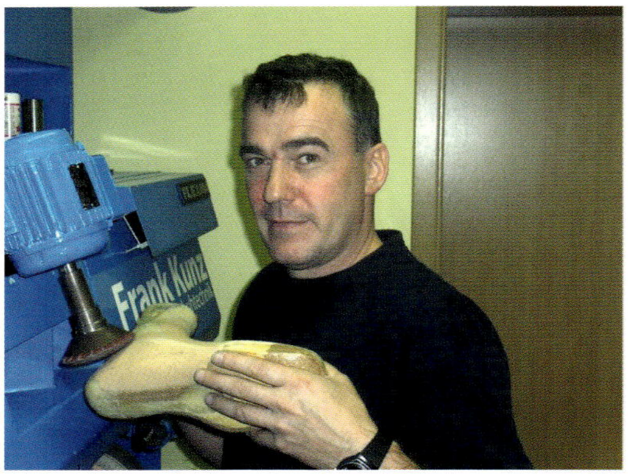

Frank Kunz

Firmenauto Trabi

Schließlich gehört auch sein alter Lehrmeister aus der PGH zu seinem Kundenstamm. Seine Berufswahl war doch richtig. Inzwischen hat er auch ein zweites Geschäft in Bergholz Rehbrücke errichtet.

orthopädie-schuhtechnik Potsdam
Friedrich-Engels-Straße 46 · 14482 Potsdam
Tel. (03 31) 74 13 44 · Fax (03 31) 74 13 45
potsdam@orthopaedie-kunz.de

orthopädie-schuhtechnik Bergholz-Rehbrücke
Arthur-Scheunert-Allee 85 · 14558 Nuthetal
Tel. (03 32 00) 5 55 05 · Fax (03 32 00) 5 55 12
rehbruecke@orthopaedie-kunz.de

Alte Traditionen bewahren und pflegen

Förderkreis Böhmisches Dorf Nowawes und Neuendorf e. V.

In Nowawes, dem Herzen des heutigen Potsdamer Stadtteils Babelsberg, wurde Anfang der 1990er Jahre der »Förderkreis Böhmisches Dorf Nowawes und Neuendorf e.V.« aus der Taufe gehoben. Die Wurzeln dafür reichen aber bis in die Jahre 1988/1989 und sogar noch weiter zurück – als wir uns um die verfallende Bausubstanz in unserem Stadtteil und das immer mehr in Vergessenheit geratende historische Erbe sorgten, als das Neue Forum, Motor der Wende in Potsdam, im Pfarrhaus in der Lutherstraße aktiv wurde und die Friedrichskirche ihre Pforten für den Protest gegen den DDR-Staatssozialismus öffnete.

Nach der Wende – im Jahr 1992 – nahm eine kleine Arbeitsgruppe im Kulturhaus Babelsberg die Vorbereitungsarbeiten für eine Nowawes-Ausstellung auf. Das außerordentliche Interesse der Babelsberger und deren aktive Mitarbeit ließen den Gedanken reifen, die Beschäftigung mit der Vergangenheit des Stadtteils fortzusetzen. So wundert es nicht, dass im April 1992 Menschen aus der wachen Wende-Generation zusammenkamen und den Verein gründeten, der heute über siebzig Mitglieder zählt.

Zahlreiche Akteure tragen zum Gelingen des Festes auf dem Weberplatz bei.

Er hat es sich zur Aufgabe gemacht, an die Traditionen des Ortes als friderizianische Gründung für Glaubensflüchtlinge zu erinnern und diese zu pflegen. Weitere Schwerpunkte der Vereinsarbeit, wie der Seniorenhilfsdienst, der Lehmbau und die mobile Handwerkertruppe speziell für benachteiligte Bevölkerungsgruppen, haben sich seit Beginn der 1990er Jahre entsprechend den gesellschaftlichen und wirtschaftlichen Bedingungen verändert. Sie lassen sich ohne die Grundlage von ABM und SAM, das heißt auf rein ehrenamtlicher Basis, nur noch in begrenztem Rahmen realisieren.

Heute sind die wichtigsten Angebote das seit 1993 jährlich stattfindende Böhmische Weberfest – mit etlichen tausend Besuchern aus dem Veranstaltungskalender der Stadt Potsdam gar nicht mehr wegzudenken –, das Stadtteilmuseum »Nowaweser Weberstube«, Stadtteilführungen, Veranstaltungen zu bekannten Babelsberger Persönlichkeiten unter dem Titel »Babelsberger Köpfe« und Publikationen zur Geschichte des Ortes.

In enger Zusammenarbeit mit der Stadtverwaltung, der Evangelischen Kirchengemeinde Babelsberg, dem Sanierungsträger Stadtkontor sowie im Stadtteil tätigen Gremien engagiert sich der Verein für eine ausgewogene, bevölkerungsfreundliche Entwicklung im Interesse der Babelsberger.

Für die Zukunft haben haben die Mitglieder noch viele Pläne und freuen sich über jeden, der mithilft, sie zu verwirklichen. Lassen Sie sich herzlich zur Mitarbeit einladen.

Böhmisches Weberfest in Babelsberg

Förderkreis Böhmisches Dorf Nowawes und Neuendorf e. V.
Karl-Liebknecht-Straße 135
14482 Potsdam
Tel./Fax (03 31) 70 70 59
fk-boehmisches-dorf@t-online.de

Bankverbindung:
MBS Potsdam
Kontonummer: 35 04 000 073
BLZ: 160 500 00

Neues indisches Flair zog nach Babelsberg.

Gemütlich eingerichtete Gasträume im Kashmirhaus

Ansir Butt mit Spezialitäten seiner Heimat

Das Kashmir-Haus mit Überraschungen aus der indischen Tradition

Vor fünf Jahren eröffnete Mohammed Ansir Butt sein »Kashmir Haus« in Potsdam-Babelsberg. In diesem indischen Restaurant, welches in der Garnstraße 17 im alten Nowawes, der einstigen preußischen Textilhochburg zu finden ist, befinden sich 120 Sitzplätze innen und 50 Plätze auf der Gartenterrasse. Kleine, abgetrennte Bereiche wirken sehr gemütlich und locken mit einem gewissen Zauber die Gäste an. Ansir Butt hat das Inventar für die Einrichtung der Gastronomie aus seinem indischen Heimatland. Für die Pflege der Tradition und frisches Flair hat er unlängst erneut 350 Kilogramm indische Kunst, Stoffe und andere Materialien per Schiff aus seiner Heimat geordert. Sein Land verließ er vor fast zehn Jahren bei der Flucht vor dem Krieg. Das Medizinstudium musste er im vierten Jahr abbrechen. Sein Schwiegervater, der schon seit den 1970er Jahren in Berlin lebte, nahm ihn auf. Schließlich endete seine lange Reise im schönen Potsdam. Hier versteht er sich nun mit viel Engagement als Botschafter der indischen Küche. Dabei kann er sich auf die Unterstützung seiner Ehefrau Nilem und neun Angestellte verlassen. Inzwischen hat er im Zentrum Potsdams, in der Jägerstraße 1 und nahe dem Nauener Tor, das Kashmir Haus II als weiteres indisches Spezialitäten-Restaurant eröffnet. Anfang 2008 eröffnete Ansir Butt in diesem Haus II Potsdams ersten indischen Imbiss, um eine schnellere Essens-Versorgung bieten zu können.

Er ist nun Gastronom aus Leidenschaft geworden. Sein eigener Arbeitstag hat nie unter zwölf Stunden. Seine Gäste sollen sich bei ihm vor allem wohl fühlen. An Feierlichkeiten seiner Gäste beteiligt er sich gern mit Überraschungen aus der indischen Tradition. Auf Wunsch werden indische Tänze, dargeboten.

Die indische Hühnersuppe des »Kashmir« ist wohl die leckerste aller Hühnersuppen. Die Küche offenbart viele Besonderheiten. Das virtuose indische Repertoire bietet den Gästen Vegetarisches und Fleischgerichte in vielen Variationen. Es gibt sogar hausgemachten kaschmirischen Rahmenkäse der nicht nur bei vielen Gästen, sondern auch beim außer Haus Verkauf zum Hit wurde. Die Gewürzdarbietung im Gästeraum ist nicht nur zum Betrachten da. Ein Gericht, wie beispielsweise die Punjabi-Platte, kann mit zwanzig Gewürzen zubereitet sein. Auch der schmackhafte indische Tee, eine persönliche Empfehlung von Ansir Butt, ist mit mehreren indischen Gewürzen versehen und kommt der Verdauung zugute.

Ansir Butt vor seinem Kashmir Haus in Potsdam-Babelsberg

Indische Musikanten spielen auf.

Öffnungszeiten
Montag bis Freitag: 11 Uhr bis 23 Uhr
Samstag und Sonntag: 11 Uhr bis 24 Uhr

Lieferservice
Ab 10 Euro frei Haus
Lieferzeiten von 12 Uhr bis 22 Uhr

Kashmir Haus
Garnstraße 17 · 14482 Potsdam
Tel. (03 31) 7 04 88 42 · Fax (O3 31) 2 37 85 77

Kashmir Haus II
Jägerstraße 1 · 14467 Potsdam
Tel. (03 31) 8 70 95 80
info@kashmirhaus-potsdam.de
www.kashmirhaus-potsdam.de

Das Kashmir Haus II
im Zentrum Potsdams, in der Jägerstraße 1.

Helmut Krohse

Registrierter Versicherungs- und Vermögensberater

Der Geophysiker Helmut Krohse wurde Finanzexperte und arbeitet nun erfolgreich bei der OVB Vermögensberatung AG. Die OVB Vermögensberatung begann 1970 in Köln. Aus diesem Stammhaus ist eine der führenden europäischen Vermögensberatungen entstanden. Zunächst war er nebenberuflich tätig, doch erkannte er sehr schnell die gebotenen Chancen und stieg hauptberuflich als Vermögensberater ein. Bei der OVB kann er unabhängig die beste und bedarfsgerechte Finanzlösung anbieten.
Viele Menschen brauchen diese Hilfe auch. Zweifellos gibt es genug Probleme bei der Finanzierbarkeit des Lebensunterhaltes. Zu seinem Geschäftsbereich gehören mittlerweile 3500 Kunden.
Helmut Krohse war schon immer Potsdamer. 1947 in Potsdam geboren, ist er in Babelsberg aufgewachsen. Nach seinem Studium als Geophysiker war er im Außendienst tätig. Später musste er mehrmals sein Arbeitsfeld umfassend verändern. Er hatte aber das Glück, dass er immer aus seinem früheren Arbeitsleben profitieren konnte. Die Wurzeln seiner jetzigen erfolgreichen Selbstständigkeit ruhen möglicherweise in der Selbstständigkeit seines Großvaters, der einen Tabakladen in Potsdam betrieb.
Auch der Vater war zu DDR-Zeiten als Steuerberater selbstständig und hatte in Potsdam einen großen bedeutsamen Kundenkreis. Einige Betriebe, wie beispielsweise Schuke Orgelbau, existieren heute noch.
Als Vermögensberater übt Helmut Krohse nun seinen Traumjob aus. Die Arbeit macht ihm Freude. Um auf Dauer Erfolg zu haben, ist gegenüber der Kundschaft vor allem Loyalität wichtig. Zu den weiteren erfolgreichen Zutaten gehören Verlässlichkeit und Disziplin. Entscheidend für ihn selbst ist seine effektive Zielsetzung.
Ein Beratungsschwerpunkt ist die Baufinanzierung, die Helmut Krohse unabhängig von Anbietern und Produkten anbietet. Ein beliebtes Vorsorgeinstrument ist das selbst genutzte Wohneigentum, das mietfreies Wohnen im Alter ermöglichen soll und somit einer ansehnlichen Extrarente gleichgesetzt werden kann. Die Nachfrage nach Wohneigentum, bisweilen auch nach Mietimmobilien, steigt. Die Hypotheken-Zinsen sind beinahe so niedrig wie seit dem Zweiten Weltkrieg nicht mehr. Dennoch muss Beratung sein. Weil Helmut Krohse diese Maxime bei der täglichen Arbeit beherzigt, wächst die Nachfrage nach seiner Dienstleistung. »In Sachen Finanzen,« so erklärt er, »darf nichts auf die leichte Schulter genommen werden.« Staatliche Sozialsysteme können längst nicht mehr leisten, was man sich von ihnen erhofft. Weil auch die nachwachsenden Generationen erhebliche Probleme mit der Finanzierung des staatlichen Fürsorgesystems haben werden, dürfte die private Vorsorge künftig einen weitaus höheren Stellenwert haben als heute.

Helmut Krohse
Wildeberstraße 23 · 14480 Potsdam
Tel. (03 31) 62 41 30 · helmut.krohse@t-online.de

Der Flatowturm, ein Wahrzeichen Babelsbergs

Ein weithin sichtbares Wahrzeichen in der Babelsberger Gartenlandschaft ist der Flatowturm.
Er wurde im Park Babelsberg von 1853 bis 1856 nach Plänen von Johann Heinrich Strack (1805 bis 1880) in Anlehnung an den mittelalterlichen Turm des Eschenheimer Tors in Frankfurt am Main erbaut.
Kaiser Wilhelm I. setzte mit der Errichtung dieses Turmes die Potsdamer Bautradition fort, an herausgehobenen Plätzen Aussichtsgebäude zu errichten. Der 46 Meter hoch aufragende Backsteinturm ist mit Zinnen, einem seitlichen Anbau, einem oberen Wehrgang, Erkertürmchen und Spitzhelm versehen.

Im neugotischen Stil errichtet, wurde er nach dem Gut Flatow in Westpreußen benannt, von dem das Ziegelmaterial kam. Das Gut gehörte zum Besitz des Prinzen Wilhelms. Aus dessen Einnahmen konnte der Bau bestritten werden. Der Flatowturm steht innerhalb eines für die Bewässerung des Parks wichtigen Bassins. Das Turmgebäude wurde von der Kaiserlichen Herrschaft sowohl als Gästehaus wie auch als Aufbewahrungsort für Objekte der eigenen Sammelleidenschaft genutzt.
Im Zweiten Weltkrieg stark beschädigt, konnten die Restaurierungsarbeiten erst 1986 abgeschlossen werden. Den Besucher erwartet neben teilweise original ausgestatteten Räumen von der oberen umlaufenden Plattform ein einzigartiger Panoramablick über Stadt und Parklandschaft Potsdams.

Neubabelsberg, nicht zu protzig!

Die UFA-Stars waren hier zuhause

»Zur Straßenseite nicht zu protzig«, bestimmte Kaiser Wilhelm I, »damit das Volk nicht unruhig wird«. So lautete die knappe Bauordnung für die Villenkolonie Neubabelsberg, die direkt am Griebnitzsee entstand. Sie wurde 1873 mit kaiserlicher Erlaubnis gegründet. Von 1874 bis 1884 erfolgte die Erschließung und Bebauung dieser Siedlung.

Während der Potsdamer Konferenz bewohnte US-Präsident Harry S. Truman die Villa Müller-Grote in der Karl-Marx-Straße 2, die deshalb auch die Namen »Little White House« (Kleines Weißes Haus) und »Truman-Villa« erhielt. Von hier aus wurde 1945 der Abwurf beider Atombomben auf Japan entschieden. In der Nähe dieser Villa, die heute Sitz der Friedrich-Naumann-Stiftung für die Freiheit ist, befindet sich der Hiroshima-Platz.

Ein Quadratmeter Grund und Boden kostete zwischen fünf und 15 Goldmark. Die Villenkolonie Neubabelsberg, die sich vom S-Bahnhof Griebnitzsee entlang des landschaftlich reizvollen Griebnitzsees bis nahe an das Schloss Babelsberg erstreckt, war ein Spekulationsobjekt und ging mit der ersten Erschließungsgesellschaft erst einmal in die Insolvenz.

In der architektonisch interessanten Anlage wohnten Künstler, Industriebarone, wohlhabende Privatleute und zahlreiche Ufa-Stars. Marika Rökk (1913 bis 2004), Sybille Schmitz (1909 bis 1955), Lilian Harvey (1906 bis 1968), Willy Fritsch (1901 bis 1973), Brigitte Horney (1911 bis 1988) und andere Filmschauspieler zählten zu denen, die die Nähe zu den Filmstudios in Babelsberg schätzten. Im ehemaligen Gästehaus der UFA wohnten während der Dreharbeiten auch Heinz Rühmann (1902 bis 1994), Marlene Dietrich (1901 bis 1992) und Hans Albers (1891 bis 1960).

Zur Zeit des Nationalsozialismus wurden viele jüdische Bewohner Neubabelsbergs zur Emigration genötigt, die frei werdenden Häuser unter Wert verkauft oder von nationalsozialistischen Organisationen genutzt. Im Januar 1943 wurden von der Gestapo die letzten Neubabelsberger Juden aus einem Siechen- und Altenheim in ein Konzentrationslager deportiert. Lediglich der erfolgreiche Chemiker Otto Liebknecht (1876 bis 1949), Bruder von Karl Liebknecht (geboren 1871, ermordet 1919), blieb mit seiner jüdischen Frau bis zum Kriegsende 1945 von einer Deportation verschont.

Das Haus am Johann-Strauß-Platz gehörte von 1922 bis 1938 dem Seidenfabrikanten Fritz Gugenheim und dessen Sohn. Nachdem die jüdische Familie Deutschland verlassen musste, wurde die Ufa-Schauspielerin Brigitte Horney neue Besitzerin. 1941 schrieb hier bei ihr Erich Kästner unter Pseudonym das Drehbuch für den Film »Münchhausen«.

Die Villa Herpich in der Karl-Marx-Straße 27 erhielt auch den Namen »Stalin Villa«, weil hier während der Verhandlungen der Alliierten zum Potsdamer Abkommen vom 17. Juli bis 2. August 1945 die sowjetische Delegation unter der Leitung von Stalin wohnte.

Während der Potsdamer Konferenz 1945 wurde Neubabelsberg zum Sperrbezirk erklärt, weil die Spitzen der drei Alliierten mit ihrem Gefolge hier Quartier bezogen. In die Villa Herpich, Karl-Marx-Straße 27, zog Josef W. Stalin (1878 bis 1953); in die Villa Urbig, Virchowstraße 23, Winston Churchill (1874 bis 1965); in das damalige Haus Erlenkamp, die heutige Karl-Marx-Straße 2, Harry S. Truman (1884 bis 1972). Die Familien, die hier wohnten, mussten zuvor ihre Villen verlassen. Sie hatten vergeblich gehofft, nach der Konferenz die Häuser wieder beziehen zu können, da sich der alliierte Sperrbezirk und der »Eiserne Vorhang« quer durch das Stadtgebiet zog. Mit dem Bau der Berliner Mauer wurde Neubabelsberg vom Griebnitzsee durch Grenzanlagen am Ufer abgeschnitten. Der Bahnhof Griebnitzsee wurde zu einem stark abgeschirmten Grenzbahnhof.

Heute ist die Villenkolonie Neubabelsberg wegen des öffentlichen Nutzungsrechts des Uferstreifens am Griebnitzsee immer wieder in den Schlagzeilen. Mit dem Mauerbau wurde dort ein Postenweg angelegt, der nach 1989 zu einer beliebten Ausflugsstrecke der Potsdamer und ihrer Gäste geworden ist. Zur öffentlichen Nutzung läuft ein lang anhaltender Rechtsstreit zwischen der Stadt und den Anliegern.

Reizvoll ist das leise Rauschen der alten Eichen und Buchen

Wundervolle Natur und Kunst im Park Babelsberg

Der Park Babelsberg ist der landschaftlichste und vielgestaltigste Park unter den Potsdamer Gartenanlagen. Er zieht sich am Ufer der Havel entlang und reicht bis auf eine Höhe von 78 Metern. Die Natur und die Kunst haben hier eine landschaftliche Rarität geschaffen.

Zu Zeiten des Großen Kurfürsten war im 17. Jahrhundert der Höhenzug rechts des Nuthetales bewaldet und als Wildpark eingehegt. Auf einem kahlen Gipfel hatte ein Windmüller seine Mühle errichtet, an deren Stelle heute der Flatowturm steht, ein mächtiger, 46 Meter hoher Burgturm, der einen weiten Blick in das Land ermöglicht.

1821 erfreute sich Prinz Wilhelm von Preußen (1797 bis 1888) an dem selten schönen Blick von der Höhe auf das Wasser, seine Ufer und die Stadt. Immer wieder zog es ihn vom Berliner Hofleben an diesen Platz. Nach geraumer Zeit erwarb er den Babelsberg, um hier ein Landhaus mit Garten zu errichten. Nach den Plänen Schinkels entstand zwischen 1834 und 1835 das Schloss im englisch-normannischen Burgenstil in seinen Hauptteilen, während der Flügel mit dem Bergfried erst von 1845 bis 1846 hinzugefügt wurde. Das Schloss und der schöne stille Park blieben der Lieblingsaufenthalt des Prinzen, des späteren Königs und Kaisers Wilhelm und seiner Gemahlin Augusta.

Gartendirektor Peter Joseph Lenné (1789 bis 1866) und Fürst Hermann von Pückler-Muskau (1785 bis 1871) gestalteten den Park. Ufer- und Höhenwege erlauben trotz vielfacher Windungen herrliche Ausblicke. Am Uferweg steht das Kleine Schloss, das Prinzenhaus, welches wegen der Enge im Schloss für den Prinzen Friedrich Wilhelm und die Prinzessin Luise erbaut wurde.

Nun ist es nach dem Mauerfall möglich, den gesamten Park zu besichtigen. Bis zur Grenzöffnung konnte man nur bis zur Vorderseite des Schlosses Kaiser Wilhelm I. gelangen. Denn direkt am Schloss begannen die Grenzanlagen und verhinderten den weiteren Zugang zum Park. Hinter der Mauer, auf der Hanglage zum Wasser, verbargen sich weitere hohe Zäune, die durch Posten und Hunde bewacht wurden. Die Berliner Mauer verlief entlang des gesamten Uferweges. In der Nähe des Kleinen Schlosses, am Tiefen See, wurde extra ein alter Lastkahn quer gelegt, um eine Barriere zu schaffen.

Schloss Babelsberg war die erste romanisch-neogotische Schlossanlage in Kontinentaleuropa.

Die Anlagestelle der Wassertaxis Park Babelsberg

Auf der höchsten Stelle des Babelsberges steht anstelle einer abgebrannten Windmühle ein 46 Meter hoher Wohn- und Aussichtsturm.

Das Matrosenhaus entstand 1842

Unter der Gerichtslaube büßen

Viele Jahrhunderte stand die Gerichtslaube als Teil des alten Berliner Rathauses an der Ecke Königstraße/Spandauer Straße und diente der öffentlichen Rechtssprechung im alten Berlin. In der Halle befindet sich ein Fries, der menschliche Laster in Tiergestalten darstellt; außerdem findet man dort den »Kaak«, eine Eule mit Menschenkopf und Eselsohren, unter dem so mancher straffällige Berliner am Pranger büßen musste.

Auf einer Höhe hält die goldstrahlende Siegesgöttin auf einer hohen Granitsäule die Erinnerung an die einst »ruhmvollen« Kriege 1864, 1866 und 1870/1871 wach. Auch dieser Bergvorsprung ermöglicht schönste Ausblicke durch die Sichtachsen zu anderen Sehenswürdigkeiten.

Gesund und lecker im Café & Restaurant der Familie Gilka-Bötzow

Vom Kleinen Schloß einfach bezaubern lassen

Schon viele Spaziergänger ließen sich nicht nur vom Anblick des »Kleinen Schloß« bezaubern, sie waren auch herzlich willkommen. Hier hat die Familie Gilka-Bötzow am Rad der Zeit gedreht. Mit ihrem Café & Restaurant bieten der gebürtige Oberfranke Arndt Gilka-Bötzow und seine Frau Claudia den Gästen in stilvoller Atmosphäre den Zauber früherer Zeit. Die Gilka-Bötzows setzten sich 2004 mit ihrem Konzept im Rennen um die damals neu ausgeschriebene Gaststätte unter zahlreichen Mitbewerbern durch. Dieses Unterfangen war schwierig, erinnert sich Arndt Gilka-Bötzow. Doch das ist ihm kaum zu glauben. Seine Vorfahren aus der Familie Gilka lieferten »Gilka« Kaiserkümmel an den Hof Wilhelm I. Bötzows beförderten untergäriges Bier zum alten Kaiser. Beide Hoflieferanten heirateten und verbanden ihre Namen zu Gilka-Bötzow. Nachfahre Arndt profitierte nun ganz einfach durch seine Gene. Durch Zufall wäre er mit seiner Familie nach Potsdam gekommen. Dass er gerade dort arbeitet, wo zuvor schon seine Vorfahren Hoflieferanten waren, sei angeblich nur ein Glücksfall.

Die Gäste können sich in altgedienten Räumlichkeiten, wie Damen-, Kaffee- oder Kaminzimmer königlich fühlen. Das Konzept der Eheleute beinhaltet auch die Ausgestaltung der Räumlichkeiten, die nun durch zurückhaltende Eleganz und Gemäldeschmuck beeindrucken. Das Damenzimmer im Biedermeierstil erinnert an die legendäre Kronprinzessin Victoria. Das nobel ausgestattete Kaminzimmer empfiehlt sich mit seinen 24 Plätzen für private Feste und Veranstaltungen. Für ein romantisches Candle Light Dinner nimmt man in der warmen Jahreszeit in der Laube am Haus Platz. In dieser traumhaften Weinlaube genossen die Gäste von schon über 150 Hochzeiten und Familienfeiern die Exklusivität dieses Ortes. Die ganzjährig geöffnete Sonnenterrasse mit Blick über den Tiefen See ist einer der schönsten Orte in Potsdam.

Dies bestätigte auch Ministerpräsident Matthias Platzeck bei einem Abendessen mit Ex-Kanzler Gerhard Schröder, da hier sogar »... die Sonne direkt im Weinglas untergeht ...«. Küchenchefin ist Ehefrau Claudia. Die gebürtige Schweizerin hat die klassische französische Küche studiert und setzt mit ihrem Schweizer Kochhandwerk auf die Vielfalt märkischer Produkte und Bio-Zutaten. Für Kinder und Gäste mit Lebensmittelunverträglichkeiten gibt es besonders interessante Angebote. Auch zur Kaffeezeit lohnt es, sich von den hausgebackenen Kuchen, wie Schmandtorte oder französischem Apfelkuchen, verwöhnen zu lassen. Servicechef Arndt Gilka-Bötzow steht zusammen mit seinem Team für oberfränkische Gastfreundschaft und Freude am Service. Das »Kleine Schloß« ist zudem mit den Gütesiegeln der Service-Qualität Deutschland und der Potsdamer Gastlichkeit ausgezeichnet worden. Zu jeder Jahreszeit haben die Gilka-Bötzows im wunderschönen UNESCO- Welterbe »Schlosspark Babelsberg« geöffnet. Von Mitte Mai bis Mitte August ist die Küche am Freitag und Samstag bis 22 Uhr geöffnet. Eine Reservierung ist für die speziellen Abendmenüs sehr zu empfehlen. Ein besonderes Augenmerk sollten die Gäste auch auf das abwechslungsreiche Jahresprogramm legen, die kulinarischen Veranstaltungen kann man auf der Website des Hauses nachlesen.

Kleines Schloß – Cafè & Restaurant
Park Babelsberg 9 · 14482 Potsdam
Tel. (03 31) 70 51 56 · Fax (03 31) 7 04 56 99
info@kleinesschloss.de · www.kleinesschloss.de
ganzjährig geöffnet

Die Geschichte von Schloss und Park Babelsberg ist eng verbunden mit dem Leben von Kaiser Wilhelm I. und seiner Gattin Augusta. Als der Sohn des Prinzenpaares heranwuchs, wurde es für die Familie in dem zunächst nur aus einem Flügel bestehenden Schloss zu eng. Augusta beauftragte Schinkels Schüler, den Hofarchitekten Ludwig Persius damit, ein einfaches Gartenhaus am Ufer des Tiefen Sees nach ihren eigenen Ideen für den Kronprinzen und seinen Erzieher auszubauen. So entstand 1841 bis 1842 das »Kleine Schloß« im damals modernen englischen Tudorstil. Friedrich Wilhelm verbrachte hier seine Jugendzeit. 1858 heiratete er die englische Prinzessin Viktoria, in die er sich schon verliebt hatte, als sie noch ein Kind war. Die jung Vermählten verlebten ihre romantischen Flitterwochen im »Kleinen Schloß«.

Stilles Klein Glienicke war am Ende der Welt

Der gesamte Ort ist heute dem UNESCO-Welterbe zugehörig

Der Gutsbezirk Klein Glienicke, der aus einem 1375 erstmals urkundlich erwähnten kleinen Dorf mit sieben Hufen (Bauernhöfen) hervorgegangen war, lag nördlich der später gebauten Berlin-Potsdamer Straße, nahe der heutigen Brücke und dem späteren Schloss Glienicke. Inmitten einiger Weinberge, Wälder und Seen, blieb der Ort aber bis zur Errichtung der Glienicker Brücke lange Zeit ohne Verbindung zum zunächst unbedeutenden Potsdam. Erst nach Übernahme des Potsdamer Stadtschlosses in kurfürstlichen Besitz im Jahre 1660 entwickelte sich ein lebhafter Verkehr auf der nahe gelegenen Königsstraße zwischen Potsdam und der Hauptstadt Berlin.

Der Ortsname verschwand 1924, als es nach Neubabelsberg eingemeindet wurde. Heute ist Klein Glienicke ein zu Babelsberg gehörendes Villenviertel und befindet sich auf dem südwestlichen Teil der Insel Berlin-Wannsee zu Füßen des Böttcherberges, gegenüber von Babelsberg. Es liegt eingebettet in die zauberhafte Kulturlandschaft zwischen dem Babelsberger und dem Glienicker Park. Der gesamte Ort ist heute dem UNESCO-Welterbe zugehörig.

Neubau von freistehenden exklusiven Einfamilienhäusern im Villenstil.

Klein Glienicke ist neben der Glienicker Brücke nach Potsdam nur durch die Parkbrücke, die über den Teltowkanal führt und ursprünglich nur für Fußgänger gedacht war, mit der Babelsberger Seite verbunden. Eine weitere für Fahrzeuge gebaute Brücke wurde 1945 zerstört. Von Berlin führt eine Abzweigung von der Königsstraße (B1) in den kleinen stillen Ort, der vor dem Mauerfall zur DDR gehörig und Sondersperrgebiet war und nach West-Berlin hineinragte. Nach Klein Glienicke konnte man nur mit amtlicher Sondergenehmigung gelangen, die am »Nadelöhr«, dem schmalen und einzigen Zugang an der Enge von Glienicker Lanke und Griebnitzsee, vorgezeigt werden musste. Nur selten bekam man einen Passierschein. Lange Zeit stellten nach dem Mauerfall zwei vergessene Straßenlaternen zwischen Tannenweg und der Straße »Am Böttcherberg« ein kurioses Überbleibsel der in zweifacher Form verlaufenen Mauer dar. Nacht für Nacht beleuchteten die Laternen auf Kosten der Steuerzahler Privatgrundstücke. Die zugehörigen Straßen waren nach dem Mauerfall schon vor Jahren eingezogen worden.

Eine kleine, neugotische Kapelle wurde 1881 von Reinhold Persius (1835 bis 1912) errichtet, dem Sohn des berühmten Baumeisters Ludwig Persius. Als die DDR Klein Glienicke zum Sperrgebiet erklärte, gab sie das Gebäude dem Verfall preis. Dem Einsturz nahe, wurde sie nach der Wiedervereinigung mit viel Anteilnahme und Initiative saniert und wieder in den alten Zustand von 1881 versetzt. In der Kapelle finden jeden ersten Sonntag eines Monats kostenlos Konzerte statt.

Das gegenüber dem Babelsberger Park gelegene Gartenlokal Bürgershof zählte um 1900 zu den größten Gartenlokalen Europas. Fast 100 Kellner sollen an den Wochenenden dort gearbeitet haben. Das eigentliche Restaurant, 1866 nach Plänen des Architekten E.A. Petzholtz (1839 bis 1904) errichtet, wurde im Krieg beschädigt, wegen seiner Lage im Sperrgebiet 1971 abgerissen und soll nun wiedererrichtet werden. Der Biergarten-Pavillon hat die DDR-Zeit als Wohngebietsgaststätte überstanden und wurde nach der Wende wieder betrieben.

Schön wie ein Märchenschloss präsentiert sich das Jagdschloss in Klein Glienicke.

Prinz Carl von Preußen, Sohn von König Friedrich Wilhelm III. ließ zwischen 1863 und 1867 nach damaliger Mode neun Schweizer Häuser erbauen. Sie waren für Bedienstete seines Sohnes Friedrich Carl bestimmt. Ein zehntes Schweizer Haus war 1874 privat errichtet worden. Von den insgesamt zehn Häusern sind heute nur noch vier erhalten, zwei davon in der Waldmüllerstraße. Die anderen Häuser wurden im Zuge der Grenzsicherung durch die DDR abgerissen.

Die Kapelle war zum Zeitpunkt der Wende dem Einsturz nahe, da sie innerhalb des Grenzgebietes dem Verfall preisgegeben war. Nach einer umfangreichen Sanierung und Restaurierung in den Jahren 1993 bis 1999 ist sie wieder im alten Zustand von 1881 zu bewundern.

Die schöne Parforceheide lädt ein

Auf zur Jagdresidenz am Stern

Das Jagdschloss Stern gehört zu den ältesten Residenzen Potsdams. Es befindet sich zwischen der A115, Abfahrt Babelsberg und einem von 1970 bis 1980 in die Parforceheide hinein gebauten Neubauviertel. Das Schloss war Ausgangspunkt für die Jagd in der sternförmig angelegten Parforceheide. An diesem Stern ließ Soldatenkönig Friedrich Wilhelm I. 1730 bis 1732 im Wald ein Jagdschloss bauen, das allerdings nach königlichen Vorstellungen allenfalls ein kleineres Landhaus darstellte.

Theodor Fontane beschrieb das Jagdschloss Stern wie folgt: »... ist ein holländischer Bau, quadratisch in rothem Backstein aufgeführt, mit einem Giebel in Front, einem Jagdhorn über der Thür und einem eingeätzten Stern im Mittelfenster. Es besteht nur aus einem Eßsaal, einer Küche und einem Schlafzimmer, drei Räume, die ihren Charakter bis auf die Stunde beibehalten haben.«

Den Auftrag zur Bauausführung für das im Stil eines schlichten holländischen Bürgerhauses zu errichtende Schloss, bekam der aus Holland stammende Grenadier und Zimmermeister Cornelius van den Bosch. Das nur für Jagdaufenthalte konzipierte Gebäude stand bei seiner Erbauung im Mittelpunkt eines weitläufigen Geländes, das mit der Anlage eines sternförmigen Schneisensystems für Parforcejagden erschlossen wurde. Das für diese Hetzjagd umgestaltete Gebiet erhielt den Namen Parforceheide.

In den 1980er Jahren erhielt das Schloss eine grundlegende Sanierung. Im Jahr 2005 waren erneute Renovierungsarbeiten notwendig. Neben dem Hauptgebäude blieb das alte Kastellanhaus erhalten, das wahrscheinlich bereits 1714 errichtet wurde. Seit 1995 wird das Gebäude von der Stiftung Preußische Schlösser und Gärten Berlin-Brandenburg verwaltet und mit ehrenamtlicher Unterstützung des Fördervereins Jagdschloss Stern-Parforceheide e.V. instand gehalten.

Neben dem Jagdschloss befinden sich weitere, nahe gelegene Ausflugsziele am Rande der Parforceheide Stern, wie die im Landschaftsschutzgebiet liegenden Nuthewiesen mit dem angrenzenden alten Dorf Drewitz, die Schäferfichtensiedlung mit dem nahe gelegenen Baggersee sowie das kleinteilig bebaute Wohnviertel Musikersiedlung. Diese laden zu jeder Jahreszeit zu Spaziergängen ein.

Jagschloss Stern

In rund sieben Kilometer Entfernung vom königlichen Stadtschloss entstand ein zentraler Platz, von dem sternförmig 16 schnurgerade doppelte Schneisen (Gestelle) in den Wald geschlagen wurden: der Stern.

Das alte Kastellanhaus am Stern

Am Stern – Drewitz und Kirchsteigfeld

Potsdams größtes DDR-Neubaugebiet Stern

Im Südosten von Potsdam liegen die beiden Großsiedlungen Am Stern und Drewitz – umgeben von Wald, Parforceheide und Nuthewiesen. Das Wohngebiet Am Stern ist nach dem Wegestern des Jagdgebietes benannt. Die Namensgeber dieses Wohngebietes dachten auch an andere Sterne, als sie zahlreiche Straßen nach Physikern oder Mathematikern benannten, die sich der Erforschung des Himmels und der Raumfahrt widmeten. Eine Schule wurde nach dem sowjetischen Weltraumpionier Juri Gagarin benannt. Die Wohngebietsgaststätte hieß Orion. Sie ist inzwischen abgerissen und wurde im Jahr 2005 durch das Orion-Center ersetzt. Zum Wohngebiet Am Stern zählen 7400 Wohnungen, die zwischen 1970 und 1980 im komplexen Wohnungsbau (fünfgeschossige Wohnblocks und Punkthochhausgruppen) errichtet wurden. Das Wohnareal ist damit das größte zu DDR-Zeiten in Potsdam errichtete Neubaugebiet. Zentrum des Sterns ist der Bereich Johannes-Kepler-Platz, welcher mit Fördermitteln für intensive Maßnahmen zur Verbesserung des Wohnumfeldes neu entwickelt wurde, und weiterhin qualitativ aufgewertet werden soll. Im Jahr 1997 entstand in der Galileistraße die Wohnanlage Sterntaler im frei finanzierten Wohnungsbau. Durch die Neubauviertel Am Stern, Drewitz und Kirchsteigfeld hat der Potsdamer Osten einen rasanten Aufschwung genommen. Die Bevölkerungszahl dieser Region hat sich in der jüngeren Geschichte mehr als verdoppelt, in den neuen Vierteln leben rund 30 000 Einwohner.

Die Dorfkirche in Alt-Drewitz wurde 1725 auf Erlass des Soldatenkönigs Friedrich Wilhelm I. durch Johann Gottfried Kemmeter errichtet. Das alte Angerdorf Drewitz liegt mit seinem Kern, einer 1754 erbauten Kirche und dem Friedhof, an der Straße Alt Drewitz und zieht sich an den Nuthewiesen entlang. Mit einigen Straßenzügen reicht das Dorf in die neuen Wohngebiete hinein.

Drewitz, rasant im Aufschwung

Das ehemalige Dorf Drewitz zählt mit einer urkundlichen Erwähnung aus dem Jahr 1228 zu den ältesten im Teltow erwähnten Orten und war schon 1939 Ortsteil Potsdams. Sein Name geht auf slawische Besiedlung zurück und leitet sich von den »Waldbewohnern« ab. Funde des alten Dorfes belegen, dass hier auch schon in der Mittelsteinzeit Jäger und Fischer siedelten.
Die Plattenbausiedlung Drewitz ist relativ jung. Inmitten dieses Gebietes entstand 1994 das Sterncenter, ein Einkaufszentrum mit interessanten Veranstaltungen und Events. Der gesamte Bereich ist unter anderem durch die Anbindung an die Bundesautobahn A115 und die Nutheschnellstraße verkehrstechnisch gut erschlossen.

Kirchsteigfeld am Hirtengraben

Eines des jüngsten Potsdamer Wohngebiete ist das Kirchsteigfeld. Es entstand zwischen 1993

Restbestände wertvoller Bruch- und Auenwälder wurden am Hirtengraben in das individuell gestaltete, von einer Architektengemeinschaft nach der Wende projektierte Kirchsteigfeld integriert.

Kleines Idyll Hirtengraben

und 1998 und gehört zu den größten Wohnungsbauvorhaben, die nach 1990, nach der deutschen Wiedervereinigung realisiert wurden. Heute leben dort rund 7500 Einwohner in den 2800 Wohnungen. Das Wohngebiet entstand unter Beteiligung eines internationalen Architektenteams und erhielt eine besondere städtebauliche Bedeutung.
Realisiert wurde das Vorhaben von der Investorengruppe Groth & Graalfs, die geschlossene Immobilienfonds auflegt. Eine Besonderheit ist die architektonische Vielfalt. Rund 25 Architekten waren beteiligt und konnten sich mit ihrer individuellen Handschrift verewigen. Schilder an den Häusern weisen darauf hin, welcher Architekt für den jeweiligen Entwurf zuständig war.
Das Wohngebiet gliedert sich in drei Quartiere, die sich um den Marktplatz mit Geschäften, Büros und einer Kirche anordnen. In der Architektur wurde der Versuch unternommen, von der Schlafstadt wegzukommen – hin zu einem lebendigen Stadtteil. Es entstand eine Vorstadt mit hohem Wohnkomfort.

Rund 7500 Potsdamer leben in den 2800 Wohnungen des Kirchsteigfeldes.

Potsdam-Süd

Potsdams bevölkerungsreichster Stadtteil

Die schöne Wohnlage von Potsdam-Süd ist sicherlich der Grund dafür, dass dieses der bevölkerungsreichste Stadtteil Potsdams ist. Hier befindet sich als kleines Paradies die Halbinsel Hermannswerder. Der Stadtteil besteht zudem aus der Eigenheimsiedlung »Kolonie-Daheim«, der Kunersdorfer Straße, der denkmalgeschützten Stadtrandsiedlung, der Siedlung Eigenheim am Rande der Ravensberge und den drei großen Neubaugebieten Waldstadt I, Waldstadt II sowie »Am Schlaatz«. Es gibt dort weiterhin Forst Potsdam-Süd und das Industriegelände. Potsdam Süd vereinigt die Teltower und Templiner Vorstadt, Hermannswerder sowie die hier bereits genannten Vorstadtsiedlungen und Wohngebiete.

Auf dem Brauhausberg, mit schönem Blick über die Stadt und die Havellandschaft, präsentiert sich das Landtagsgebäude, für die gegenwärtige Nutzung zu klein und unzweckmäßig. Der Neubau eines Landtagsgebäudes ist angekündigt.

Ravensberge zwischen Templiner und Teltower Vorstadt

Zwischen der Teltower und der Templiner Vorstadt erstreckt sich das Waldgebiet Ravensberge, welches durch ein ausgedehntes Wegesystem zur Erholung in der Natur einlädt. Der Große Ravensberg erreicht eine Höhe von 110 Metern. Der Kleine Ravensberg ist dagegen 116 Meter hoch, also höher als der Große. Das Naturschutzgebiet zieht sich bis zum Templiner See und dessen Uferstraße wiederum bis zum Forsthaus Templin am Waldbad Templin, dem früheren Strandbad. Auch Caputh ist nicht weit entfernt. In dem schönen Waldgebiet befindet sich der Telegrafenberg mit dem bekannten Einsteinturm und dem Großen Refraktor (Teleskop) des Astrophysikalischen Instituts Potsdam. In den letzten Jahren haben sich hier auch das Institut für Klimafolgenforschung und das GeoForschungsZentrum fest etabliert.

Die Templiner Vorstadt wurde nach der Wüstung Templin benannt, dem Standort eines während des Dreißigjährigen Krieges verwüsteten Dorfes am Templiner See. Sie liegt im Süden direkt an der Bundesstraße B2 in Richtung Michendorf, am Fuße des Potsdamer Brauhausberges.

Königliches Brauhaus und königlicher

Potsdam Süd ist der bevölkerungsreichste Stadtteil Potsdams und nicht weniger schön, als die anderen.

Die Michendorfer Chaussee führt zuerst in die Templiner Vorstadt Potsdams.

Potsdams Hauptbahnhof befindet sich mit seinem historischen Wasserturm im südlichen Teil Potsdams.

Aussichtsturm auf dem Berg

Der Brauhausberg war einstmals ein Weinberg. An den Berghängen baute man seit dem frühen 16. Jahrhundert Wein an, was aber nach 1700 eingestellt wurde. Auf der Höhe konnte man viel später den oft gepriesenen schönen Kaiser-Wilhelm-Blick genießen, welcher wunderbare Weitblicke über das in der Havelniederung ausgebreitete Potsdam bedeutete.

Der Name Brauhausberg führt auf das 1728 in dem ehemaligen Kurfürstlichen Kornmagazin (1688, Leipziger Straße 7 bis 8) eingerichtete Königliche Brauhaus zurück, das am Fuße des Berges seinen Sitz hatte. Stollen waren in den Berg getrieben worden. Im Winter wurde Eis aus der Havel gewonnen und dort eingelagert, um auch im Sommer eine ausreichende Bierkühlung zu gewährleisten. Die Brauerei war noch in den 1980er Jahren in Betrieb und wurde erst durch eine moderne Brauanlage im »Industriegelände« Rehbrücke ersetzt.

Auf der Höhe des Brauhausberges ließ Friedrich Wilhelm III. im Jahre 1804 für die Königin Luise einen Aussichtsturm in neugotischem Stil erbauen. Unterhalb des Turmes lag das beliebte Restaurant »Wackermanns Höhe«, welches das Bier der Sorte Potsdamer Stange ausschenkte.

In der Zeit von 1949 bis 1989 war das heutige Landtagsgebäude Sitz der SED Bezirks- und Kreisleitung und erhielt den Spitznamen »Kreml«.

Um den Aussichtsturm herum wurde von 1899 bis 1902 nach Plänen von Franz von Schwechten, dem Architekten der Berliner Kaiser-Wilhelm-Gedächtniskirche, eine Königliche Kriegsschule erbaut. Das weithin sichtbare Gebäude war Ausdruck des Wachstums Potsdams als Garnison- und Verwaltungsstadt jener Zeit.
Da nach dem Ersten Weltkrieg Deutschland laut Versailler Vertrag keine Kriegsschulen besitzen durfte, gab es hier nun ein Reichsarchiv. Dessen Turm wurde gleichzeitig Forschungsanstalt für Kriegs- und Heeresgeschichte. Zwischen 1935 und 1937 erfolgten die Erweiterung und der Umbau des Gebäudes zum Heeresarchiv. Im Zweiten Weltkrieg wurde das Gebäude schwer beschädigt und ab 1947 wieder aufgebaut.
Die Nutzung als Sitz der SED Bezirks- und Kreisleitung in der Zeit von 1949 bis 1989 brachte für das Gebäude den Spitznamen »Kreml« hervor. Auf dem noch erkennbaren ovalen hellen Fleck am Turm befand sich das Wappen der SED.
Gegenwärtig befindet sich im sogenannten Kreml über der Stadt der Sitz des Landtages, welcher heute unter Denkmalschutz steht. Das wieder zu errichtende Stadtschloss soll das künftige Domizil des Landtages werden.

Die Teltower Vorstadt

Wie eine kleine Bergstadt sieht die Teltower Vorstadt aus, die sich an den Brauhausberg lehnt. Die in diesem Territorium vorhandene Eisenbahnbrücke ist auch erst mit dem Bau der Langen Brücke im Jahre 1888 entstanden. Unweit davon befand sich auch der alte Bahnhof, wo einst die erste preußische Eisenbahn von Berlin nach Potsdam endete. Er sowie auch die Eisenbahnwerkstatt sind auf dem Besitz des ehemaligen Rittergutes Potsdam erbaut worden. Einen großen Teil der Teltower Vorstadt nehmen der Neue und Alte Friedhof ein, die die größten Friedhöfe Potsdams sind. Sie werden lediglich durch die Magistrale Heinrich-Mann-Allee (früher Saarmunder Straße) voneinander getrennt. Der Alte Friedhof ist 1796 angelegt worden und erhielt bereits 1867 seinen Namen, weil wegen Platzmangels auf der gegenüberliegenden Straßenseite der Neue Friedhof angelegt werden musste. 1851 erhielt der Alte Friedhof eine spätklassizistische Trauerhalle mit einer Kapelle. Auf diesem Friedhof wurden berühmte Potsdamer wie der Arzt Ernst von Bergmann, Eleonore Prochaska, Hermann Schulze-Delitzsch und der Orgelbauer Alexander Schuke beigesetzt. In unmittelbarer Nähe befinden sich die Staatskanzlei und der Amtssitz des Ministerpräsidenten Brandenburgs.

Kolonie Daheim

Die Eigenheimsiedlung Daheim wurde für die Arbeiter der nahe gelegenen Königlichen Eisenbahnwerkstätten, des späteren Reichsbahnausbesserungswerkes (RAW), in den Jahren 1894 bis 1897 errichtet. Zu dieser Kolonie zählten damals etwa 210 Wohnungen für rund 800 Einwohner.
Bis 1937 hieß die sich in der Nähe befindliche Heinrich-Mann-Allee noch Drewitzer Straße. Im Zweiten Weltkrieg wurden einige der Häuser so schwer zerstört, dass sie abgerissen werden mussten.
Heute steht das Wohnensemble mit seinen 181 Wohnungen unter Denkmalschutz. Der Auftraggeber und Investor dieser Wohnanlage war der Bau- und Sparverein für Eisenbahndienste. Architekt war wahrscheinlich R. Mangelsdorff.

Historisches Straßenschild Colonie Daheim

Straße Kolonie Daheim

Mit der Fähre auf die Halbinsel Hermannswerder

Hoffbauer-Stiftung mit sozialer Ausrichtung

Die Fähre führt von der westlichen Vorstadt »Auf dem Kiewitt« nach Hermannswerder. Diese Halbinsel ragt in den Templiner See hinein. Sie ist ein Teil der Templiner Vorstadt. Hier befinden sich historische und moderne Bauten, wie Villen aus den 1920er Jahren und Einfamilienhäuser, aber auch Kleingärten der Potsdamer. Neben dem restlichen, nord-östlichen Areal (den Landzungen Tornow und Küssel) gibt es die Buchten »Vorderkappe« im Nordosten und »Hinterkappe« im Südwesten. Vorder- und Hinterkappe sind durch den »Judengraben« voneinander getrennt. Hermannswerder und Küssel werden dadurch eigentlich zur Insel.

Zur Zeit des Großen Kurfürsten gehörte die Halbinsel, der sogenannte Tornow, zu dem großen Tiergarten, der sich südöstlich der Langen Brücke bis in die Ravensberge hinein streckte.

Landschaftsarchitektonische Planungen von Peter Joseph Lenné sahen vor, die Halbinsel in die Gestaltung der Potsdamer Parklandschaften mit einzubeziehen. Ein weiteres Prachtschloss und Sichtachsen waren unter dem Namen »Belriguardo« vorgesehen. Die Pläne, wie auch die für eine Badeanstalt, fanden keine Umsetzung.

Auf Anordnung König Friedrich Wilhelms II. wurde Ende des 18. Jahrhunderts die Halbinsel an der Schmalseite durch einen Graben getrennt, um die im Templiner und Potsdamer Forst geschlagenen Baumstämme besser und schneller in den Potsdamer Stadtkanal flößen zu können. Seitdem gab es den – unter Bezugnahme auf den Besitzer – Judengraben.

Die Hoffbauer-Stiftung

Der Gutsbezirk Hermannswerder war schon im Jahre 1894 vom Potsdamer Gutsbezirk durch eine 1,2 Kilometer lange Trennmauer abgegrenzt. Im gleichen Jahr wurde auch das Eingangstor mit Wärterhäuschen aus rotem Klinker errichtet. Der Gutsbesitz gehörte dem Teppichfabrikantenehepaar Clara und Hermann Hoffbauer. 1901 wurde die vom Ehepaar gegründete Stiftung durch einen königlichen Erlass bestätigt. Seitdem vertiefte die Stiftung ihre gemeinnützige Arbeit und errichtete zu diesem Zweck verschiedene Bauten, wie: ein Krankenhaus, ein Altenpflegeheim, das Evangelische Gymnasium Hermannswerder sowie ein Freizeit- und Wohnheim für körperlich behinderte Erwachsene. Die Hoffbauerstiftung hatte schon immer eine eigene Kirchengemeinde mit einer eigenen Kirche auf dem Gelände. Bis 1951 gab es auch einen eigenen Friedhof.

Das Gymnasium wurde 1908 von Clara Hoffbauer gegründet und war bis zum Ende des Zweiten Weltkrieges ein Lyzeum, bevor es in der DDR eine koedukative Schule in kirchlicher Trägerschaft wurde. Das angegliederte Internat ermöglichte Kindern aus dem gesamten Gebiet der DDR den Besuch dieses Gymnasiums. Das hier erworbene Abitur berechtigte in der DDR allerdings nur zu einem Theologie- oder Kirchenmusikstudium. Nach der Wende wurde es dagegen ohne Einschränkungen anerkannt.

1990 wurde das Gymnasium als erste Schule in freier Trägerschaft erweitert.

Zu den Hauptaktivitäten der Stiftung gehören heutzutage der Betrieb sowie die Unterhaltung von Grundschulen, Gymnasien, einer Jugendhilfeeinrichtung (Oase), einer Fachschule für Sozialwesen, einer Berufsfachschule für Soziales, einer Altenpflegeschule und von Einrichtungen zur Unterbringung, Pflege und Betreuung älterer sowie behinderter Menschen.

Von der Havelseite weist der Wasserturm auf Hermannswerder.

1894 wurde das Eingangstor mit Wärterhäuschen des Gutsbezirks Hermannswerder aus rotem Klinker errichtet.

Am Schlaatz mit »Habichthorst« und »Bisamkiez«

Die Plattenbausiedlung auf dem Sumpf

Die Nuthe durchfloss die Landschaft in zahlreichen Windungen und mehren Armen, zwischen denen einzelne Sandinseln schon in früheren Zeiten besiedelt waren. Heute begleitet den Hauptarm der Nuthe zwischen Rehbrücke und der Potsdamer Innenstadt ein gleichnamiger Wanderweg.

Auf der breiten Wiesenlandschaft des Nuthetals erfolgte in den 1980er Jahren ein umfangreiches Wohnungsbauprogramm. An die Schönheit der damaligen unberührten Natur, in der die Wohnstätten

Auf der Wiesenlandschaft der Nuthe entstand auch der Schlaatz.

Einzug hielten, erinnern Straßennamen des Wohngebietes Schlaatz, wie »Biberkiez«, »Sperberhorst«, »Falkenhorst«, »Habichthorst«, »Milanhorst«, »Schilfhof«, »Binsenhof«, »Wiesenhof«, »Otternkiez« und »Bisamkiez«. Die Straßennamen am Schlaatz enden auf -horst, -hof oder -kiez. In Mosaiken an den Giebeln der Wohnblocks werden Straßennamen in Bilder umgesetzt. Der Name: Schlaatz kommt aus dem Slawischen und heißt soviel wie von Sumpf umgeben.

Der Bauuntergrund des neuen Wohngebietes wurde deshalb mit Sand und großen Mengen Kies aufgefüllt. Dafür spülte man von einer Kiesgrube »Am Stern« Kies über eine Rohrleitung zum Schlaatz. Aus der ehemaligen Förderstätte entstand der Baggersee Am Stern, welcher zu den beliebtesten Badeseen der Stadt Potsdam gehört.

In den ersten Jahren nach der Wende gab es besonders in diesem Potsdamer Stadtteil einen massiven Bevölkerungsschwund.

Deshalb begannen die Wohnungsgesellschaften mit einem umfassenden Umbau und der Modernisierung der ursprünglich sogenannten Ratio-Wohnungen (Ratio von Rationalisierung), mit drei bis vier Zimmern und einer Größe von 54 bis 60 Quadratmetern. Heute ist dieses Wohngebiet bei zahlreichen Studenten der Potsdamer aber auch der Berliner Hochschulen sehr beliebt.

In Mosaiken an den Giebeln einiger Wohnhäuser wird die Schönheit der Natur gezeigt.

Am Schlaatz wohnen 8660 Menschen mit einem Durchschnittsalter von 36,9 Jahren. Kulturelles Zentrum des Wohngebietes ist das Bürgerhaus am Schlaatz.

Waldstadt I, das älteste Potsdamer »Neubaugebiet«

Das Wohngebiet entstand inmitten des Waldes

Die Siedlung Waldstadt I ist das älteste der sogenannten Potsdamer »Neubaugebiete«. Es entstand durch Großblockbauweise ab dem Ende der 1950er bis zum Ende der 1970er Jahre inmitten eines Waldgebietes an der unmittelbaren Stadtgrenze zur heutigen Gemeinde Nuthetal. Durch die Errichtung großflächiger Neubaugebiete sollte möglichst viel Wohnraum in kürzester Zeit geschaffen werden. Die Bewohner solcher fernbeheizten Neubauwohnungen mit entsprechender Sanitärausstattung galten seinerzeit als privilegiert.

Mit der Wendezeit hat die Attraktivität dieser »Plattensiedlungen« nachgelassen.

Die Wohnsiedlung »Am Stadtrand« gehört zum Ensemble der Berg- und Bauernarchitektur in Waldstadt I.

Die älteren Siedlungen

Der aus Süddeutschland stammende Architekt Reinhold Mohr (1882 bis 1978) verwirklichte mit der Wohnsiedlung »Am Nuthestrand« das größte zusammenstehende Ensemble einer süddeutschen Berg- und Bauernarchitektur außerhalb Württembergs. Die Eigenheimsiedlung »Am Stadtrand« (auch: Stadtrandsiedlung) entstand 1932 bis 1936 als eine Arbeitslosensiedlung. Auch Häuser in der Straße Meisenweg zählen dazu. Der Bau brachte für die künftigen Besitzer Arbeit. Die Wohnhäuser wurden von arbeitslosen Handwerkern der Stadt gebaut und erst anschließend unter ihnen verlost. Das gleiche Bau-Los-Prinzip wurde auch für die nachfolgende Erweiterung zur Qualitätssicherung eingesetzt. Das Teilgebiet »Am Nuthestrand« wurde als Erweiterung der Siedlung bis 1939 am Flussufer der Nuthe errichtet. Die beiden Siedlungen gehören zum südwestlich gelegenen Wohngebiet Waldstadt I und stehen unter Baudenkmalschutz. In den Jahren nach der Wende wurden viele der Häuser unter strengen Denkmalschutzauflagen rekonstruiert und modernisiert. Es kamen auch neue Eigenheime hinzu.

Die Siedlung »Am Nuthestrand« wurde von 1934 bis 1938 als Selbsthilfesiedlung errichtet. Die Häuser der Straße »Am Stadtrand« zählen dazu.

Die Nuthe lädt auch in Waldstadt I zum Wandern ein.

Waldstadt II und der Teufelssee

Zum Ausflug an den Teufelssee und in die Ravensberge

Die Heinrich-Mann-Allee trennt die Bezirke Waldstadt I und II voneinander. Das Gebiet von Waldstadt II befindet sich an deren Westseite. Es entstand erst 15 Jahre nach der Errichtung von »Waldstadt I« in den frühen achtziger Jahren des letzten Jahrhunderts. Unter dem Leitbild »Wohnen im Wald« wurde die »Waldstadt II« als Teil des komplexen Wohnungsbaus in industrieller Plattenbauweise direkt in den Wald hineingebaut. Der beachtlich hohe Baumbestand, welcher während der Bauphase der Siedlung weitgehend erhalten blieb, hat der »Waldstadt« ihren Namen gegeben. Dabei wurden vorhandene Waldflächen in Höfe und Ringe eingebunden. Anders als bei der »Waldstadt I« sah die großzügige Planung hier neben der Bebauung mit fünfgeschossigen Wohnblocks und vier Punkthochhäusern vor allem eine entsprechende Anzahl dazugehöriger infrastruktureller Einrichtungen vor. Dadurch wurde ein umfangreiches Gewerbe- und Dienstleistungsangebot verwirklicht.

Im Waldgebiet befinden sich der Teufelssee und die Ravensberge als beliebte Ausflugsziele. Der Teufelssee ist ein sogenanntes Toteisloch und mit seiner Wassertiefe von ehemals mehr als sieben Metern tiefer als die größeren Havelseen. Es gibt eine Sage vom Teufelssee, die zurück in die Zeit vor der Entstehung des Sees geht und auf eine Stätte der Teufelsanbetung hinweist. Auch das Moosfenn und der Große Ravensberg mit einer Höhe von 110 Metern befinden sich hier. Der Kleine Ravensberg ist dagegen sogar 116 Meter hoch, also noch höher als der Große. In den sumpfigen Niederungen, dem Moosfenn und dem Schlangenfenn, sind seltene Tier- und Pflanzenarten zu Hause.

Die Plattenbausiedlung Waldstadt II wuchs in den Wald hinein.

Auch kleine Wohnsiedlungen bestimmen das Bild der Waldstadt II.

Im März 2008 eröffnete mit dem Abenteuer Park Potsdam auf dem Potsdamer Telegrafenberg der größte Kletterwald Berlin-Brandenburgs. Auf sieben Parcours mit 115 Elementen, darunter eine 200 Meter lange Seilrutsche, können Kletterer bis zu zwölf Meter hoch hinaus.

Ausflug zum Wissenschaftspark Albert Einstein

Refraktor auf dem Telegrafenberg

Im idyllischen Waldgebiet Großer Ravensberg schlummert eine Potsdamer Attraktion im Verborgenen: der Telegrafenberg mit dem Astrophysikalischen Observatorium, dem Einsteinturm und weiteren unter Denkmalschutz stehenden Bauten. Die bis dahin namenlose Anhöhe wurde 1832 ausgewählt, um den Vierten von insgesamt 61 optischen Telegrafen der preußischen Staatstelegramm-Linie Berlin-Koblenz zu tragen.

König Friedrich Wilhelm III. ließ ihn errichten, um Nachrichten schnellstmöglich zwischen dem Rheinland und Preußen austauschen zu können. 1852 wurde die Linie nach der Einführung der elektrischen Telegrafie eingestellt.

Ab 1874 wurde der Wissenschaftspark nach Plänen des Architekten Paul Emanuel Spieker auf dem Telegrafenberg in einen englischen Landschaftsgarten integriert. Es wurden verschiedene Bauten errichtet. Seit 1992 befinden sich folgende neu gegründete Institute auf dem Gelände:

- GeoForschungsZentrum Potsdam
- Astrophysikalisches Institut Potsdam

Der Einsteinturm

Der Wissenschaftspark auf dem Telegrafenberg präsentiert sich in einem englischen Landschaftsgarten.

- Potsdamer Forschungsstelle des Alfred-Wegener-Instituts für Polar- und Meeresforschung
- Potsdam-Institut für Klimafolgenforschung
- Meteorologisches Observatorium Potsdam des Deutschen Wetterdienstes

In den 1990er Jahren wurden die historischen Gebäude umfangreich saniert und zahlreiche Neubauten errichtet.

Der Einsteinturm und das Gebäude des Großen Refraktors beherbergen verschiedene Ausstellungen des Wissenschaftsparks.

Waldhaus Großer Ravensberg und Falknerei Potsdam

Waldschule mit Sternwarte und Wildtieren, Falknerei mit Flugschau und Streichelzoo

Aus einem total verwucherten Gelände mit Elektrozaun auf dem »Großen Ravensberg« schufen im Juni 1999 die ersten von zwölf Mitgliedern des Vereins »Wald-Jagd-Naturerlebnis e.V.« eine kleine Idylle mitten im Wald. Diese Gruppe junger Menschen hatte sich das Ziel gesetzt, durch Waldpädagogik inmitten der Natur, den Wald mit seinen Tieren und Pflanzen Kindern, Jugendlichen und auch Erwachsenen zu allen Jahreszeiten nahezubringen.

Ein wichtiger Aspekt bei der Arbeit ist vor allem die Förderung der Jugendhilfe. Regelmäßige Projekte untermauern dies. Des Weiteren trug der Verein sechs Jahre lang ein Kindermusiktheater mit Grundschulkindern. Wöchentliche Proben bereiteten Aufführungen in ganz Potsdam und Umgebung in Zusammenarbeit mit dem Potsdamer »Treffpunkt Freizeit« und den Grundschulen 45 und 51 vor. Von den letzten beiden, »Der Wilddieb« und »Vor tausend Jahren stand hier einmal ein Wald...«, wurde eine Audio-CD für den Verkauf produziert. Mit Jugendclubs, Schulklassen, Kita- und Hortgruppen aus Potsdam und Potsdam-Mittelmark gibt es ein sehr fruchtbringendes Zusammenwirken bei der Realisierung langfristiger Projekte. Es werden Ferienlager für Kinder und Jugendliche durchgeführt.

Wald-Jagd-Naturerlebnis e.V., Tel. (03 31) 2 70 76 87, www.waldhaus-potsdam.de

Uhu Willi

Schneeeule Nanuc

Kindergärten besuchen monatlich die Waldschule und können so die Veränderungen des Waldes im Jahresverlauf erleben. Schulklassen können an Projekttagen und Projektwochen oder an Einzelveranstaltungen zum Sachkunde-, Biologie-, Geografie- oder Astronomieunterricht teilnehmen. Des Weiteren übernahm der Verein ab Januar 2000 für vier Jahre das Gelände der ehemaligen Oberförsterei Ferch, um es für Ferienlager und viele andere Veranstaltungen zu nutzen. 2003 erhielt der Verein ein drittes Gelände am Ravensberggestell, Nähe Kleiner Ravensberg, und richtete dort neben Feuchtbiotop und Streichelzoo einen Falkenhof mit täglicher Flugvorführung ein.

Inzwischen haben Vereinsmitglieder, Interessierte und Freunde über 55 000 ehrenamtliche Stunden geleistet. Man muss kein Vereinsmitglied sein, um bei der Arbeit mit den Greifvögeln, bei Arbeitseinsätzen, der Wochenendbetreuung und der Tiergehegesäuberung zu helfen. 8848 Kinder besuchten im Vorjahr die Waldschule auf dem Großen Ravensberg und auf dem Falkenhof. 34 Kita- und Hortgruppen kamen regelmäßig, um sich in der Natur über die Natur zu informieren. An 326 Tagen fanden 612 angemeldete Veranstaltungen statt. Hinzu kommen zahlreiche Präsentationen außerhalb der beiden Gelände. Der Verein kann stolz auf seine Arbeit sein. Die Schmetterlingswiese, der dendrologische Garten, Feuchtbiotope, neue Vogelvolieren und bauliche Veränderungen geben nun dem Gelände einen neuen Charme.

Junge Waldhausbesucher

Dafür gab es viele Unterstützer: Umweltstiftung, Firmen, Tierpaten, Fördermitglieder, Vereine und Ministerien. Stellvertretend gilt vor allem der Dank dem Terra Mater Umwelt- und Tierhilfe e.V. für seine regelmäßige finanzielle Hilfe, sowie dem Landesjagdverband Brandenburg e.V. für die finanzielle Unterstützung beim Kitaprojekt.

Potsdams Territorium wurde nach Norden erweitert

Jüngste Eingemeindungen erweitern die Stadt ins Land

Potsdam einfach ausgelassen

Theodor Fontane (1819 bis 1898) schilderte die kleinsten Dörfer der Mark, Potsdam ließ er aus. Er schrieb: » ...Immer dieses Drängen, in die erste Reihe zu kommen, vielleicht gegrüßt zu werden, Vornehm und Gering nehmen gleichmäßig daran teil und bringen sich dadurch, während der Hochmut wächst, um das Beste, was der Mensch hat: das Gefühl seiner selbst! ...«

Viele Menschen von Potsdam sind heute nicht mehr so. Heute würde Fontane sicherlich schreiben: »überwiegend freundlich, aufmerksam und hilfsbereit«. Seine geschätzten, kleinen Dörfer der Mark sind ja schließlich auch nach Potsdam aufgerückt.

In folgenden Seiten berichtet Dr. Wolfgang Grittner über die jüngsten Eingemeindungen: Bereits 1993 kamen die Gemeinden Eiche und Grube zur Stadt. In Umsetzung der Gemeindegebietsreform wurden Ende 2003 mit Golm, Groß Glienicke, Marquardt, Satzkorn, Uetz-Paaren und Neu Fahrland weitere sechs ehemals zum Landkreis Potsdam-Mittelmark gehörende Gemeinden in das Stadtgebiet aufgenommen. 2004 wurde Fahrland mit Krampnitz und Kartzow eingemeindet. Allein dadurch vergrößerte sich das Territorium der Stadt von 109 auf 187 Quadratkilometer, die Bevölkerungszahl erhöhte sich um 11 500 Einwohner. Durch die Eingemeindung der zunächst als »neue Ortsteile« bezeichneten Dörfer wurde Potsdam zur Landeshauptstadt mit dem größten Anteil landwirtschaftlicher Nutzfläche. Der agrarisch geprägte Nordraum der Stadt besteht im Wesentlichen aus ehemaligen Dorfgemeinden mit Feldern, Wiesen, Weiden und Obstanlagen, welche von Landwirten sowie von Obst- und Gemüsegärtnern bewirtschaftet werden. Die so geschaffene Kulturlandschaft ist als Lebens-, Arbeits-, Erholungs- und Naturraum zu pflegen und zu erhalten. Die alten und historisch bedeutenden Ortskerne werden in ihrem Denkmalswert bewahrt und behutsam an die städtische Infrastruktur angeschlossen. Neben einer für alle Bürger vorteilhaften Verkehrsanbindung erfolgt zunehmend eine Erschließung durch Fuß- und Radwanderwege.

Golm ist trotz der vielen Wissenschaft noch immer sehr ländlich geprägt.

In Erinnerung an den Gönner sprechen die Einwohner von Golm noch heute von ihrer »Kaiser-Friedrich-Kirche«. Die alte Kirche musste nicht weichen.

Das ehemalige alte Dorf präsentiert sich mit viel Wissenschaft

Golm: Der größte Wissenschaftspark in Brandenburg

Der Ortsname Golm (von westslawisch: »chelm«, russisch »cholm«, »Hügel«) bezieht sich auf den 68 Meter über Normal Null (NN) hohen Reiherberg, um den sich der Ortskern gebildet hat.

Der Ortsteil grenzt im Norden an die Potsdamer Ortsteile Grube und Bornim, im Süden an den Wildpark West, im Westen an den Großen Zernsee und schließlich im Osten unmittelbar an den bereits 1993 eingemeindeten Ortsteil Eiche. Schon zwischen 1939 und 1952 gehörte Golm einmal zum Stadtkreis Potsdam, danach zum Landkreis Potsdam beziehungsweise bis 2003 zu Potsdam-Mittelmark.

Golm ist der größte Wissenschaftsstandort des Landes Brandenburg. Neben den mathematisch-naturwissenschaftlichen Instituten der Universität Potsdam haben sich Max-Planck- und Fraunhofer-Institute in einem großen Komplex westlich der Eisenbahnlinie Potsdam-Wustermark angesiedelt. Zur unmittelbaren Überleitung der wissenschaftlichen Erkenntnisse hat sich das Technologie- und Gründerzentrum »GO:IN« gegründet. Mit dem »Landhotel Potsdam« und dem Hotel »Gut Schloss Golm« verfügt der Ortsteil über zwei renommierte Hotels. Des Weiteren laden die Restaurants »Golme«, »Park Kuhfort« und »Zum Schaffner« ein. Neue Reihenhäuser und Eigenheimsiedlungen sowie ein reges Vereinsleben kennzeichnen die Beliebtheit dieses auch verkehrsmäßig gut erschlossenen Ortsteils. So fahren stündlich Nahverkehrszüge zum Potsdamer Hauptbahnhof und nach Wustermark (jeweils mit Anschluss nach Berlin). Außerdem hält die Linie Potsdam-Hennigsdorf in Golm. Buslinien zwischen Golm und dem Stadtzentrum von Potsdam erschließen den gesamten Ortsbereich und die wissenschaftlichen Einrichtungen.

Landschaftlich reizvoll ist das Naturschutzgebiet »Golmer Luch«, welches sich bis zum Großen Zernsee erstreckt. Mitten im Ort ragt der Reiherberg mit 68 Metern Höhe steil empor. An seiner westlichen Flanke steht der hohe neogotische Backsteinbau der Kaiser-Friedrich-Kirche von 1886. Bedeutend älter sind die Grundmauern der um 1286 gebauten alten Kirche, wohl das älteste noch genutzte Gebäude Potsdams. Golm wurde 1289 erstmals erwähnt und ist bis in die heutige Zeit auch von der Landwirtschaft geprägt. Seit den 1930er Jahren werden Teile des Ortes auch militärisch genutzt.

Am Ortsrand wurden für Nationalsozialistische Spionageabwehr mehrere Gebäude errichtet. Sesshaft waren hier schon die NS-Luftwaffe und der Reichsarbeitsdienst. Zu DDR-Zeiten zog in den südöstlichen Teil die Nationale Volksarmee ein. Heute befindet sich dort die Bundeswehr. In den nordwestlichen Teil, zum heutigen Bahnhof hin, zog die Juristische Hochschule des Ministeriums für Staatssicherheit ein. Heute befindet sich hier ein Teil der Universität Potsdam.

Dr. Wolfgang Grittner

Ein Storch auf der »Kaiser-Friedrich-Kirche«

Das GO:IN ist ein naturwissenschaftlich orientiertes Innovations- und Gründerzentrum am Potsdamer Standort Golm. Es bietet exzellente räumliche Voraussetzungen für Existenzgründer oder kleinere und mittlere Unternehmen aus Forschung und Entwicklung in den Bereichen Biologie, Physik und Chemie sowie ein inspirierendes wissenschaftliches Umfeld.

Seit Mitte der 1990er Jahre hat sich im Wissenschaftspark Golm eine Vielzahl renommierter Wissenschaftseinrichtungen und Universitätsinstitute angesiedelt.

Eiche – zum zweiten Mal nach Potsdam

Der Ortsteil Eiche, welcher von 1935 bis 1952 schon einmal zu Potsdam gehörte, wurde 1993 eingemeindet. Die erste Erwähnung geht auf das Jahr 1193 zurück. Danach entwickelte sich der Ort zu einem Straßendorf entlang der heutigen Kaiser-Friedrich-Straße. Eiche ist über Jahrhunderte durch seine militärische Nutzung geprägt. Von hier kamen die Wachmannschaften für das Neue Palais. Zwischen Kleinem Herzberg und Park Sanssouci fanden Manöver statt und wurden Truppenaufmärsche geprobt. Auch heute noch dienen historische Standorte den Sondereinheiten der Polizei sowie die Havellandkasernen der Bundeswehr. Neben der Sportfördergruppe beherbergt die jetzige Kaserne der Bundeswehr auch noch den Reservistenverband Land Brandenburg und das Feldjägerdienstkommando Potsdam, die 3. Kompanie des Stab-/ Fernmeldebataillons des Einsatzführungskommandos der Bundeswehr (Wach- und Jägerkompanie) und das Landeskommando Brandenburg, welches am 1. Januar 2007 aus dem Verteidigungsbezirkskommando 84 hervorgegangen ist.

Seit der Eingemeindung zu Potsdam hat sich die Einwohnerzahl auf jetzt 4500 Einwohner mehr als vervierfacht. Neue Wohngebiete abseits der Durchgangsstraße sind das »Alte Rad«, der Wohnpark »Eiche« und der »Tempelberg«. Das historisch bedeutendste Bauwerk von Eiche ist die 1771 von Georg Christian Unger nach Vorschlägen von Friedrich II. errichtete Dorfkirche. 1881 wurde der Innenraum der Rundkirche durch einen Anbau erweitert. Restaurant und Unterkunftsmöglichkeit bieten das Landhaus sowie die Pension Onkel Emil und das Gästehaus Eiche-Potsdam. Bei gesellschaftlichen Anlässen ist ganz Eiche auf den Beinen und macht mit.

Eiche war früher ein altes Straßendorf.

Uetz-Paaren

Früher zwei Gemeinden »an der Wublitz«

Der Ortsteilname Uetz-Paaren resultiert aus dem Zusammenschluss der beiden Gemeinden im Jahre 1961. Beide Dörfer hatten früher die Zusatzbezeichnung »an der Wublitz«, da beide am Wublitz-Fließ, einer von Nord nach Süd verlaufenden Eiszeitrinne, liegen. Heute bildet der Havelkanal die Grenze zwischen den Städten Potsdam und Ketzin (Ortsteil Falkenrehde). Während Paaren ein Durchgangsort an der Bundesstraße B273 ist, liegt Uetz an einer weniger befahrenen Landstraße, welche über Paretz nach Ketzin führt.

Schönes Wohnen in alten Gemäuern

Die Geschichte dieser märkischen Dörfer reicht bis zu den Lebzeiten der altwendischen Fischer im neunten Jahrhundert zurück. Nach 1180 kamen Ackerbauern an die Ufer der Wublitz und gründeten ein Gassendorf in Uetz. In Paaren entstand ein Straßendorf. Im 14. Jahrhundert entwickelten sich Rittergüter, die unter anderem den Familien von Hake, von Hünicke und von Bredow gehörten.

Paaren hat sich zu einem ansprechenden Ort entwickelt.

Uetz war aber vor zweihundert Jahren noch eine wichtige Schlüsselstelle am Königsweg zwischen der königlichen Residenz Potsdam und dem Sommerschloss der Königin Luise in Paretz. Bis 1905 führte der direkte Weg nur über die Wublitz-Fähre in Uetz, woran noch heute das alte Fährhaus erinnert. Nach dem Kauf des Gutsbesitzes durch Friedrich Wilhelm III. im Jahre 1831 wurde Uetz königliches Schatullgut (persönliches Eigentum der Hohenzollern). Der Ort wurde damals in ein Landschaftsverschönerungsprogramm integriert.

Das gesellschaftliche Leben von Uetz-Paaren wird vor allem durch den Anglerverein, die Freiwillige Feuerwehr und die Jagdgenossenschaft bestimmt. In Paaren ist außerdem ein Frauenkreis der evangelischen Kirchengemeinde aktiv.

Grube mit Nattwerder und Schlänitzsee

Die Freiwillige Feuerwehr und der Anglerverband mit viel Engagement für Grube

Der Stadtteil Grube liegt weit hinter den Stadtteilen Eiche und Bornim in einer sehr ländlichen Umgebung. Wie Eiche ist auch Grube seit 1993 ein Ortsteil von Potsdam. Dazu gehören die ehemalige Schweizer Siedlung Nattwerder sowie die Anglersiedlung Schlänitzsee. Dass die Ortschaft nicht zum Amt Werder, sondern zu Potsdam gehört, ist der Lage diesseits der Wublitz zu verdanken. Grube liegt an einer Ausbuchtung des Flusses. Die Ersterwähnung geht auf das Jahr 1323 zurück. Ältere Siedlungsspuren gibt es schon aus der Zeit zwischen dem 9. und 11. Jahrhundert. Das Rittergeschlecht von der Gröben war hier Jahrhunderte lang ansässig, bevor Kurfürst Friedrich Wilhelm 1660 das Dorf kaufte und durch das Amt Potsdam verwalten ließ. Zwischen 1734 und 1826 wurde von Grube aus das Potsdamer Große Waisenhaus versorgt. Die barocke Kirche stammt aus dem Jahre 1746.

Die zwei Kilometer von Grube entfernte ehemalige Kolonistensiedlung Nattwerder, auch Vierhäuser genannt, ist durch ihre Geschichte und separierte Lage auf einer Anhöhe über der Wublitz bemerkenswert. 1685 kamen auf Ersuchen des Großen Kurfürsten 14 Schweizer Familien hierher: Nach wochenlanger Fahrt auf dem Wasserweg, rheinabwärts über Nordsee, Elbe und Havel, siedelten sie sich in Golm, Neu Töplitz und Nattwerder an. 1690 wurde die reformierte Kirche geweiht, hier finden heute die beliebten Sommerkonzerte statt.

Die Siedlung Schlänitzsee wurde Anfang des 20. Jahrhunderts als eine Anglerkolonie gegründet. Heute umfasst die Siedlung, welche im Westen an den Schlänitzsee und im Norden an den Sacrow-Paretzer-Kanal grenzt, etwa 300 Wochenend- und Wohngrundstücke. Nur wenige alte Lauben zeugen von den Gründerjahren der ehemaligen Anglerkolonie. Das gesellschaftliche Leben ist besonders durch die Feuerwehr, sowie den Angel- und Reitsport bestimmt.

»Freiwillige Feuerwehr« und Anglerfreunde mit viel Einsatz

Die »Freiwillige Feuerwehr« ist in Grube seit 70 Jahren aktiv und wirkt eng mit dem Anglerverein »Grube/Leest« zusammen, den es seit 1976 gibt. Zu diesem Verein gehören rund 80 Mitglieder, darunter zwölf Jugendliche und Kinder. Sie legen nicht nur großen Wert auf Angelsport, sondern auch auf Natur- und Umweltschutz. Innerhalb einer Interessengemeinschaft werden Karpfen gefangen, begutachtet, gewogen und wieder unbeschadet ausgesetzt. Ein 18,5-Pfund-Karpfen ist bislang der Spitzenreiter. Von dem Anglerverband wurden in der Vergangenheit auch verschiedenste Jungfischarten in großen Mengen ausgesetzt.

Die Wublitz (von »Voblica« = slawisch für »Havel« bzw. »Kleine Havel«) ist ein Nebenfluss der Havel. Sie trennt den idyllisch gelegenen Stadtteil Grube vom Nachbarort Leest , sowie auch die Insel Potsdam von der Insel Töplitz.

An den zu großen Teilen unter Naturschutz stehenden Ufern der Wublitz liegen im Osten die Potsdamer Ortsteile Nattwerder, Grube und Marquardt, im Norden Uetz und im Westen der Werderaner Ortsteil Leest.

Stillgelegter alter Bahnhof

Gerd Sudhoff, Vorsitzender der Anglerfreunde Grube-Leest e.V., auf dem neuen Areal des Anglerverbandes, dem ehemaligen Kossätenland am Tiefen Loch in Grube

Dorffest mit alter Tradition

Geteiltes Glück ist für Familie Hipp doppeltes Glück

Storchenhof Paretz – der Erlebnisbauernhof für Kinder und Erwachsene

Seitdem Familie Hipp ihr neues Domizil bezog, wurden schon viele Storchenkinder auf dem Hof geboren.

David Gilly (1748 bis 1808) schuf um 1800 mit der historischen Dorfanlage von Paretz ein einzigartiges architektonisches Gesamtkunstwerk. Hier, zwischen dem legendären, zur Potsdamer Schlösserlandschaft gehörenden Lieblingsschloss von Königin Luise und Friedrich Wilhelm III. und der faszinierenden Flusslandschaft der Havel, befindet sich der Storchenhof der Familie Hipp. Der heute wieder liebevoll restaurierte und vollständig denkmalgeschützte Vierseitenhof diente mit dem aufkommenden »Luisen-Tourismus« ab 1912 als »Gasthof zum Prinzen Heinrich« und von 1918 bis 1942 als Gasthof »Zur Linde«. Am Ende des Zweiten Weltkriegs wurde der Hof als Lazarett genutzt, danach für einige Jahre als Standesamt. In der DDR-Zeit gab es hier eine kleine private Landwirtschaft. Nach den Umbrüchen des Jahres 1989 wurde es immer stiller auf dem Hof. Erst im Jahr 2002 kehrte mit Familie Hipp aus Süddeutschland wieder Leben in die alten Mauern des Gehöftes zurück. Eines der vier kleinen Kinder heißt auch Luise, wie damals die Königin im Schloss.

Auf dem Vierseitenhof zogen mit ihnen eine kleine Zahl von Pferden und andere Hoftiere ein. Auch die Störche kamen wie jedes Jahr auf ihr Nest auf dem Scheunendach zurück, weshalb Familie Hipp dem ganzen Hof kurzerhand den Namen »Storchenhof« gab. Was zunächst nur als Traum für die eigenen Kinder begann, wurde schon bald für viele kleine Gäste Wirklichkeit: Tiere, eine Heuscheune, große Sandhaufen, Bäume zum Klettern, ein See vor der Haustür und vor allem: viel Freiheit zum Toben und Spielen. Immer mehr Menschen traten durch das offen stehende Hoftor ein. Die Haus- und Hofherren fühlten sich verpflichtet, Kaffee und selbstgebackene Kuchen, Getränke und kleine schwäbische Gerichte anzubieten. Nach der einfachen Devise, dass geteiltes Glück doppeltes Glück ist, sprach sich dieser Ort in Windeseile als ein Geheimtipp herum. So kam Familie Hipp unverhofft zu einem kleinen Unternehmen, zu dem inzwischen vier fest angestellte Mitarbeiter gehören. Dabei arbeitet Familienvater Markus Hipp wochentags bei einer Stiftung.
Heute gibt es neben einem gemütlichen Stallcafé mit süddeutschen Köstlichkeiten einen vom Kuhstall in einen Kuhsaal verwandelten Raum für Feste und Familienfeiern, zwei wunderschöne Ferienwohnungen und eine ganze Menge Reit- und Ferienangebote. Sehr viele Kinder aus Potsdam, Berlin und dem ganzen Havelland haben inzwischen auf dem Hof ihren Kindergeburtstag gefeiert. Wer einmal da war, den zieht es immer wieder her, nicht nur in der Storchensaison zwischen April und September. Inzwischen sind auch die kälteren Monate gefragt, denn das Lagerfeuer und ein toller Kamin im Kuhsaal schaffen für die Größeren zu jeder Jahreszeit eine angenehme Behaglichkeit. Den Kleinen ist es auf dem Storchenhof ohnehin immer warm ums Herz, denn nur Rumsitzen geht hier einfach gar nicht!

Herrliche Landpartie

Der Nachwuchs bei den Schafen erfreut nicht nur die Kinderherzen.

Familie Hipp mit zwei Streicheltieren ihres Hofes

Storchenhof Paretz · Familie Hipp
Werderdammstraße 12 · 14669 Paretz
Tel. (03 32 33) 7 37 10 · Mobil (01 75) 4 01 12 29
claudia.hipp@storchenhof-paretz.de
www.storchenhof-paretz.de

Bundessortenamt – Prüfstelle Marquardt

Steinobst, Wildobst, Ziergehölze, Stauden, Gemüse

Das Bundessortenamt (BSA) ist als selbstständige Bundesoberbehörde im Geschäftsbereich des Bundesministeriums für Ernährung, Landwirtschaft und Verbraucherschutz für die Sortenzulassung und den Sortenschutz zuständig. Die Zulassung gewährleistet, dass die Landwirtschaft und der Gartenbau mit Saat- und Pflanzgut hochwertiger Sorten versorgt werden. Der Sortenschutz sichert das geistige Eigentum an Neuzüchtungen und fördert die Schaffung neuer, innovativer Pflanzsorten. Die Nutzbarmachung des Züchtungsfortschrittes erfolgt somit durch die Sortenzulassung und den Sortenschutz.

Das Bundessortenamt prüft auf Antrag der Pflanzenzüchter für jede neue Sorte mittels sorgfältiger Anbauprüfungen, ob die Voraussetzungen für die Erteilung des Sortenschutzes oder für die Sortenzulassung erfüllt sind.

Voraussetzungen für den Sortenschutz sind neben der Neuheit, der Unterscheidbarkeit zu bestehenden Sorten, der Homogenität der angemeldeten Sorte und der Beständigkeit auch über die Prüfdauer hinaus auch die eintragbare Sortenbezeichnung und der sogenannte landeskulturelle Wert.

Er erfordert, dass eine neue Sorte in Gesamtheit ihrer Ertrags-, Anbau-, Resistenz- und Qualitätseigenschaften eine Verbesserung gegenüber den in der Sortenliste eingetragenen Sorten aufweist.

Die Prüfungen erfolgen im Feldanbau oder im Gewächshaus. In vielen Bereichen besteht eine Zusammenarbeit mit anderen Stellen des Bundes und der Länder. Laboruntersuchungen von Sorteneigenschaften ergänzen die Erkenntnisse aus dem praktischen Anbau. Sorten, die die Prüfungen erfolgreich durchlaufen, haben gute Voraussetzungen für Erfolg in der landwirtschaftlichen und gartenbaulichen Praxis. Zu den Aufgaben des Sortenamtes gehört auch die Mitwirkung an der Weiterentwicklung des sorten- und saatgutrechtlichen Rahmens auf nationaler und internationaler Ebene.

Das Bundessortenamt in Marquardt

Für die Prüfung von Pflanzensorten verfügt das Bundessortenamt über 13 Prüfstellen mit rund 630 Hektar landwirtschaftlicher Nutzfläche, die über verschiedene Anbaugebiete und Naturräume Deutschlands verteilt sind. Außerdem werden im Auftrag des Amtes Prüfungen an circa 450 Stellen in Deutschland durchgeführt.

Bundessortenamt – Prüfstelle Marquardt
Steinobst, Wildobst, Ziergehölze, Stauden, Gemüse
Hauptstraße 36
14476 Marquardt
Tel. (03 32 08) 68 03
Fax (03 32 08) 6 80 40

Marquardt, historisch bedeutungsvoll

Altes märkisches Gutsdorf mit neuer Heimatstube

Eine Meile hinter Bornstedt liegt Marquardt,
ein altwendisches Dorf,
ebenso anziehend durch seine Lage,
wie seine Geschichte ... (Theodor Fontane)

Der Ortsteil Marquardt, idyllisch gelegen zwischen Wublitz, Schlänitzsee und Sacrow-Paretzer Kanal, war ursprünglich ein altes märkisches Gutsdorf. Den Ortsnamen Marquardt gibt es erst seit 1704, als der spätere Minister und Oberhofmarschall Marquard Ludwig von Prinzen den Gutsbesitz Schorin zum Lehen erhalten und König Friedrich I. einer Umbenennung des Ortsnamens nach dessen Vornamen zugestimmt hatte.
Historische Bedeutung erlangte Marquardt nach 1795, als der Ort Ruhesitz des Generals und engsten Vertrauten des Königs Friedrich Wilhelm II, Hans Rudolph von Bischoffwerder, wurde.
Theodor Fontane widmete Marquardt und den »Geheimen Gesellschaften« in seinen »Wanderungen durch die Mark Brandenburg« ausführliche Kapitel.
Der Schlosspark von Marquardt, der heute unter Denkmalschutz steht, wurde nach einer eigenhändigen Planskizze von Peter Joseph Lenné im Jahr 1823 gestaltet. 1892 erwarb der Geheime Kommerzienrat Dr. Louis Ravené, ein bekannter Stahl-Handelsunternehmer aus Berlin, den Gutsbesitz. Durch Anbau und Aufstockung erhielt das Schloss im Wesentlichen sein heutiges Aussehen.
Von 1932 an pachtete das renommierte Hotelunternehmen Kempinski das Schloss-Park-Ensemble Marquardt, welches in der Folgezeit zu einem beliebten Ausflugsziel vor allem für die Berliner wurde. Die Kirche, ein neoromanischer Backsteinbau von 1901, stiftete Dr. Louis Ravené der evangelischen Kirchengemeinde.
Marquardt ist heute ein Ortsteil mit neuen Wohnsiedlungen und einer modernen Infrastruktur. Die unmittelbare Verkehrsanbindung an die Bundesstraße B273 und an die Bundesautobahn A10, den Berliner Ring, sowie regelmäßiger Bahn- und Busverkehr gewährleisten eine schnelle Erreichbarkeit der nahen Landeshauptstadt Potsdam und der Bundeshauptstadt Berlin.
Neben der Autobahn, zwischen der B273 und der Wublitz, erstreckt sich seit 1938 die Marquardt-Siedlung, bebaut mit Wochenend- und Wohnhäusern.
Vielfältige Möglichkeiten der Freizeitgestaltung bieten der Kultur- und Heimatverein, der Anglerverein, die Freiwillige Feuerwehr, die Kleintierzüchter, verschiedene Sportgruppen und ein Chor.
Von den örtlichen Betrieben und Einrichtungen, welche auch Marquardtern eine Beschäftigung bieten, sind vor allem der Hornbach Bau- und Gartenmarkt im Gewerbegebiet »Friedrichspark«, sowie die Prüfstelle Marquardt des Bundessortenamtes (BSA) zu nennen. Die wichtigsten Aufgaben der Prüfstelle sind Prüfungsarbeiten für die Zulassung und den Schutz von neuen Pflanzensorten des Gartenbaus. In Marquardt gibt es »die Hotel & Pension Roggenbuck«, die Gaststätte »Zum alten Krug« und das Cafe »Lavendelhof«.
Die neue Kulturscheune bietet den Vereinen und Bürgern, vor allem auch der Jugend, vielfältige Möglichkeiten der kulturellen Betätigung. Musik- und Kabarettprogramme, sowie Familien- und Betriebsfeiern haben bereits einen festen Platz im Veranstaltungskalender des Ortes.

Das historische Dorf Marquardt besitzt viele schöne, alte, sanierte Wohnhäuser.

Dr. Wolfgang Grittner hat großen Anteil daran, dass 2008 die Heimatstube im Ort eingeweiht werden konnte.

Schloss Marquardt

Der Berliner Industrielle und Geheime Kommerzienrat Louis Ravené, Besitzer des Marquardter Schlosses, stiftete der hiesigen Gemeinde 1901 eine neue Kirche.

Willkommen im Paradies für Obstliebhaber

Frisches Obst und Gemüse, Obstsäfte, Weine, Obstbrände, Liköre, Konserven, Honig, Pflanzen und Baumschulerzeugnisse

An der B273, an einer großen Scheune, lacht ein riesiger Apfel übers ganze Gesicht und lädt zur Einkehr ein. Hier befindet sich der Hofladen des Obstgutes Marquardt GbR und die Obsthof Satzkorn GmbH mit ihrem reichen Angebot an schmackhaften Äpfeln in vielen Sorten und vielen anderen Köstlichkeiten.

Wenn man die Äpfel nicht selbst ernten möchte, kann man sich aus den vielen Großkisten mit unterschiedlichen Sorten in der Obstscheune bedienen.

Die Obstscheune mit allem, was nicht nur das Herz, sondern auch die gesunde Ernährung begehrt

Der lachende Apfel lädt zum Erlebniseinkauf ein

Wer sich nicht schon bei der Selbsternte mit einem Vorrat eindeckte, kann nun aus einem kleinen Meer von Apfel-Großkisten einsammeln und auch kosten. In der Obstscheune wird der Obstanbau zum Anfassen und Mitmachen ein erholsames Erlebnis für die ganze Familie. Es gibt verschiedenste Erzeugnisse der Obst- und Gemüseproduktion. Neben den frisch geernteten Produkten des Gutes können in der Obstscheune ganzjährig auch die Produkte der havelländischen Bauern und ihrer Partner gekauft werden. Dort gibt es hausgemachten Käse, Wurst, Milch, Jogurt und Senf. Es lohnt sich, das Obstgut auch am Wochenende zu besuchen, denn dann gibt es frisches Brot, Brötchen und Kuchen aus dem Holzbackofen.
Ein Fischer aus Phöben bereitet seine Fangergebnisse mit Rauch zu. Viel Spaß und Erholung ist beim Selbstpflücken (Naschen inklusive) und den Hoffesten mit Scheunenmarkt, Spiel und Gesang garantiert. Alle Veranstaltungen und die Selbsternte werden in der Obstscheune oder deren Außenbereich organisiert. Dafür wurde der Außenbereich (Spielplatz, Händler- und Parkplätze) vergrößert und neu gestaltet.
In der Scheune haben sich auch Kunst und Handwerk etabliert mit Korbwaren, Keramik, Grafik und Malerei.

250 Jahre Werderaner Obstanbaugebiet

Das Obstgut Marquardt ist Teil des 250 Jahre alten Werderaner Obstanbaugebietes und verkehrsgünstig von Berlin und Potsdam über die Autobahn A10 und die B273 zu erreichen. Der Erlebniseinkauf und die Selbsternte im Obstgut Marquardt erfreuen sich ständig wachsender Beliebtheit. Die Obsternten stammen aus kontrolliertem und integriertem Anbau. 1993 gegründet, bewirtschaftet es cirka 105 Hektar Fläche, davon sind 70 Hektar für Äpfel, 8 Hektar für Süßkirschen, 15 Hektar für Sauerkirschen und 3 Hektar für Pflaumen vorgesehen. Das Hauptgebäude, das sogenannte Tulpenhaus (früher Tulpenzucht) bietet 250 Tonnen gekühlte Lagerkapazität.

Die Obstscheune ist täglich von 9 bis 18 Uhr geöffnet.

Das Obstgut wird häufig von Kindergärten, Schulklassen und anderen Gruppen besucht.

Anfahrt

- mit dem Auto: A10, Anschlussstelle Potsdam-Nord in Richtung Potsdam direkt an der B273, Abfahrt Satzkorn (am »Apfel«) oder aus Berlin kommend B2 in Richtung Fahrland/Satzkorn
- mit der Bahn: Berlin-Alexanderplatz RE38208 bis Wustermark, umsteigen zur RB28017 bis Marquardt (circa eine Stunde)
- aus Richtung Nauen: Bus 663 (Havelpark) bis Wustermark, umsteigen zur RB 28017 bis Marquardt (circa eine Stunde)
- mit dem Fahrrad: Radwege sind aus Richtung Potsdam und Fahrland gut ausgebaut.

Obstgut Marquardt · Dorfstraße 10 · 14476 Satzkorn
Tel. (03 32 08) 5 77 18 · Fax (03 32 08) 5 77 20
Mobil (01 72) 3 01 06 74 · (01 72) 3 01 06 74
obstgut@t-online.de · www.obstgut.de

Nicht übersehbare Einladung ins Obstparadies

Mittelpunkt des Landes Brandenburg

Fahrland mit Krampnitz und Kartzow

Nach jüngsten Berechnungen befindet sich der Mittelpunkt des Landes Brandenburg in Fahrland, in einem Robinienwäldchen am Fahrländer See. Der erst 2004 eingemeindete Ortsteil befindet sich im Nordwesten Potsdams. Der Ort gehörte zwischen 1938 und 1952 schon einmal zu Potsdam. Neue Wohngebiete wie »Eisbergstücke« und »Königswald« ziehen noch mehr Neubürger für Fahrland an. Anfang 2008 gab es mehr als 3800 Einwohner. Das gesellschaftliche Leben in Fahrland wird vor allem durch den Treffpunkt Fahrland e.V. sowie den Bürgerverein Fahrland und Umgebung e.V. bestimmt. Im neu geschaffenen »Kulturladen« finden regelmäßig kulturelle Veranstaltungen mit prominenten Gästen statt. Die Ortschaft ist im Nordosten vom Naturschutzgebiet Döberitzer Heide gesäumt.

Bereits 1197 wurde Fahrland unter dem Namen »Vorlande« in einer Schenkungsurkunde des Markgrafen Otto II. von Brandenburg erstmals erwähnt.

Theodor Fontane widmete ein Kapitel dem Ort mit Kirche, Kirchberg und Königswall in den »Wanderungen durch die Mark Brandenburg«. Sehenswert ist auch die Fahrländer Mühle, die letzte, von ehemals drei Bockwindmühlen.

Der Gemeindeteil Krampnitz liegt am gleichnamigen See.

Bevor das Gut Fahrland von Kurfürst Friedrich III. in Besitz genommen und später zum Verwaltungssitz der Krondomäne wurde, herrschte hier fast dreihundert Jahre lang das Rittergeschlecht von Stechow.

Das Dorf Kartzow erstreckt sich am Rande der Döberitzer Platte rund zwölf Kilometer nordwestlich von Potsdam.

In Fahrland wurde 1764 der bekannte »märkische Sandpoet« Friedrich Wilhelm August »Schmidt von Werneuchen« geboren, dessen Vater von 1761 bis 1773 hier Pfarrer war. Die Kirche bekam 1774 ihr heutiges Aussehen. Mit den Gemeindeteilen Krampnitz liegt mit dem gleichnamige See direkt an der Bundesstraße B2, die von Potsdam nach Falkensee führt. Nach jahrzehntelanger militärischer Nutzung steht die Umnutzung des ehemaligen Kasernen- und Manövergeländes Krampnitz zu einem attraktiven Wohngebiet bevor.

Kartzow

Kartzow liegt an der Kreisstraße, die von Fahrland über Priort bis zur Bundesstraße B5 führt. Die verwaltungsmäßige Zugehörigkeit wechselte von Potsdam über Spandau und Nauen, dann schließlich wieder zu Potsdam. Das Pfarrdorf wurde erstmals 1357 erwähnt. Es entstand an einer mittelalterlichen Handelsstraße nordwestlich Potsdams. Es gab eine wechselnde Anzahl freier Hofstellen sowie ein Rittergut. Die bis Mitte des 19. Jahrhunderts dominierenden Fachwerkhäuser mit Rohrdach wurden 1873 durch einen Brand vernichtet. Sie wurden durch Häuser in Ziegelbauweise ersetzt. Der ehemalige Gutsort blieb aber in seiner ursprünglichen Struktur weitgehend erhalten.

Fahrland und seine Umgebung sind bei Radfahrern und Radsportlern sehr beliebt und dienen dank der gut ausgebauten Wege, sowohl nach Potsdam als auch nach Groß Glienicke beziehungsweise Berlin, vielen als Trainingsstrecke.

Von 1939 bis 1952 war der Ort schon einmal Teil von Potsdam, wurde aber im Rahmen der Gebietsreform der DDR wieder ausgegliedert.

Seit Anfang des neuen Jahrtausends wurde Fahrland um mehrere neue Wohngebiete erweitert (zum Beispiel »Eisbergstücke«) und gilt als Teil des Berliner »Speckgürtels«.

Anfang des 20. Jahrhunderts wurde das Gutshaus von dem Spirituosenfabrikanten Gilka erworben (ein Vorfahre von Arndt Gilka-Bötzow, Kleines Schloss Babelsberg, über den an anderer Stelle in diesem Buch berichtet wird). Er ließ das Bauwerk abreißen und an dieser Stelle ein neobarockes, dreiflügeliges Landschloss bauen.
Der Architekt Eugen Schmohl verband neobarock-historische Elemente, Mansarddach mit Gauben, rustizierende Portaleinfassung und Freitreppe.
Während des Zweiten Weltkriegs wurde das Haus militärisch genutzt. Nach 1945 wurde es zur Unterkunft für Umsiedler. In den späteren Jahren erfolgte die Nutzung als Kindergenesungsheim und Sanatorium. In den Jahren 1998 bis 2006 stand das Schloss Kartzow lange Zeit leer. Seit einer Teilsanierung steht es mit repräsentativen Räumen für Hochzeitsfeiern, Firmenjubiläen, kulturelle Veranstaltungen, Tagungen und Seminare zur Verfügung.

Satzkorn, eines der ältesten Siedlungsgebiete

Aufgrund von archäologischen Funden aus dem 6. Jahrtausend vor unserer Zeitrechnung zählt der Ort zu den ältesten Siedlungsgebieten des Landes Brandenburg. Es gibt Funde, die aus dem 6. Jahrhundert v. Chr. stammen, sowie aus der Bronze- und der Eisen- sowie der römischen Kaiserzeit.
Die ersten Erwähnungen des Ortes erfolgten 1332 in einer Urkunde des Klosters Spandau und im Landbuch Kaiser Karls IV. um 1375. Viele Jahrhunderte herrschten hier verschiedene Rittergutsgeschlechter, bis im Jahre 1731 Friedrich Brandhorst, der bürgerliche Leibarzt Friedrich Wilhelm I., die Güter des Dorfes vom König erhielt.
Satzkorn ist ein Ort mit jahrhunderte langer Obstbautradition. Noch heute ist der Obstbau der größte Wirtschaftszweig im Ort. Alte und neue Plantagen mit Apfel-, Kirsch- und Pflaumenbäumen prägen die Landschaft. Die Obstgut Marquardt GbR mit Sitz in Satzkorn vermarktet ihre Erzeugnisse in einer »Obstscheune« direkt an der Bundesstraße B273.
Als Ortsteil im ländlichen Raum des Potsdamer Nordens besitzt Satzkorn außerdem einen Pferdehof, wo man ausreiten oder auch an Dressurlehrgängen teilnehmen kann. Bei der Freiwilligen Feuerwehr gibt es eine aktive Jugendgruppe. Durch den Seniorenkreis werden Veranstaltungen und gemeinsame Fahrten organisiert.
Die evangelische Kirchgemeinde des Sprengels Fahrland ist sehr aktiv, die Dorfkirche ist kunsthistorisch von Bedeutung.

Dr. Wolfgang Grittner

Satzkorn gehört zu den am frühesten besiedelten Gegenden Brandenburgs mit der alten Dorfstraße im schönen ländlichen Flair.

Satzkorn liegt eingebettet in Plantagen und Feldfluren im Norden der Stadt.

Willkommen auf Schloss Kartzow

Hochzeiten haben bei Schlosseigentümerin Ina Sonntag Konjunktur

Seit fast einhundert Jahren steht das anmutige schöne Schloss Kartzow nördlich von Potsdam am Rand der Döberitzer Heide. Ein König hat im verwunschenen, märchenhaften Schloss nie gelebt. Die Schlossherren wechselten. Schließlich war es zehn Jahre lang als Leerstand dem Verfall preisgegeben.

Willkommen auf Schloss Kartzow

Nun fügt es sich wieder stolz ins Ortsbild der Dorfgemeinschaft Kartzow ein. Am 26. September 2006 sieht Ina Sonntag Schloss Kartzow zum ersten Mal. Viele andere hatten sich schon von unzähligen maroden Details abschrecken lassen. Doch Ina Sonntag sieht auch, wie es sein könnte.

Im Dezember 2006 kauft die Sozialpädagogin das Schloss. Weil im Schlosspark Solequellen mit therapeutischer Wirkung sprudeln, schwebt ihr und ihrem Mann Ralph, der Miteigentümer ist, eigentlich ein Wellness-Hotel vor. Doch alles kommt zunächst ganz anders, als es sich Ina Sonntag, die auch Geschäftsführerin der Schloss Kartzow GmbH & Co KG ist, träumen lässt.

Bis Juni 2007 erhält das Erdgeschoss des Hauses in Zusammenarbeit mit dem Denkmalschutz eine vollständige Rekonstruktion und seinen Originalzustand zurück. Den zentralen Raum bildet das Kaminzimmer. Zwei Wintergärten rahmen die Terrasse ein.

Die Familie Sonntag legt ein Nutzungskonzept vor, welches harmonisch mit dem historischen Ortskern zu einer Gesamtkomposition verschmilzt. Die gehobene Ausstattung des Hauses ergänzt wunderschöne historische Räumlichkeiten und einen weitläufiger Park, der auf sechs Hektar über ein Feuchtbiotop sanft zum »Großen Graben« hin abfällt. Der Park mit seinem Teich und den Bruthorsten des Milans rahmt das Schlossensemble ein und lässt eine Idylle erblühen. Nicht ohne Grund wird Schloss Kartzow von nun an zu vielen Feierlichkeiten besucht. Es gibt viele Gründe, mal einen Tag in dem ländlichen abgeschiedenen Idyll zu verbringen: besonders natürlich den schönsten Tag im Leben, den Hochzeitstag. Im Jahr 2008 haben 65 Gesellschaften von Mai bis Dezember im Schloss gefeiert, mehr als 50 davon waren Hochzeitsgesellschaften. In dieser Zeit besuchten über 4000 Gäste das Schloss Kartzow. Seit September 2008 kann man im Schloss auch standesamtlich heiraten.

Standesamt und Hochzeitsfeier in romantischer Atmosphäre

Die malerische Kulisse von Schloss Kartzow bürgt für unvergessliche Stunden, an die nicht nur die Hochzeitsbilder lange erinnern. So ist es möglich, den Hochzeitstag mit einer Trauung im lichtdurchfluteten, von altehrwürdigen Bäumen gesäumten Schlosspark, zu eröffnen. Für eine kirchliche Trauung steht die bedeutungsvolle Kartzower Kirche offen. Die Terrasse oder der Gartensaal bieten sich an, Gäste stilvoll zu empfangen. Fürstlich reich ge-

Romantisches Schloss

Blick in den weitläufigen Park

Wunderschöner Festsaal

deckte Tafeln laden zum Dinieren ein. Gäste werden mit exklusiven Kreationen verwöhnt, die auch auf Produkten des wiederhergestellten, historischen Schlossgartens basieren.
Ina Sonntag und ihr Team haben sich spezialisiert, unvergessliche Hochzeiten zu arrangieren. Ein kompletter Veranstaltungsservice schließt auch die Logistik einer Hochzeit nicht aus. In der historischen Brennerei, einem Seitengebäude des Schlosses, können schon jetzt einige Apartments genutzt werden. Zudem ist es möglich, einen Shuttle-Service in die nähere Umgebung zu nutzen.
Aber auch allen anderen privaten Feiern stehen Park und Schloss Kartzow zur Verfügung. Terrasse und Parklandschaft laden geradezu zum Entspannen oder zu Gesprächen ein. Das Schloss bildet einen stilvollen Rahmen für ein jedes Event. Einmal monatlich ist Schloss Kartzow allen Besuchern zum Sonntags-Brunch und Teesalon offen. Um eine private Atmosphäre bei Feiern wahren zu können, kann man in der restlichen Zeit dort nur auf Anmeldung feiern und essen. Das weitere Schloss-Konzept zielt darauf ab, die Region Kartzow bekannter zu machen. Deshalb gibt es für die Küche regionale Lieferanten von ausgesuchten Biobauernhöfen mit Produkten des regionstypischen Anbaus wie Käse, Obst und Spargel.

Bei Hochzeits- und Geburtstagsgesellschaften freut sich das Haus wachsenden Zuspruchs. Die erste standesamtliche Trauung fand im September 2008 statt. Für die neue Saison haben bereits zahlreiche Hochzeitspaare im Schloss ihre Feier gebucht. Ab 2010 sollen Hochzeitsgesellschaften und Geburtstagsgäste auch direkt im Schloss übernachten können. Der baufällige Zustand der beiden oberen Stockwerke, der schon bei der Schlossübernahme herrschte, soll nun weichen und zudem zwölf Zimmer eingerichtet werden, zwei davon als Suiten.
Für Unternehmen bietet das Schlossensemble bis zu sechs Tagungsräume mit der erforderlichen Technik für Veranstaltungen. Auch für die Tagung eines Stiftungsrates oder eines wissenschaftlichen Kolloquiums bietet Schloss Kartzow eine exquisite Umgebung. Egal ob Firmenevent, Jubiläum, Betriebsausflug oder Weihnachtsfeier – alles ist in der idyllischen Landschaft und mit exklusivem Rahmen möglich. Die Räumlichkeiten bieten die Möglichkeit zeitgleicher, thematisch unabhängiger Seminare oder Workshops.

Dem Traumberuf ein Stück näher

Eigentlich wollte Ina Sonntag Innenarchitektin werden, doch letztendlich entschloss sie sich, ein pädagogisches Studium zu beginnen. Potsdam kennt sie aus ihrer Studienzeit am Institut für Lehrerbildung. Danach arbeitete sie in Hennigsdorf, verlässt aber die Schulbildung kurz vor dem Mauerfall, weil Selbstbild und Realität des Schulsystems in der DDR nicht mehr übereinstimmen. Nach der Wende fand sie in Berlin eine Anstellung im öffentlichen Dienst als Heimpädagogin und arbeitete im sogenannten Clearing-Bereich, einer Art Notaufnahme.

Feiern im Schloss und im Park Kartzow

Ina Sonntag

Sie ist stolz darauf, neben ihren zwei eigenen Kindern gemeinsam mit ihrem Mann auch vier Pflegekindern ein Zuhause gegeben zu haben. Drei der sechs, die alle Mama zu ihr sagen, sind bereits ausgezogen, kommen aber immer gern zu Besuch und auch nach Schloss Kartzow.
Als sie es vor 18 Monaten übernahm, hat sie sich nicht träumen lassen, dass sie in der abgeschiedenen Lage so schnell so viele Kunden gewinnen würde. Ihr Dornröschenschloss ist schon längst aus dem Schlaf erwacht.

Schloss Kartzow GmbH & Co KG
Frau Ina Sonntag
An der Dorfstraße · 14476 Kartzow
Tel. (03 32 32) 23 89 50 · oder (03 32 08) 2 03 26 / 3 25
Fax (03 32 32) 23 89 60 · oder (03 32 08) 2 02 59
info@schloss-kartzow.de · www.schloss-kartzow.de

Neu Fahrland, der »Fünf-Seen-Ortsteil«

Ausblick auf der »herben Schönheit der märkischen Landschaft«

Dem von Potsdam auf der Bundesstraße B2 nordwärts Fahrenden sind in Neu Fahrland die beiden Brücken und zwei Ampeln in der Ortslage bekannt. Kirche, Schule und Dorfanger sucht man vergebens, denn der Ort besitzt keine geschlossene Struktur. Das Bild des Ortes wurde durch das zwanglose Nebeneinander bäuerlichen und herrschaftlichen Lebens am Ufer der Havel bestimmt.

Neu Fahrland ist von fünf Havelseen umgeben, vom Krampnitz- und Lehnitzsee im Osten, vom Jungfernsee und Weißen See im Süden und vom Fahrländer See im Westen. Das Zusammentreffen der Schönheiten der Havellandschaft, verbunden mit der städtischen Nähe, verleiht Neu Fahrland die unverkennbare Attraktivität. Über die Bundesstraße B2, welche direkt durch Neu Fahrland führt, erfolgt eine verkehrsgünstige Anbindung sowohl an das Zentrum von Potsdam als auch an Berlin.

Der Ort entspross in der Mitte des 19. Jahrhunderts dem märkischen Boden an der Chaussee nach Spandau als Gartenstadt. 1894 erstmals als »Kolonie Neu Fahrland« erwähnt, gehörte dieser Ortsteil bereits einmal zu Potsdam. 1939 war es der Stadt Potsdam zugeschlagen worden. 1952 machte das DDR-Neugliederungsgesetz diese Zuordnung rückgängig.

Durch sein hervorragendes Umfeld hat der Ort schon früher bekannte Familien hierher gelockt. Exklusive Grundstücke mit den Villen Adlon oder Sigismund sowie die Siemensvilla zeugen noch heute davon. Einen guten Ruf hat die bekannte Heinrich-Heine-Klinik, welche jährlich hunderten Patienten Genesung und Erholung bietet. Eine rege Bautätigkeit führte in den letzten Jahren zu einem Bevölkerungszuwachs auf über 1200 Einwohner. Eine Vielfalt von Möglichkeiten der Freizeitgestaltung bieten der Kultur- und Sportclub 2000, die Freiwillige Feuerwehr, der Senioren- und Behindertenclub, der Kita-Förderverein sowie der Anglerverein.

Herrlicher Ausblick vom Kirchberg

Das Bild des sogenannten »Fünf-Seen-Ortsteils« ist durch Buchen- und Mischwälder sowie den 85 Meter hohen Kirchberg im Waldstück Hainholz bestimmt. Im Jahr 2005 wurde auf Initiative des Ortsbürgermeisters und der Mitglieder des Ortsbeirats auf dem Kirchberg eine Plattform angelegt. Von dort aus wurden Sichtachsen auf das Stadtgebiet Potsdam und den Fahrländer See geschaffen. Der Kirchberg bietet einen einmaligen Ausblick auf Potsdamer Landschaften, wie zum Beispiel auf den Jungfernsee, die Glienicker Brücke, Park und Schloss Glienicke, die Nikolaikirche und das Gebäude des Brandenburgischen Landtags.

Schon Theodor Fontane (1819 bis 1998) schrieb im dritten Band seiner »Wanderungen durch die Mark Brandenburg« über das Heinenholz und den Kirchberg, dass er angetan sei von der »herben Schönheit der märkischen Landschaft«.

Schöner Wanderweg hinauf auf den Kirchberg

Im Uhrzeigersinn ist der Ortsteil im Osten durch den Krampnitzsee und den Lehnitzsee begrenzt, im Süden durch den Jungfernsee, den Sacrow-Paretzer Kanal und den Weißen See, im Westen durch den Fahrländer See.

Blick auf den Jungfernsee

Märkisches Kleinod Groß Glienicke

Altes deutsch-deutsches Dorf nicht vereint

Groß Glienicke ist seit 2003 der nordwestlichste Ortsteil von Potsdam. Er grenzt an die Berliner Stadtteile Gatow und Kladow und ist von Potsdam aus über die zwischen Döberitzer Heide und Königswald gelegene Bundesstraße B2 zu erreichen. Der Ortsteil ist 10,25 Quadratkilometer groß und verläuft entlang des Groß Glienicker Sees. Die malerische Lage dieses märkischen Kleinods auch in der unmittelbaren Nachbarschaft von Agrar- und einmaligen Fenn-Landschaften (Giebel-, Schwarzen, Seeburger Fenn und Upstall) ist auch ein Brutgebiet für mehr als 40 Vogelarten, das seinesgleichen sucht. Der Groß Glienicker Raum erstreckt sich vom Naturschutzgebiet Königswald/Sacrower See bis zum alten Gutspark von Vollang und der Waldsiedlung Nord. Groß Glienicke wurde im Jahre 1267 erstmalig in einer Urkunde (Abgaben an das Spandauer Nonnenkloster) erwähnt.

Der ehemalige Gutskindergarten in Groß Glienicke entstand 1900. Otto Wollank hatte ihn für die Kinder seiner Landarbeiterinnen aus Polen und allen Teilen Deutschlands errichtet. Das Gut des Ortes ging 1890 in den Besitz der Familie Wollank über, die hier für die damalige Zeit eine fortschrittliche Milchproduktion einrichtete. Otto Wollank wurde aufgrund seiner Leistungen im Agrarbereich und seiner sozialen Verdienste durch Kaiser Wilhelm II. geadelt.

Aufgrund zahlreicher Waffenfunde lässt sich eine teils wendische Besiedlung Groß Glienickes bis in die Bronzezeit zurückverfolgen. Der Ort entstand aus einem Rittergut und einem Bauerndorf. Über Jahrhunderte gab es hier einen Rittersitz des havelländischen Adelszweiges von Ribbeck. Im 20. Jahrhundert wurde das Dorf zu einem Ausflugs- und Erholungsort für die Berliner, die sich auch hier ansiedelten.

Heute ist der Ort immer noch durch die deutsch-deutsche Teilung getrennt. Das Ostgebiet von Groß Glienicke ist 1945 West-Berlin und der Westteil der Deutschen Demokratischen Republik (DDR) zugeordnet worden. In der Zeit als Grenzregion zwischen Ost und West verlief die Grenze durch den Groß Glienicker See, direkt durch den Ort und das Rittergut. Aufgrund des Mauerbaus wurden mehrere Gebäude abgerissen.

Das Potsdamer Tor entstand 1903 zusammen mit straßenbegleitenden Mauern als Eingangsensemble des ehemaligen Rittergutes. Die zu den frühesten Betonbauten der Region zählende Baugruppe überstand den Zweiten Weltkrieg nahezu unbeschädigt. Ihr Zerstörungsprozess nahm erst während des Kalten Krieges seinen Lauf.

Ein Dorffest bietet genug Anlass für gemütliche Zusammenkünfte.

Nach 1989 erlebte Groß Glienicke einen enormen Aufschwung, vor allem im Wohnungsbau, was zu einer Verdoppelung der Einwohnerzahl auf heute über 3100 führte. Zu den Anziehungspunkten im Ortsbereich zählen der Gutspark und die alte Dorfkirche, in welcher auch regelmäßig Klassik-Konzerte stattfinden. Weitere kulturelle Angebote umfassen historische Wanderungen, Lesungen und Vorträge im Kulturcafé ebenso, wie als jährlichen Höhepunkt, das Dorffest am Glienicker See.

Gotisierende Ruine

Wer Griechenland liebt, kommt nach Groß Glienicke ins Syrtaki

Eleni und Evangelos Papakonstantoulis verwandelten ihr kleines »Syrtaki« in ein neues prächtiges Gästehaus

Wer Griechenland liebt, kommt nach Groß Glienicke, in die Sacrower Allee, ins Syrtaki. In den Räumlichkeiten des ehemaligen Cafés »Alexander« betreiben Eleni und Evangelos Papakonstantoulis seit 1996 das Griechische Restaurant »Syrtaki«. Es wurde zum festen Bestandteil im Leben vieler Potsdamer und deren Gäste. Aber aus dem kleinen Café konnte nur ein kleines Restaurant werden. Immer wieder fehlten Plätze und Räumlichkeiten für größere Feierlichkeiten. Deshalb beschlossen die Eheleute, das »Syrtaki« zu verwandeln. Wo im Vorjahr noch das kleine Gartenhaus stand, befindet sich nun das nette, einladende Haus Syrtaki.

Wer hier herkommt und Griechenland noch nicht kennt, lernt es nun lieben. Das liegt nicht nur an dem Zauber des griechischen Flairs, welches Eleni und Evangelos Papakonstantoulis aus ihrem Heimatland mitbrachten, sondern auch an dem freundlichen Service und der Liebe zu geschmackvoll zubereiteten Speisen aus ihrem Heimatland. Die Karte hält eine Auswahl von rund 100 Gerichten bereit. Gemischte Grillplatte mit Zaziki ist das meist bestellte Essen. Eleni Papakonstantoulis ist die Köchin und ihr ist es wichtig, eine vielfältige und anspruchsvolle Küche zu bieten. In Griechenland war sie Lehrerin. Sie bezeichnet es als Glück, einen Gastronomen als Mann bekommen zu haben. Denn sie kocht leidenschaftlich gerne. Ihr Wunsch, auch beruflich zu kochen, ging in Erfüllung. Dabei stammen die Rezepte nicht von ihrer Mutter, sondern von ihrer Oma. Zwei alte Gewürze kommen dafür extra aus Griechenland nach Potsdam, Ortsteil Groß Glienicke. Aber auch aus dem eigenen Kräutergarten hinter dem Haus stammen frische Zutaten. Zudem erläutert sie eine Erfolgsformel. »Ich verarbeite nur Produkte mit bester ausgesuchter Qualität, wichtig ist auch die absolute Sauberkeit.« Die Küche bekommt viel Lob von zufriedenen Gästen.

Evangelos Papakonstantoulis

Eleni und Evangelos Papakonstantoulis brachten ein Stück Griechenland nach Potsdam.

Gastlichkeit wird hier im Hause besonders groß geschrieben. Der Chef schenkt auch selbst noch ein. Gäste schätzen das unaufdringliche Gespür für ihre Wünsche. »Wir stellen uns auf jeden Gast individuell ein,« so Evangelos Papakonstantoulis.

Das geschmackvoll eingerichtete Restaurant steht nun für Betriebs-veranstaltungen und sämtliche Feierlichkeiten bereit. Bei Eleni und Evangelos Papakonstantoulis gefeierte Hochzeiten bleiben in besonders schöner Erinnerung. Die beiden wünschen sich, dass alle Gäste mit ihren Speisen und Getränken glücklich sind.

Restaurant Syrtaki · Griechische Spezialitäten
Evangelos Papakonstantoulis
Sacrower Allee 50 · 14476 Groß Glienicke
Tel. /Fax (03 32 01) 3 18 89

Bestens gepflegt ist jeder Tag auch ein guter Tag!

Gut betreut durch die Hauskrankenpflege und Seniorenbetreuung Backschies

Das Haus des betreuten Wohnens der Hauskrankenpflege und Seniorenbetreuung Backschies liegt kurz hinter der Stadtgrenze zu Berlin.

Für Lydia Backschies stand von Anfang an fest, zunächst Krankenschwester und später Gemeindeschwester zu werden. Damit folgte sie der Familientradition, Heilberufe zu ergreifen. Mit ihrer verantwortungsvollen Aufgabe wuchs die Zahl der Patienten. Der Beruf und ihre Berufung wurden zu einer Facette ihres Lebens.

Ihre Tochter Heike spielte als Kind gern im Sprechzimmer der Gemeindeschwester. Später wurde sie Krankenschwester im chirurgischen und onkologischen Intensivbereich eines Krankenhauses. Inzwischen verheiratet, wurde Heike Jezewski mit ihrem Sinn für Organisation, ihrer Kompetenz und Erfahrung eine sogenannte rechte Hand im Unternehmen ihrer Mutter. Für die Unterstützung in der Hauskrankenpflege und Seniorenbetreuung wurden sowohl weitere Fachkräfte eingestellt, als auch selbst welche ausgebildet. So entstand die häusliche Krankenpflege Backschies. Heute arbeiten rund 50 Angestellte im Pflegedienst und mit verschiedenen therapeutischen Angeboten rund um die Uhr im Unternehmen Backschies. Es gibt zudem fachkundige Hilfen bei Anträgen und beim Umgang mit Versicherungen, der Pflegekasse, dem Sozialamt, anderen Behörden und vieles mehr.

»Eigner Herd ist Goldes Wert«

»Eigner Herd ist Goldes Wert«, heißt es in einem Sprichwort. Diese Nestwärme und die Selbstständigkeit, auf die das Sprichwort anspielt, möchte auch das Team Hauskrankenpflege und Seniorenbetreuung Backschies erhalten. Wenn der eigene Haushalt nicht mehr allein zu bewältigen ist, helfen die freundlichen und aktiven Hauswirtschafterinnen. Sie sorgen für Wohnungspflege, Wäsche- und Kleidungswechsel, Wäsche waschen, unterstützen beim Essen zubereiten, beim Einkaufen, bei Besorgungen, bei der Körperpflege und der medizinischen Versorgung. Nicht nur Arztbesuche werden begleitet, sondern auch Spaziergänge. Ebenso können regelmäßige Beratungsbesuche im Auftrag der Pflegekasse angefordert werden.

Betreutes Wohnen am Groß Glienicker See

Beeindruckend ist es, wenn man in Groß Glienicke die Seepromenade entlang geht und durch die Tür des Betreuten Wohnens tritt. Schallendes Gelächter tönt aus dem Gemeinschaftsraum direkt neben dem Empfang. Andere genießen die Sonnenstrahlen draußen am Groß Glienicker See. Hier sollen die Menschen gern und fröhlich alt werden. Deswegen gibt es in diesem Haus nicht nur den 24-Stunden-Service des Pflegedienstes, sondern auch ein regelmäßiges Ausflugs- und Unterhaltungsprogramm. Die Bewohner lachen über den Entertainer Jo Warmbier oder über das Seniorenkabarett. Es ist noch viel mehr los. Besonders schön sind die gemeinsamen Kaffeekränzchen im sonnigen Garten. Bestens gepflegt ist jeder Tag auch ein guter Tag!

Gemeinsames Wohnen bedeutet auch, gemeinsam etwas zu unternehmen und gemeinsam schöne Stunden zu verbringen.

Seniorenwohnen am See – das bedeutet Idylle, Geborgenheit und durch den 24-Stunden-Service Zeit, um mit den Angehörigen das Leben zu genießen.

Betreutes Wohnen
Häusliche Seniorenbetreuung
Hauswirtschaftliche Versorgung
Vermittlung von Dienstleistungen
Soziale Beratung und Hilfestellung
Häusliche onkologische Krankenpflege

Hauskrankenpflege und Seniorenbetreuung Backschies
Graf-von-Schwerin-Straße 1 · 14469 Potsdam
Tel. (03 31) 6 20 79 00 · Fax (03 31) 6 20 79 02
backschies@hnw-online.de · www.backschies.de

Seniorenwohnen am See
Seepromenade 8 ·14476 Groß Glienicke
Tel. (03 32 01) 5 07 00 · Fax (03 32 01) 5 07 20

Schleiereulen in guter Nachbarschaft

Aufzucht geschützter Arten in Naturschutz-Brutkästen

Experten hielten es nicht für möglich, dass zwei Schleiereulen-Pärchen in unmittelbarer Nachbarschaft brüten. Doch in Golm, im Westen der Stadt Potsdam, beweisen diese erhabenen Vögel, dass es doch geht.

Ganz oben, im Turm der Kaiser-Friedrich-Kirche fauchten die kleinen Eulen etwas böse, als sie vom Ornithologen Manfred Miethke aus ihrem Brutkasten in das schummrige Licht des Kirchturms befördert wurden. Aus dem flauschigen weichen Gefieder blickten zwei große dunkle Knopfaugen. Wie die drei anderen Geschwister, hat das kleine Geschöpf nach ungefähr der vierten Lebenswoche einen Ring um den Fuß erhalten.

Gemeinsam haben der Naturschutzbund Deutschland e.V. und die Kirchen vor drei Jahren ein Projekt zum Artenschutz unter dem Titel »Lebensraum Kirchturm« veranlasst. Innerhalb dieses Projektes werden mit gemeinsam finanzierten Brutkästen Vögeln sichere Nistmöglichkeiten geboten. Dabei sind die Kästen so konstruiert, dass die Ausscheidungen der Tiere die Kirche nicht schädigen.

Bereits vor drei Jahren nistete das erste Eulen-Pärchen in der Naturscheune der Familie Löhmannsröben. 2008 kam ein weiteres Schleier-Eulen-Paar in dem Kirchturm dazu. Die Naturscheune und der Turm des gesegneten Heimes sind lediglich 300 Meter voneinander entfernt. »Auch in der Literatur ist so ein Fall noch nicht bekannt geworden, dass zwei Eulenpärchen in Nachbarschaft brüten«, berichtete der erfahrene und engagierte Ornithologe Manfred Miethke. In Golm konnten 2008 insgesamt neun Eulenjunge beringt werden.

Junge Schleiereulen im Kirchturm der Kaiser-Friedrich-Kirche. Auch in der Scheune von Prof. Dr. Hanna Löhmannsröben sind junge Eulen aufgewachsen.

Einzigartiges Juwel der Sielmannlandschaften vor den Toren Berlins und Potsdams

Döberitzer Heide und Ferbitzer Bruch

Die Döberitzer Heide (etwa 3415 Hektar) und der Ferbitzer Bruch (etwa 1155 Hektar) sind die jüngsten Naturschutzgebiete der Sielmann-Naturlandschaften. Im Juli 2004 erwarb die Heinz Sielmann Stiftung 3442 Hektar des ehemaligen Truppenübungsplatzes. Das Gebiet ist eines der größten zusammenhängenden Flächen dieser Art, das eine Naturschutzorganisation bis heute für den Naturschutz sichern konnte. Dabei handelt es sich bei der Döberitzer Heide überwiegend um ein höher und trockener gelegenes Gebiet und bei dem Ferbitzer Bruch eher um die tieferen, feuchteren Gebiete. Das Areal liegt überwiegend im Landkreis Havelland. Ein kleiner südlicher Teil gehört zur Stadt Potsdam. Umliegende Ortschaften sind: Elstal, Dallgow-Döberitz, Priort und die Potsdamer Ortsteile Seeburg, Groß Glienicke, Krampnitz, Fahrland und Kartzow.

Die militärische Nutzung des Geländes begann 1713 mit ersten Truppenübungen unter Friedrich Wilhelm I. 1753 führte Friedrich II. ein erstes Großmanöver mit rund 44 000 Soldaten durch. Offiziell begann der Aufbau des Truppenübungsplatzes Döberitz erst 1892 unter Kaiser Wilhelm II. In den Jahren 1903 bis 1911 wurde die Heerstaße als Verbindung zwischen dem Truppenübungsplatz und dem Berliner Stadtschloss gebaut.

Im Schaugehege, im Nordwesten des Gebietes, können auf zirka einem Prozent der Gesamtfläche die Wildtiere beobachtet werden, die später die Wildniskernzone pflegen.

»Unser Ziel muss es sein, Rückzugsorte für die Natur zu erhalten, zugleich aber auch das Naturerleben zu fördern. Naturschutz und Naturerleben müssen sich nicht ausschließen – im Gegenteil: Sie können sich gegenseitig fördern! Denn nur was wir kennen und lieben, sind wir bereit zu schützen.« Professor Heinz Sielmann (1917 bis 2006).

Der Ferbitzer Bruch ist Lebensraum für bestandsbedrohte Tierarten, insbesondere Brut- und Nahrungsgebiet von Wirbellosen, Amphibien, Reptilien, Vögeln, sowie Rastgebiet für Zugvögel.

Zur Landschaftspflege findet auf 400 Hektar des Ferbitzer Bruchs eine extensive Beweidung mit Galloway-Rindern statt.

Wissenschaftliche Mitmachwelt für Kinder

Trockeneisexperiment

Wer das Exploratorium Potsdam besucht, kann sich auf wahre Wunder freuen. Hier wird Wissenschaft hautnah erlebbar und begreiflich. Über 120 Exponate zum Anfassen und Ausprobieren garantieren nicht nur Spaß, sondern auch jede Menge Wissensgewinn. Und das Allerbeste: Immer sind die Besucher die Akteure! Warum Schokoküsse im Vakuum platzen, Wasserstrahlen Licht transportieren oder Strom in den Fingern kribbelt, muss nun kein Geheimnis mehr bleiben. Das Exploratorium Potsdam gibt Antwort auf diese und viele andere Fragen rund um naturwissenschaftliche Themen.

»Dem Täter auf der Spur. Kriminalistikexperimente«

Die Mitmachwelt, angesiedelt am Medienstandort Babelsberg, ist ein wahres Abenteuerland. Spannende Experimente – zum Anfassen, Mitmachen und Ausprobieren – warten hier auf neugierige Entdecker. Spielerisch können die Phänomene des Lebens erkundet werden.

Neben den interaktiven Exponaten lockt das Experimentierkabinett, die spannenden Fragen der Naturwissenschaften zu erforschen. Hier wechselt Rotkohlsaft urplötzlich seine Farbe, Luftdruckraketen und Solarzellen werden entworfen und vorzugsweise bei Kindergeburtstagen entstehen bunte Glibbermassen.

Stehen besondere Ereignisse ins Haus, lassen sich die Mitarbeiter des Exploratoriums stets etwas Außergewöhnliches einfallen. So gibt es zu Halloween spannende Gruselexperimente, zu Ostern Fallversuche mit rohen Eiern und in der Weihnachtszeit wird Schokolade hergestellt. Viele der Kinder und Familien sind bereits Stammgäste und wissen genau, dass es stets Neues zu entdecken gibt.

Junge Ornithologen entdecken Mäuse und vieles mehr

Parks und Gärten können bei einer reich strukturierten und gegliederten Gestaltung wichtige Refugien für viele Vogel- und Kleintier Säugerarten sein. Mit relativ kleinen Flächen dienen sie dem Erhalt der Artenvielfalt. In Potsdam sind das der Park Sanssouci, der Neue Garten, der Park Babelsberg, viele Kleingärten und die innerstädtischen Grünflächen. Diese Flächen sind mit den Naherholungswäldern Wildpark, Katharinenholz, Pirschheide, Parforceheide und den Ravensbergen eng verzahnt.

Bis 1990 wurden die Vogelnistkästen in den Parks durch die Station Junge Naturforscher und Techniker« betreut, einer Einrichtung des DDR-Ministeriums für Volksbildung. Als die Schülerarbeitsgemeinschaft »Junge Ornithologen« im NABU-Kreisverband »Havelland« Potsdam e.V. die Betreuung der Vogelnistkästen fortsetzte, ging es zuerst um den praktischen Vogelschutz. Nachdem aber 1994 bei der herbstlichen Nistkastenkontrolle erstmals rotbräunlich gefärbte Mäuse aus den Nistkästen sprangen und sich auf der Schulter des AG-Leiters festklammerten, war bei den Mädchen und Jungen die Freude groß.

Bei den in Höhlen wohnenden Säugetieren handelt es sich um Bilche, die zur Familie der Nagetiere (Rodentia) gehören und auch Schläfer oder Schlafmäuse genannt werden. Die maus- bis rattengroße Nachttiere leben überwiegend auf Bäumen und Sträuchern, graben kaum Gänge und halten in gemäßigten Zonen Winterschlaf. Vertreter sind Siebenschläfer (Glis glis), Gartenschläfer (Eliomys quercinus), Baumschläfer (Dryomys nitedula), Mausschläfer (Myomimus roachi) und die kleinste Schläferart, die Haselmaus (Muscardinus avellanarius). Im Land Brandenburg sind diese Arten selten.

Maus aus dem Nistkasten

Große Gärten wie die Potsdamer Parks eignen sich durch ihre Vernetzungen mit vielen kleinen und größeren Landschaftselementen hervorragend als Nahrungs- und Bruthabitate für Höhlen- und Gebüschbrüter sowie für Kleinsäuger. Ob aber ein Garten zum Tierparadies werden kann, hängt vom Engagement und dem Verständnis der Gärtner und Vogelfreunde für die Belange des Naturschutzes und von einer vielfältigen Strukturierung der Lebensräume ab.

Durch die aktive Mitarbeit der Schüler wurden jährlich 210 bis 220 künstliche Nisthilfen kontrolliert und die erfassten Daten in einem Jahresbericht zusammengefasst. Durch den NABU-Kreisverband wurden sie an die Gartendirektion weitergeleitet.

Manfred Miethke

Junges Wassergeflügel auf der Freundschaftsinsel

Kein Naturschutzgebiet liegt uns so am Herzen

Vom einstigen Eldorado Golmer Luch und dem Weg zum Naturschutz

Es gibt wohl kaum ein Naturschutzgebiet, um welches so viel gestritten, diskutiert und demonstriert wurde, wie das Golmer Luch. Gegenwärtig kämpft eine Bürgerinitiative aus Golm und Umgebung, mittlerweile die dritte Generation, um die Erhaltung der Restflächen eines einstigen Eldorados. Der Naturschutzbund (NABU)-Kreisverband »Havelland« Potsdam e.V., sowie weitere Organisationen und Institutionen unterstützen diese Bürgerbewegung. Das einstige Vogelparadies würde irreversibel zerstört werden, wenn das Projekt Umgehungsstraße durch das Golmer Luch nicht verhindert werden kann. Die Geschichte begann eigentlich schon mit der Trockenlegung des Havelländischen Luchs.

Friedrich Wilhelm I. warb holländische Experten

Mit Unterstützung des Königs Friedrich Wilhelm I. erfolgte die Trockenlegung des Havelländischen Luchs. Unter fachlicher Anleitung holländischer Experten sollten in der ersten Hälfte des 18. Jahrhunderts die verfallenen Gräben des Luchs, wie auch die wertvollen Luche Fahrland und Marquardt, durch Aufräumung der Gräben und das Ziehen neuer Abzugsgräben urbar gemacht werden. Für die Trockenlegung gab der Staat 11 767 Taler aus. Mehrere Projekte wurden angedacht, aber keines realisiert. So war sich das Golmer Luch selbst überlassen. Infolge der Tongewinnung in früherer Zeit blieben Restlöcher zurück. Es bildete sich ein geschlossenes Feuchtgebiet. Bereits um das Jahr 1638 wurden Dämme und Gräben durch das damalige Golmsche Bruch gezogen, aber ohne Erfolg.
So konnte sich im Golmer Luch ein Lebensraum für bruch- und moorcharakteristische Pflanzen, Tiere und Insekten entwickeln. Mit der Industrialisierung im 19. Jahrhundert und den vielen technischen Neuerungen des 20. Jahrhunderts begann die großflächige Zerstörung der unerschöpflichen Artenvielfalt. Dazu kam auch, dass viele Berliner Ausflügler das Golmer Niedermoorgebiet stark frequentierten.

Der Weg zum Naturschutz mit Berliner Naturschützern

Dr. Klose (1934) über die Bedeutung des Gebietes für Lehre und Forschung: »... Für die Schulen aller Art ein Anschauungsmittel ersten Ranges: wo konnte der Lehrer sonst noch seinen Schülern Kiebitze, Rotschenkel, Brachvögel und andere vor Augen führen...«.
Beckel (1916) hat in mehreren Jahren 135 Vogelarten, davon 81 als Brutvögel erfasst. Insekten waren zahlreich und in verschiedenen Formen vertreten.

Das Golmer Luch findet eine seiner natürlichen Begrenzungen durch den Großen Zernsee.

Das Golmer Luch ist ein beliebter Auffenthalsort vieler Vögel.

Hinzu kam eine reiche Pflanzenwelt, in der unter anderem Krebsschere, Fieberklee, Prachtnelke und Gemeiner Alant vertreten waren. Als 1924 der 2. Märkische Naturschutztag in Potsdam durchgeführt wurde, war der Höhepunkt der Abschlussveranstaltung eine Großkundgebung am Golmer Reiherberg mit etwa 1000 Teilnehmern. Im gleichen Jahr wurde bekannt, dass das schon 25 Jahre früher geplante Projekt einer Nutzung des Golmer Luchs als Müllkippe umgesetzt werden sollte. Es folgte eine Welle der Solidarität Der Deutsche Bund für Vogelschutz überwies 1500 Reichsmark zum Kauf von Flächen. Der Volksbund Naturschutz kaufte 55 und die Stadt Potsdam 75 Morgen. Wissenschaftliche Institute und Vereine sprachen sich im Interesse der Wissenschaft und des Schulunterrichtes für den Erhalt des Luches aus. Erreicht werden konnte, dass Teile des Luchs per Polizeiverordnung vom 9. April 1927 als Naturschutzgebiet ausgewiesen wurden.

Verhängnis des Golmer Luchs

Es standen sich zwei unvereinbare Fraktionen gegenüber, die einen wollten das Golmer Luch für Wissenschaft, Unterricht und Erholung, die anderen als Müllkippe nutzen. Zudem schloss sich ein Deichverband mit Grundbesitzern zusammen, die im Luch einen Deich und eine Dampfmaschine anlegen wollten. Hauptbeteiligte dieser Vereinigung waren neben den Hohenzollern und dem Fiskus, die Gemeinden Golm, Eiche, Bornstedt und Nattwerder. Behördliche Stellen und Organisationen unterstützten sie. Angesichts der Zerstörung des Golmer Luchs schrieb der Studienrat Dr. Klose an die Provinzstelle: »Sie wissen, dass kaum ein märkisches Naturschutzgebiet uns so am Herzen liegt ...« Letzten Endes verlor der Naturschutz. Ein weiterer Niedergang des Golmer Luchs begann nach dem Zweiten Weltkrieg mit der weiteren Trockenlegung und der verstärkten Ablage von Müll, der anfangs aufgespült wurde. Lediglich eine Etablierung des Potsdamer Kohlenhofs im Luch konnte verhindert werden. 1956 wurden auf dem Spülfeld im Auftrag des Instituts der Forstwissenschaften Pappeln angepflanzt. Auf dem Versuchsgelände sollten Ergebnisse über das Wachstum von Wirtschaftspappeln auf Spülkippen gesammelt werden, da noch keine Erfahrungen über das Verhalten der Pappeln auf derartigem Aufschüttungsboden vorlagen (Feiler 1963). Gegenwärtig erleben wir das Absterben der Pappeln.

Das Golmer Luch heute

Heute kann man kaum noch mit Krebsschere, Gemeinem Alant, verschiedenen Orchideenarten und anderen Arten aufwarten. Das Golmer Luch sollte mit seinem noch vorhandenem Arteninventar auch ohne Schutzstatus für unsere Nachkommen erfasst und erhalten werden. Noch verfügt es über genügend ökologisches Potenzial. Die Wiesen sind bevorzugte Jagdgebiete für Turmfalke, Sperber, Kolkrabe und die wieder angesiedelte Schleiereule. Durch einen fachgerechten Anstau des Wassers in den Gräben bleiben die Wiesen länger vernässt, was für Kraniche und andere Vögel zum Vorteil ist. Geltower Graureiher suchen das Golmer Luch zur Nahrungsaufnahme auf.

Manfred Miethke

Das Golmer Luch mit seinem Kanal für frühere Mülltransporte

Stadt einer herrlichen Vogelwelt

Rasante Flieger, Nachtigallen und sogar seltene Brutvögel geben sich ein Stelldichein

Ornithologie hat in Potsdam eine lange Tradition. Mit der Zentrale für Wasservogelforschung an der Pädagogischen Hochschule und der Naturkundeabteilung des Potsdam-Museums waren zu DDR-Zeiten in der Stadt zwei Einrichtungen vertreten, die viele ornithologische Aktivitäten bündelten. Seit über fünfzig Jahren gibt es die Fachgruppe Ornithologie, die heute beim Naturschutzbund (NABU) angesiedelt ist. In dieser Zeit ist viel Wissen über die Vogelwelt unserer Stadt gesammelt worden. Leider wurde aber nur wenig aufgeschrieben.

Älteste Erfassung ist für Wasservögel

Die unzweifelhaft älteste systematische Erfassung ist die internationale Wasservogelzählung. Europaweit werden schon seit Ende der 1960er Jahre in vielen Gebieten im Winter jeweils zur Mitte eines jeden Monats alle Wasservögel gezählt. In Potsdam werden die Zählungen von dem Ornithologen Manfred Miethke organisiert. Die häufigsten Wintergäste sind Stockenten und Blessrallen. Im strengen Winter 2005/2006 konnten regelmäßig über tausend Stockenten im Stadtgebiet gezählt werden. 5000 Blessrallen gab es im Januar 2006. Die Vögel sammelten sich auf den eisfreien Havelabschnitten, da die Seen in der näheren und weiteren Umgebung zugefroren waren. Auch für andere, in milden Wintern in der Potsdamer Gegend seltene Wasservogelarten, wurde die Stadthavel zu einem Anziehungspunkt. So konnten im Winter 2006 bis zu 700 Tafelenten, 1150 Reiherenten, 25 Zwergsäger und zwanzig Zwergtaucher gezählt werden. Selbst Seeadler wurden immer wieder an den Gewässern und gelegentlich über dem bebauten Stadtgebiet gesehen. So flogen jeweils gleich vier Adler am 30. September 2005 über dem Kirchsteigfeld und am 25. Oktober 2006 über dem Park Sanssouci.

Regelmäßige Zählungen des Ornithologen Michael Zerning zeigten, dass die Nuthe im strengen Winter ebenfalls ein wichtiges Wasservogelgebiet ist. Selbst Arten wie Gänsesäger und Kormoran, die eher große Wasserflächen bevorzugen, wurden dort beobachtet. Außergewöhnlich war das Jahr 2006 für die Teichralle. Nachdem schon im Winter bis zu zwanzig Vögel auf der Nuthe beobachtet wurden, kam es zur Brutansiedlung von mehreren Paaren.

Wintergäste in der Stadt

Den Wintergästen abseits der Gewässer versuchte in den Wintern 2003/2004 und 2004/2005 eine Studentengruppe der Universität Potsdam auf die Spur zu kommen. In Anlehnung an ein Erfassungsprogramm in Berlin wurden auf sieben je fünf Hektar großen städtischen Probeflächen alle anwesenden Vögel erfasst, und zwar an jeweils vier Terminen zwischen Anfang Dezember und Ende Februar.

Koordiniert wurde diese Zählung vom Ornithologen Peter Meffert. Die mit Abstand häufigste Vogelart war der Haussperling. Es wurden insgesamt 1041 Spatzen gezählt. Es folgten 626 Kohlmeisen, 534 Blaumeisen, 395 Grünfinken und 342 Amseln. Insgesamt konnten immerhin 44 Vogelarten beobachtet werden. Ein sehr auffälliger Wintergast war

Wassergeflügelfütterung an der Havel

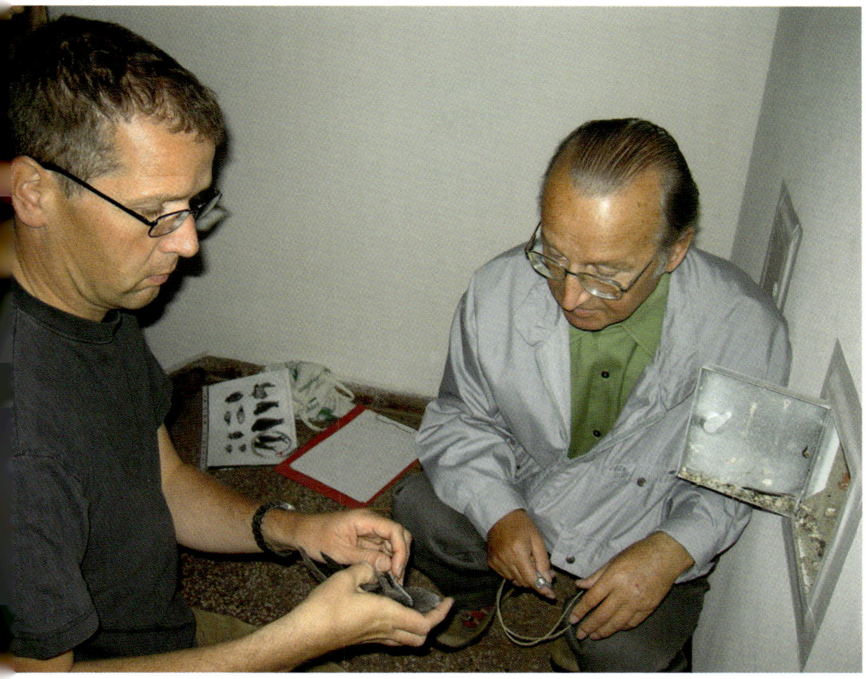

Die Ornithologen Wolfgang Mädlow (links) und Manfred Miethke führen Buch über das Brutgeschehen und den Aufwuchs der Mauersegler.

Auch Alter und Entwicklungsstand der jungen Mauersegler bekommen professionelle Überwachung.

in den letzten Jahren der Seidenschwanz. Dieser hübsche Vogel besucht unsere Breiten in sehr stark wechselnden Zahlen. Er frisst im Winter ausschließlich Beeren und andere Früchte und zieht dorthin, wo er reichlich Nahrung findet. Sowohl der Winter 2004/2005 als auch der 2005/2006 waren in Potsdam außergewöhnlich gute Seidenschwanz-Winter mit vielen Trupps in der ganzen Stadt.
Die größte Gruppe mit vierhundert (!) Vögeln wurde in Hermannswerder am 17. März 2005 vom Ornithologen Karsten Siems beobachtet.

Zu den majestätischen Größen in Potsdam zählt auch der schöne Höckerschwan (Cygnus olor). Er präsentiert sich mit seinem schneeweißen Gefieder seit Jahrhunderten auf dem Havelgewässer.

Seltene Brutvogelvorkommen durch Atlaskartierung entdeckt

Die Brutsaison war 2005 und 2006 von der »Atlaskartierung« geprägt. Für die Jahre 2005 bis 2008 wurde nämlich bundesweit dazu aufgerufen, die Grundlagen für einen neuen Verbreitungsatlas deutscher Brutvogelarten zu schaffen. Ganz Deutschland ist in dreitausend quadratische Felder aufgeteilt, die etwa elf mal elf Kilometer groß sind. In jedem Feld soll erfasst werden, welche Vogelarten dort brüten und wie häufig sie ungefähr sind. Um das feststellen zu können, müssen zahlreiche Zählungen in den verschiedenen Lebensräumen durchgeführt werden. Daraufhin kann dann der Bestand der einzelnen Arten für das ganze Quadrat abgeschätzt werden. Das Potsdamer Stadtgebiet ist von zwei Quadraten berührt.
Interessante Ergebnisse hat die Atlaskartierung unter anderem in den nördlichen, seit eini-

Rasante Flieger

Im Sommer leben Mauersegler in der Stadt, die ihre Nester vorwiegend in Schlupflöchern hoher Gebäude anbringen. In einigen Potsdamer Gebäuden, wie in Waldstadt I in der Johannes-R.-Becher-Straße, wurden schon architektonische Brutvorrichtungen geschaffen, die von den rasanten Fliegern angenommen wurden. Regelmäßig erfolgt eine Bestandsüberwachung und Beringung. Die Ornithologen Wolfgang Mädlow und Manfred Miethke führen in ihrer Freizeit äußerst engagiert Buch über das Brutgeschehen und den Aufwuchs der Jungvögel.
Der Flug der Mauersegler, die oft mit Schwalben verwechselt werden, gleicht der Silhouette einer Mondsichel. Im Segelflug zeigt er sich mit engen, gewagten Kurven und rasanten Luftjagden. Seine Flügel sind ausgesprochen schmal und lang. Mauersegler verbringen nach dem Verlassen ihrer Nesthöhle die meiste Zeit ihres Lebens in der Luft. Sie ernähren sich von fliegenden Insekten und steigen nachts zum Schlafen weit hoch in den Himmel.

gen Jahren zu Potsdam gehörenden Gebieten erbracht, die von dem Ornithologen Michael Zerning kartiert wurden. Obwohl ornithologisch interessant, wurden diese Flächen von den Potsdamer Vogelforschern bisher eher vernachlässigt. So war es eine Überraschung, dass beispielsweise am Fahrländer See mindestens 16 Schilfrohrsänger, acht Drosselsänger und mindestens 17 Rohrschwirl-Reviere ausfindig gemacht werden konnten. Auch Bart- und Beutelmeise besiedeln die großen Röhrichtzonen dieses schönen Sees. Noch überraschender waren 2006 gleich sechs singende Schlagschwirle auf dem Gelände der Krampnitz-Kasernen, denn diese seltene Vogelart wurde bisher nur wenige Male in Potsdam beobachtet. Allerdings stellte sich gleich noch ein weiteres singendes Männchen in den Nuthewiesen ein.

Auch einige in der Potsdamer Gegend sonst seltene Brutvogelvorkommen wurden durch die Atlaskartierung bekannt. So wurde 2005 je ein Revier des Zwergschnäppers am Telegrafenberg und im Wildpark gefunden. Dieser kleine Vogel, der naturnahe Buchenwälder bewohnt, kommt nur im Norden und Osten Brandenburgs regelmäßig vor. Bemerkenswert war auch ein Schwarzkehlchen-Revier 2004 in den Nuthewiesen bei Drewitz. Vom Kranich gelangen sichere Brutnachweise an den Seeburger Sümpelfichten und am Ferbitzsee, aber auch im Springbruch und bei Fahrland bestand Brutverdacht. Eine Brutkolonie der seltenen Trauerseeschwalbe auf dem Großen Zernsee wird seit Jahren von dem Ornithologen Klaus-Dieter Böer betreut und mit Nesthilfen unterstützt. 2005 brüteten dort 23 und 2006 nur 17 Paare. Diese Schwalben nutzen dafür am liebsten schwimmende Pflanzen (zum Beispiel Krebsscheren und Seerosen), die sie heute nur noch an wenigen Stellen finden. Deshalb werden ihnen kleine Schwimmflöße als Nistunterlage angeboten.

Ein Nebeneffekt der Atlaskartierung war eine genaue Erfassung der Spechte. Diese sind nur schwer genau zu zählen. Deshalb wird am besten eine »Klangattrappe« eingesetzt: Der Balzruf der Spechte wird im zeitigen Frühjahr in geeigneten Lebensräumen abgespielt. Die Reviervögel reagieren dann darauf, indem sie antworten oder zum Abspielgerät fliegen. Auf diese Weise

wurde erstmals der Mittelspecht im Potsdamer Raum vollständig erfasst: Überraschende 167 Reviere wurden gefunden. Diese Spechtart ist bei uns ganz auf alte Eichen spezialisiert. Wichtigste Vorkommensgebiete sind dementsprechend die Schlossparks, aber auch naturnahe Altbaumbestände rund um den Telegrafenberg, im Katharinenholz, Nedlitzer Holz und im Königswald. Mit einer so hohen Zahl von Mittelspechten war nicht zu rechnen. Potsdam hat damit eine große Verantwortung beim Schutz dieser interessanten Art. Die anderen Spechtarten wurden nur in der Nordhälfte des Stadtgebietes von Michael Zerning genau erfasst. Immerhin waren im Untersuchungsgebiet neun Kleinspechte, 25 Schwarzspechte und 18 Grünspechte zu finden.

Nachtigallen in Sanssouci

Bereits seit Jahren wird der Nachtigallen-Bestand in den Schlossparks vom Ornithologen Manfred Miethke gezählt. 2005 waren es 28 Sänger in Sanssouci, 17 im Neuen Garten und 29 im Park Babelsberg.
Ein weiteres Langzeitprojekt des Ornithologen ist die Kontrolle der Nistkästen in den Schlossparks. Insgesamt 207 Kästen wurden 2005 in Sanssouci, Babelsberg und im Neuen Garten kontrolliert. Bei der Kontrolle im Herbst kann nicht immer die genaue Art festgestellt werden. Beispielsweise können die einzelnen Meisenarten nicht anhand der Nester unterschieden werden. Von den 207 Kästen waren 160 besetzt, davon 97 von Meisen; 24 von Sperlingen, zwölf von Kleibern und elf von Trauerschnäppern. Seltenere Brutgäste waren Grauschnäpper, Haus- und Gartenrotschwanz, aber auch Mäuse wurden vereinzelt als Nistkastenbewohner beobachtet.

In vielen Wohnblöcken befinden sich architektonische Brutvorrichtungen, wie hier in Waldstadt I, in der Johannes- R.- Becher-Straße.

Beachtlicher Vogelzug über der Stadt

Nicht nur die Gewässer ziehen Zugvögel an. Auch mitten über dem bebauten Stadtgebiet gibt es beachtlichen Vogelzug, welcher nur zumeist unbemerkt bleibt. Interessante Ergebnisse brachten systematische Vogelzugbeobachtungen durch den Ornithologen Klemens Steiof von einem günstigen Standort (Dachterrasse) in Babelsberg-Nord. Tageshöchstzahlen überziehender Vögel waren dort im Herbst 2006 beispielsweise 212 Komorane, drei Wespenbussarde, acht Sperber, 150 Kiebitze, 540 Ringeltauben, 107 Heidelerchen, 205 Rauchschwalben, 71 Mehlschwalben, sechs Misteldrosseln, 65 Singdrosseln, 14 Heckenbraunellen, 50 Wiesenpieper, 2940 Buchfinken, 43 Kernbeißer und 15 (!) Rohrammern.

Wolfgang Mädlow

Naturkundemuseum Potsdam

Eine Potsdamer Erfolgsgeschichte

Die Mandarinenente (Aix galericulata) verdankt ihren Namen dem farbenprächtigen Gefieder des Männchens, das an die reich verzierte Kleidung der hohen chinesischen Staatsbeamten der Mandarine erinnert. Die weiblichen Mandarinenenten tragen ein schlichtes Federkleid in Braun- und Grautönen. Nur im Winterhalbjahr besitzen die Männchen das Prachtgefieder. Im späten Frühjahr mausern sie in ein Schlichtkleid und ähneln dann den Weibchen. Bis in die jüngste Zeit schenkte man bei traditionellen chinesischen Hochzeiten dem Brautpaar ein zahmes Mandarinenentenpaar als Symbol der ehelichen Treue.
Bereits im 18. Jahrhundert wurden Mandarinenenten in Großbritannien in Parks ausgesetzt, später auch in ganz Europa. Heute leben hier über 10 000 Tiere. Die größten Brutvorkommen in Deutschland befinden sich im Umfeld von Berlin und Potsdam. Sie stammen von frei fliegenden Vögeln des Berliner Zoos und Tiergartens, die nach 1945 ausgesiedelt wurden. Auf den Gewässern zwischen Berlin und Potsdam wurden im Jahr 2002 rund 1000 Mandarinenenten gezählt.

Junge Pfauen, die Namensgeber der Insel

Das Pfauenschloss präsentiert sich nahe am Wasser auf der Westspitze der Insel.

Eine Insel, die territorial zu Berlin, aber auch zur Potsdamer Gartenlandschaft gehört

Märchenhafte Pfaueninsel

Die Geschichte der Insel beginnt in der Regierungszeit des Großen Kurfürsten, welcher dort 1683 ein Kaninchenhegerhaus erbauen und Kaninchenzucht betreiben ließ. 800 Kaninchen verließen jährlich das stattliche Hegerhaus und verwandelten sich in 200 Taler für die schwindsüchtige Schatulle des Kurfürsten. Im Volksmund hieß die Insel nur noch »Kaninchenwerder«. Das Hegerhaus stand an der Stelle des jetzigen Pfauenschlosses. Auf der Karte der Pfaueninsel von dem kurfürstlichen Cammerjunker-Ingenieur Samuel de Suchodoletz (1649 bis 1727, polnischer Herkunft) ist hinzugefügt: »Anno 1683 erbaut«.

Mit dem Jahre 1695 verschwindet jede weitere Erwähnung der kurfürstlichen Kaninchenzüchtereien, die auch an anderen Stellen der Mark Brandenburg, wie beispielsweise bei Drewitz und Kunnersdorf errichtet worden waren.

»Glas-Zauberer« Kunckel samt Laboratorium auf Pfauenwerder versteckt

Johann Kunckel (1630 bis 1703), erfolgreicher Alchimist und Glasmacher war 1678 in die Dienste des märkischen Kurfürsten getreten. Er erfand jenseits der Havel in seiner Glashütte das Goldrubinglas. Die Berge von falschen Diamanten und glitzernden Perlen tauschten die Kapitäne des Kurfürsten im fernen Afrika gegen echtes Gold und Elfenbein. In einer Drewitzer Glashütte stellte er so prächtige Kristallgläser her, dass Friedrich Wilhelm es vorzog, den »Glas-Zauberer« samt Laboratorium auf Pfauenwerder zu verstecken. Kunkels leuchtende Rubingläser erlangten Weltberühmtheit.

Lange Zeit galt die Pfaueninsel als »unscheinbarer« Ort. Erst als sich am linken Ufer Berlin und später an der gegenüberliegenden Seite Potsdam zu Residenzen entwickelten, trat das Eiland mit »Pfauenwerder« aus der Namenlosigkeit.

Als Friedrich Wilhelm II. die Herrschaft übernahm, kaufte er 1793 die Pfaueninsel. Er baute sie zu einem romantischen Ort der Ruhe aus. Das anmutige Lustschloss präsentiert sich leuchtend weiß und nahe am Wasser, auf der Westspitze der Insel.

Am entgegen gesetzten Ende entstand als Gegenbild zum Schloss 1795 die Meierei als eine gotizistische Kirchenruine. Dort wurde früher mit Kühen eine kleine Milchwirtschaft betrieben. Die Insel hat trotz einiger Veränderungen im späten 19. Jahrhundert und der Zeit nach 1945 ihren Charakter als Ornament-Farm, eine mit Gebäuden, Pflanzen und Sichtbeziehungen geschmückte Landwirtschaft, nicht verloren. Die Pfaueninsel ist ein Landschaftspark und Teil des wald- und wasserreichen Ortsteils Wannsee im Südwesten Berlins. Sie gehört zur Stiftung Preußische Schlösser und Gärten Berlin-Brandenburg (SPGS) und steht seit 1990 als Weltkulturerbe auf der Liste der UNESCO. Die Entfernung zur Stadtmitte Berlins beträgt etwa 22 Kilometer (Luftlinie), zur Stadtmitte Potsdams dagegen nur rund fünf Kilometer. Seit 1924 ist die Pfaueninsel als Naturschutzgebiet ausgewiesen, obwohl es sich um eine komplexe, historisch vielschichtige Kulturlandschaft handelt. Daher müssen die zum Teil unterschiedlichen Belange von Naturschutz und Denkmalpflege sorgfältig aufeinander abgestimmt werden.

Das Wirtshaus zur Pfaueninsel

Die Oase zwischen Berlin und Potsdam

Das Wirtshaus »Zur Pfaueninsel« zählt zu den beliebtesten Ausflugszielen. In der gepflegten Gaststätte sorgt man hervorragend für das leibliche Wohl der Gäste. Erfrischende Getränke löschen den Durst.
Es existiert schon 200 Jahre und war bisher im Familienbesitz. Jetzt führt Frank Keck das Wirtshaus schon seit einigen Jahren weiter. Die behagliche Gaststätte inmitten ihrer schattigen Gärten war ursprünglich der königliche Marstall. Hier beginnt der Ausflug auf die Pfaueninsel, die sich einst schon wegen ihres Liebreizes die Hohenzollern zu eigen machten. Schon bevor man die Fähre zur Überfahrt betritt, sollte man sich stärken, denn auf der 67 Hektar großen Insel kann sich der Spaziergang ausdehnen.

Zur Pfaueninsel, holüber

Friedrich Wilhelm II. ließ sich 1794 bis 1797 mit seiner Mätresse beschwerlich vom Potsdamer Marmorpalais zur Lieblingsinsel rudern. Heute befindet sich vor den Toren des Wirtshauses eine Fähranlegestelle, von der man mühelos ans andere Ufer übersetzen kann.

Am Fährhaus angekommen, gilt es, die schöne Pfaueninsel mit ihren verspielten Märchenbauten zu entdecken. Ein Weg führt links am Kastellans- und Schweizerhaus vorbei zum Schloss, welches der Preußenkönig in Ruinenform errichten ließ. Über den Pfauenhof geht es vorbei am Luisentempel (1829) in Richtung Meierei.

Zurück zum Wirtshaus

Mit der Fähre geht es dann wieder zurück zum Wirtshaus. Die ruhige Oase offeriert den Gästen vielfältige Angebote. Zwei Biergärten, mit jeweils 400 Plätzen, ermöglichen den direkten Blick auf die Pfaueninsel. Mehrere Räumlichkeiten, für 30 bis 200 Personen, bieten im Wirtshaus einen idealen Platz für Veranstaltungen aller Art. Selbst Geselligkeiten bis zu 1200 Personen (inklusive der Biergärten) sind kein Problem. Ob Drei-Gang-Menü oder Buffet, die Küchenmannschaft erfüllt jeden kulinarischen Wunsch. Auch für die süße Seite ist gesorgt – die hauseigene Konditorei fertigt alles frisch an: vom Blechkuchen bis zur Hochzeitstorte. Bei der weiteren Bewerkstelligung von Feierlichkeiten und sonstigen Veranstaltungen ist das Team des

Historische Ansicht

Wirtshauses gerne behilflich, wie der Organisation von Musikern, Alleinunterhaltern, Magiern oder der Technik für Seminare.
Die Anfahrtsmöglichkeiten zum Wirtshaus sind vielseitig. Die Gäste haben die Wahl zwischen dem eigenem PKW, der Buslinie und den vielen Verbindungen der Ausflugsdampfer, die direkt vor unserem Haus anlegen. Frank Keck und sein Team vom Wirtshaus »Pfaueninsel« würden sich freuen, auch Sie in Zukunft zu den zufriedenen Kunden zählen zu dürfen.

Öffnungszeiten
Sommer: täglich von 10 bis 20 Uhr
Winter: Mittwoch bis Sonntag 10 bis 18 Uhr

Wirtshaus zur Pfaueninsel
Pfaueninselchaussee 100 · Berlin-Wannsee
Tel. (0 30) 8 05 22 25 · Fax (0 30) 8 05 34 84
info@pfaueninsel.de · www.pfaueninsel.de

»Das Wirtshaus zur Pfaueninsel« existiert schon 200 Jahre, dabei war es die längste Zeit im Familienbesitz.

Orts-, Personen- und Sachregister

Danksagung

Allen denen, die an dem vorliegenden Buch mitwirkten, gilt ein großer Dank. Ohne sie wäre die vorliegende Publikation »Das große Buch von Potsdam« so nicht möglich gewesen. Vor allem Bürger Potsdams waren es, welche stets bereitwillig und gerne durch Erzählungen ihrer Erlebnisse und Bereitstellung ihrer Aufzeichnungen und Fotos das neue Stadtbuch bereicherten. Besonderer Dank gilt den Protagonisten, die maßgeblich zum Gelingen des Projektes beitrugen.
Vielen Dank auch den Mitautoren des Buches. Großen Dank an Herrn Dr. Wolfgang Grittner und Herrn Dr. Hans-Joachim Kuke für die vielen Stunden ihrer Unterstützung.
Vor allem gilt auch den Mitarbeitern des Edition Limosa – Agrimedia-Verlages in Clenze ein besonderes Dankeschön. Durch sie wurde das Buchprojekt überhaupt erst ins Leben gerufen, immer sehr unterstützt und in den letzten Phasen der Buchherstellung verwirklicht.

Ihre Gertraud Schiller

Bildquellennachweis

Umschlag:
Vorderseite: Stiftung Preußische Schlösser und Gärten, Roland Handrick (1), Olaf Dettmann (1), GS (7)
Rückseite: Olaf Dettmann (1), GS (12)

Innenteil:
3: GS (1); **4**: GS (1); **5**: GS (1); **7**: GS (1); **8**: GS (2); **9**: GS (2); **10**: GS (4); **11**: GS (4); **12**: GS (3), Olaf Dettmann (2), Boettcher TMB/Fotoarchiv (1); **13**: GS (3); **14**: Lutz Hannemann (1), GS(1); **15**: GS (5); **16**: Boettcher TMB/Fotoarchiv (2), Weiße Flotte Potsdam GmbH (1); **17**: Boettcher TMB/Fotoarchiv (1), GS (3); **18**: GS (4), Katja Westphal (1); **19**: Weiße Flotte Potsdam GmbH (2), GS (1); **20**: Weiße Flotte Potsdam GmbH (3),; **21**: Michael Lüder (1), SPSG (1); **22**: GS (3), Ihlow/TMB-Fotoarchiv (2); **23**: GS (2); **24**: GS (2); **25**: Hoffmann/TMB (1); **26**: SPSG (4); **27**: Boettcher TMB/Fotoarchiv (1), SPSG (2), GS (1); **28**: Potsdam Museen (2), MAZ/Hübner (1); **30**: GS (2); **31**: SAP (1), GS (1); **32**: GS (2), Filmpark Babelsberg (2); **33**: GS (4); **34**: Bildarchiv Braumann (1), Felix Braumann (1), GS (1); **35**: Wolfgang Braumann (2); **36**: GS (1), TMB/Boettcher (1), Weiße Flotte Potsdam GmbH (1), Olaf Dettmann (1); **37**: GS (2), TMB-Fotoarchiv (1), GS (3); **42**: GS (3); **43**: GS (2); **44**: GS (4); **45**: GS (3); **46**: GS (1); **47**: Constantin Desselberger (1); **48**: GS (2), Bildarchiv Preußischer Kulturbesitz Berlin (1); **49**: GS (2); 50: GS (4); **51**: Archiv von Siegfried Lieberenz (1), Christel Köster (1), GS (1); **52**: Regine Rüss (2), GS (2); **53**: Bildarchiv Preußischer Kulturbesitz Berlin (3); **55**: GS (3); **57**: GS (1); **58**: GS (1); **59**: GS (4); **60**: GS (1), Wolfgang Braumann (1), Hans Bach, SPSG (1); **61**: Wolfgang Braumann (3), Rasmus/TMB-Fotoarchiv (1); **62**: GS (3), Boettcher/TMB-Fotoarchiv (1); **63**: GS (4); **64**: GS (3), Wolfgang Braumann (1); **65**: GS (3); **67**: GS (4) ; **68**: GS (3); **70**: GS (1); **71**: GS (2); **72**: GS (1); **73**: GS (3); **74**: GS (3); **75**: GS (3); **76**: GS (3); **77**: GS (2), Fotoarchiv Muellerstritz (1); **78**: Redaktion »Märkische Gärtnerpost« (3); **79**: GS (1), Redaktion »Märkische Gärtnerpost« (1); **81**: GS (1); **82**: GS (2), Olaf Dettmann (1); **83**: GS (3), TMB Potsdam (1); **84**: GS (1), Olaf Dettmann (1); **85**: GS (3); **86**: GS (1); **87**: GS (1); **90**: GS (6); **91**: GS (1); **92**: GS (4), Olaf Dettmann (1); **93**: GS (4); **94**: GS (1); **96**: GS (3), Alfred Schmidt (1); **97**: GS (2), Wolfgang Braumann (1); **99**: GS (4), Ihlow/TMB-Fotoarchiv (1); **100**: GS (3); **101**: GS (3), Alfred Schmidt (1); **104**: GS (4); **105**: GS (3); **106**: GS (3); **107**: GS (3); **108**: GS (6); **109**: GS (3), Atelier John Falkenhain-Finkenkrug (1); **110**: GS (3), Christel Köster (1), Olaf Dettmann (1); **111**: GS (1); **112**: GS (2); **113**: GS (3); **114**: GS (2); **115**: GS (1), Bernd Schiller (1); **116**: GS (1), Bernd Schiller (1); **118**: GS (5); **119**: GS (3); **120**: GS (3); **121**: Boettcher/TMB-Fotoarchiv (1), GS (4); **122**: GS (4); **123**: GS (4); **124**: Bernd Schiller (3); **125**: GS (3), Bernd Schiller (1); **126**: GS (3), Wolfgang Braumann (1); **127**: GS (2); **128**: GS (3); **129**: GS (5); **130**: GS (6); **131**: Stephan Naumann (4); **132**: GS (3); **133**: GS (3); **134**: GS (5); **135**: GS (4); **138**: GS (4); **139**: GS (5); **140**: GS (4); **141**: GS (5); **142**: GS (1); **144**: GS (3); **145**: GS (4); **146**: GS (2); **148**: GS (3); **149**: Manfred Miethke (1), GS (1); **150**: GS (1); **151**: GS (2); **152**: Bernd Schiller (1); **153**: GS (3); **154**: Bernd Schiller (1); **155**: GS (1); **156**: GS (3); **157**: GS (1)

Bildmaterial, das in den mit Adressabbindern gekennzeichneten Beiträgen zu finden und in obiger Auflistung nicht aufgeführt ist, wurde dem Verlag von den Protagonisten des Buches ohne Bildautoren-Nennung zur Verfügung gestellt. Bilder der im Buch vertretenen Institutionen und Protagonisten sind demnach von diesen geliefert und verantwortet.
Alle übrigen Bilder, die nicht im Nachweis aufgelistet sind, stammen von Gertraud Schiller (GS).

Literaturreferenzen

Thomas Blees, Glienicker Brücke. Ausufernde Geschichten, be.bra-Verlag, Berlin 1996, ISBN 3-930863-11-1; Friedrich II. Wonach Er sich zu richten hat. Urteile und Verfügungen. Eulenspiegel-Verlag Berlin 2. Auflage 1988; Winfried Hofmann, Der Alte Fritz in Anekdoten. Ullstein-Sachbuch 1986; Ursula Hinz, Neu Fahrland, Von den Wenden bis zur Wende, Chronik Teil 1, Gemeinde Neu Fahrland 2003; Olaf Thiede und Jörg Wacker, Chronologie Potsdam und Umgebung 800-1918 (3 Bände), Potsdam 2007; Otto Zieler: Potsdam – ein Stadtbild des 18. Jahrhunderts. Verlag Weise & Co., Berlin 1913; Flyer: Potsdamer Mitte -. Herausgeber Landeshauptstadt Potsdam, Der Oberbürgermeister; Paul Sigel, Silke Dähmlow, Frank Seehausen und Lucas Elmenhorst, Architekturführer Potsdam, Dietrich Reimer Verlag, Berlin 2006; Christoph von L´ Estocq – Unser Potsdam, C. A. Starke Verlag, Limburg an der Lahn 1985; Catrin During, Albrecht Ecke, Architekturführer Potsdam, Lukas Verlag 2008; Hans-Joachim Giersberg, Hartmut Knitter, Brockhaus-Stadtführer Potsdam, VEB F. A. Brockhaus Verlag Leipzig 1974,

Potsdam-Museum, Potsdam, Daten und Ansichten, 1993; Griebens Reiseführer, Berlin, Potsdam und Umgebungen. Praktischer Wegweise, Berlin : Grieben-Verlag, 1939; Hürlimann, Martin und Paul Ortwin Rave (Hrsg.). Die Residenzstadt Potsdam. Berichte und Bilder. Berlin. Atlantis Verlag, 1933; Friedrich Nicolai, Beschreibung der königlichen Residenzstädte Berlin und Potsdam, Berlin 1786; Verschiedene Autoren: Potsdamer Ge(h)schichte 1 bis 6. – Orte des 20. Jahrhunderts. be.bra-Verlag, Berlin 2005, 2006; Claas Fischer: Potsdam. Begegnungen mit Bäumen. Edition Terra, Berlin/Potsdam 2007, ISBN 978-3-9810147-9-2

Weitere Quellen:

Guido Berg: Fliegende Pferde. Rote Kaserne – Boumann-Skulptur wird saniert; in Potsdamer Neueste Nachrichten, Ausgabe vom 20. Febr. 2008, Seite 9.
Neues Leben in des Kaisers Backstube. Rote Kaserne – Hälfte der Häuser verkauft, Kammergebäude und Heeresbäckerei werden Wohnungen; in Potsdamer Neueste Nachrichten, Ausgabe vom 14. Februar 2006, Seite 12.
Von »http://de.wikipedia.org/wiki/Grenz%C3%BCbergangsstelle_Nedlitz«, Kategorien: Innerdeutsche Grenze | Grenzüberschreitender Verkehr.

»Daz gantze eyland muß ein paradeys werden...« – über Potsdam in einem Brief an den Kurfürsten Friedrich Wilhelm I, 1664

www.unesco-welterbe.de/de/index.html
www.potsdam.de/cms/beitrag
www.potsdam.de/cms/ziel
www.synagoge-potsdam.de
Statistik Land Brandenburg
Statistiken der Stadt Potsdam
whc.unesco.org/en/list
www.potsdam-wildpark.de/content/view/
www.mobil-potsdam.de/s_neuer-markt_23.htm
www.potsdam-abc.de
www.kgb-gefaengnis.de/
www.kultur2010.de/news/Potsdam
http://de.wikipedia.org/wiki/Friedrich_Wilhelm_I._(Brandenburg)
http://de.wikipedia.org/wiki/Friedrich_II.
http://de.wikipedia.org/wiki/Berlin
http://de.wikipedia.org/wiki/Ministerium_f%C3%BCr_Staatssicherheit
http://de.wikipedia.org/wiki/KGB
http://de.wikipedia.org/wiki/Sowjetunion
https://www.cia.gov/
www.stern.de/politik/historie/:Luftkrieg-Im-Bombenhagel-Alliierten/537995.html
www.bildungswerk-jks.de/Meine_Bilder_und_Dateien/2005.09A%20-%202.Weltkrieg%20..pdf
http://de.wikipedia.org/wiki/Kalter_Krieg
www.volksbund.de/kgs/?kgs=internier
www.brandenburg-abc.de/verzeichnis/objekt.php?mandat=4864
Glienicker Brücke Bezirk Steglitz-Zehlendorf Infos Agentenbrücke http://de.wikipedia.org/wiki/Berliner_Mauer
www.wikivoyage.org/de/Berlin/Grunewald_und_Havelseen
wikipedia.org/wiki/Peter_Joseph_Lenné
wikipedia.org/wiki/Karl_Friedrich_Schinkel
www.Alexander+von+Humboldt.de
Potsdamer Konferenz Wikipedia
Film »Unter den Brücken« (1945) von Helmut Käutner. Universum Film A.G. (UFA).